本书获国家自然科学基金资助项目青年科学基金项目（项目编号：71602102）；国家自然科学基金资助项目面上项目（项目编号：71472153）；山东省高校人文社科研究计划资助经费项目（项目编号：J15WB21）资助出版

“关系”取向对渠道成员机会主义行为的影响研究

王立磊◎著

IMPACT OF GUANXI ORIENTATION ON OPPORTUNISM OF CHANNEL MEMBER

经济管理出版社
ECONOMY & MANAGEMENT PUBLISHING HOUSE

图书在版编目（CIP）数据

“关系”取向对渠道成员机会主义行为的影响研究/王立磊著．—北京：
经济管理出版社，2017.1
ISBN 978-7-5096-4745-5

Ⅰ．①关…　Ⅱ．①王…　Ⅲ．①企业管理—供销管理—研究　Ⅳ．①F274

中国版本图书馆 CIP 数据核字（2016）第 289557 号

组稿编辑：梁植睿
责任编辑：梁植睿
责任印制：黄章平
责任校对：赵天宇

出版发行：经济管理出版社
（北京市海淀区北蜂窝 8 号中雅大厦 A 座 11 层　100038）
网　址：www. E-mp. com. cn
电　话：(010) 51915602
印　刷：玉田县昊达印刷有限公司
经　销：新华书店
开　本：720mm×1000mm/16
印　张：15.75
字　数：242 千字
版　次：2017 年 1 月第 1 版　2017 年 1 月第 1 次印刷
书　号：ISBN 978-7-5096-4745-5
定　价：49.00 元

前言

作为营销渠道关系中的一种破坏性行为，机会主义行为会损害渠道成员的利益，降低渠道成员间持续合作的意愿，更有甚者会破坏整个渠道和谐，阻碍渠道目标的实现。在中国文化背景下，人与人之间、企业与企业之间往往遵循“滴水之恩涌泉相报”、“以其人之道还治其人之身”的交往规则，即一方的态度或行为受另一方态度或行为的影响。那么，在营销渠道中，渠道成员的机会主义行为是否也受到另一方态度或动机的影响呢？作为维持双方合作关系的动机，合作伙伴的“关系”取向是否会对渠道成员的机会主义行为产生影响呢？

“关系”作为组织的重要资源，对渠道成员的机会主义行为有重要影响。综观相关文献发现，既有研究多从“Relationship”的角度来研究机会主义行为，虽然也有少量从“关系”角度进行的相关研究，但这些研究大多将“关系”作为个体层面的变量进行研究，也未对其进行详细的维度划分。因此，既有研究在中国文化背景下解释力不足。鉴于此，本书从中国“关系”文化的角度出发，并结合机会主义行为、“关系”取向及关系承诺等方面既有研究成果，构建了“关系”取向对机会主义行为的形成与作用路径模型，并且引入了治理策略——合同治理和关系治理作为调节变量，以便考察治理策略在降低机会主义行为方面的作用。

本书内容包含六个章节：

第一章，绪论。对本书研究的背景、目的、内容、意义进行阐述，并对本书的技术路线、研究方法和创新点作了说明。

第二章，文献回顾。本书对"关系"取向、关系承诺、机会主义行为、合同治理与关系治理相关的既有文献进行回顾与整理，梳理出本书的切入点。

第三章，理论基础与研究假设的提出。首先对社会交换理论、符号互动理论等相关基础理论进行介绍；其次，结合社会交换理论、符号互动理论、中国"关系"理论、"动机—意图—行为方式"理论等相关理论及文献，提出"关系"取向对机会主义行为影响的假设及理论模型。

第四章，介绍了问卷调查研究设计与方法。主要包括问卷设计、变量测量、数据收集、预调研数据分析结果以及问卷调查数据分析方法。

第五章，理论模型的实证检验。首先，检验了"关系"取向对机会主义行为的影响；其次，检验了"关系"取向—承诺—机会主义行为之间的作用路径；最后，检验了合同治理、关系治理对机会主义行为的调节作用。

第六章，结论与展望。对研究结论进行总结与阐述，并在此基础上，提出管理启示。最后针对本书存在的不足之处，指出未来研究方向。

本书的主要结论有：

(1)"关系"取向是影响机会主义行为的重要因素，不同类型的"关系"取向对机会主义行为的影响存在差异。即情感性帮忙关系取向对机会主义行为有显著负向影响，而工具性帮忙关系取向和寻租关系对机会主义行为有显著正向影响。

(2) 供应商的情感性帮忙关系取向水平越高，其分销商越容易做出情感性承诺；供应商的工具性帮忙关系取向与寻租关系水平越高，其分销商越容易做出算计性承诺。情感性承诺对机会主义行为有显著负向影响，而算计性承诺对机会主义行为有显著的正向影响。

(3) 不同的治理策略在抑制机会主义行为效果上存在差异：针对情感性帮忙关系取向的供应商，在抑制其分销商机会主义行为的方面，关系治理优于合同治理；针对工具性帮忙关系取向的供应商，在抑制其分销商机会主义行为方面，合同治理优于关系治理。针对情感性承诺的分销商，在抑制其机会主义行为方面，关系治理优于合同治理。针对算计性承诺的分销商，在抑制其机会主义行为方面，合同治理优于关系治理。

本书将"关系"取向引入渠道机会主义行为研究框架，有益于该研究框架的发展与完善以及渠道机会主义行为理论的构建，进一步揭示"关系—机会主义行为"理论的作用机制，增强"关系—机会主义行为"理论的解释力。对于治理策略的引入，有助于丰富和深化有关渠道治理理论与策略研究。本书的创新之处具体体现在：

第一，本书将"关系"取向引入到渠道成员机会主义行为模型，并基于 Su 和 Littlefield（2001）有关中国商人"关系"取向的划分方法，提出了"关系"取向更为详细的维度划分方式，即结合中国文化背景将帮忙关系取向细分为工具性帮忙关系和情感性帮忙关系，这一划分方法深化和扩展了 Su 和 Littlefield（2001）对关系取向维度的划分。此外，探讨不同"关系"取向对机会主义行为的影响，发现情感性帮忙关系取向显著负向影响机会主义行为；工具性帮忙关系取向和寻租关系取向显著正向影响机会主义行为。这一研究结论将丰富、扩展渠道机会主义行为的前因研究。

第二，本书基于社会交换理论、符号互动理论以及中国"关系"理论，以"动机—意图—行为方式"研究框架为逻辑主线，探讨"关系"取向对机会主义行为影响的作用机制。研究发现情感性帮忙关系通过提高情感性承诺来降低机会主义行为；工具性帮忙关系和寻租关系通过影响算计性承诺进而对机会主义行为产生影响。这一结论不仅揭示了"关系"取向对机会主义行为的影响路径问题，还将深化"关系"取向对机会主义行为影响机制的理论框架。

第三，本书发现，不同的治理策略——合同治理和关系治理在不同的情境下对机会主义行为的影响效果存在差异。具体而言，针对工具性帮忙关系取向和算计性承诺的渠道成员，采取合同治理策略更有效；针对情感性帮忙关系取向和情感性承诺的渠道成员，采取关系治理策略更有效。该结论能更好地解决机会主义行为治理策略选择的争议问题。

尽管本书有一定的学术贡献和管理启示意义，但本书在数据收集方面、变量考量方面仍存在进一步研究的必要。比如，未来可进一步研究渠道成员双方的"关系"取向是否匹配？在匹配的情况下会如何影响承诺及机会主义行为？在不匹配的情况下又会出现什么样的结果？将以上问题作为本书的延伸与扩展，可能会得出另外一些有价值的研究结论。

目录

第一章 绪 论

机会主义行为在商业交易活动中寻常可见（Mysen，Svensson & Payan，2011），它带有一定的欺诈性或不道德性，是一种以追求私利最大化为目标的行为。企业发生机会主义行为的驱动力是利益的获取（Hawkins，Wittmann & Beyerlein，2008），只要有利可图，企业就有可能欺骗合作伙伴或者对合作伙伴隐瞒一些信息（Hawkins，Knipper & Strutton，2009）来实现自己利润最大化的目标。

同样，机会主义行为在中国营销渠道中也十分常见，例如渠道成员违背合同规定、跨区销售的窜货行为等。诚然，机会主义行为会给实施方带来短期利益，但从长远发展来看，不利于渠道成员间长期合作关系的形成，甚至会破坏整个市场的健康、和谐发展。由此，渠道成员的机会主义行为一直以来备受学术界关注，并取得了大量的研究成果。综观既有研究成果发现：渠道成员机会主义行为产生的根源和背景，以及如何有效治理机会主义行为一直未能得到有效解答。在中国文化背景下，人与人之间乃至企业与企业之间常常遵循“滴水之恩涌泉相报”、“以其人之道还治其人之身”这样的交往规则。可见渠道成员对合作伙伴的态度或行为往往受到合作伙伴态度或行为的影响。那么，渠道一方的“关系”取向[①]必然会影响另一方的态度或行为。关系取向是渠道成员对与渠道伙伴维持合作关系的意愿或态度，在中国文化背景下，不同的渠道成员在关系取向上是否存在差异？如果有差异，不同的关系取向对机会主义行为的影响是否存在差异？不同的关系取向，采取不同的治理策略是否带来治理效果上的差异呢？

① 文中所有的“‘关系’取向”的“关系”均代表着中国文化背景下的Guanxi；本书只在此将其标注并加引号，文中其他地方的“‘关系’取向”中的“关系”将不再加引号，特此说明。

基于以上考虑，本书以中国关系视角下渠道成员机会主义为研究主题，探讨中国关系文化背景下渠道成员关系取向的维度划分、不同的关系取向对机会主义行为的作用机制，并分析关系治理与合同治理的调节作用。

第一节 研究背景及问题的提出

一、实践背景

"得渠道者，得天下。"在如今这样一个以渠道为王的时代，各个行业的生产厂家都在为自己的产品拥有一个健康畅通的流通渠道而努力。然而，渠道中总会出现一些问题，诸如窜货这样的机会主义行为，使得某一产品或企业"成也渠道，败也渠道"。

在中国市场曾经风靡一时的诺基亚手机，因为"窜货门"事件，使其几乎销声匿迹。在 2009 年的诺基亚"窜货门"事件之前，诺基亚手机品牌在中国市场一直遥遥领先，占领大部分的手机市场。诺基亚厂商为了维护消费者利益，对经销商的窜货行为采取严厉的惩罚措施。各地经销商纷纷抗议（拒卖风波）诺基亚对窜货行为的刻意重罚。严重的惩罚措施诱发了"窜货门"事件并持续升级，最终导致诺基亚几乎退出整个中国市场。可见严重的惩罚措施，不但不会有效地遏制窜货行为，相反还会激发合作双方关系的进一步恶化，甚至会严重影响该产品的品牌形象。

相比诺基亚，娃哈哈集团对分销商窜货行为的管理无疑是一个成功的案例。娃哈哈在 1994 年的全国经销商大会上，提出了一个"前无古人"的保证金制度①，保证金主要作为维系厂商与分销商之间特殊信用关系的纽带而存在。同时娃哈哈集团指出防止分销商窜货行为的有力武器是厂商

① 保证金制度：每年年底一级经销商必须将这一年销售额的 10%作为保证金一次性打到娃哈哈账户上，娃哈哈为此支付高于或相当于银行存款的利息，此后每月进货前经销商必须结清货款，娃哈哈才予发货。这是生产商和经销商之间的一种新的契约关系。详见《娃哈哈集团分销渠道探究》，来源于百度文库。

与分销商之间的感情。

窜货是一种机会主义行为，更是一种破坏渠道关系的行为。有些企业因为无法有效管理分销商窜货行为而被推上风口浪尖，濒临破产，然而有些企业却对分销商窜货行为管理得游刃有余。可见，如何有效地管理诸如窜货这样的机会主义行为是业界所应关注的重要问题之一。

二、理论背景

在渠道关系中，机会主义是一种破坏性行为（Samaha et al.，2011），不仅会损害渠道成员的利益，阻碍渠道目标的实现，还会降低渠道成员合作关系意愿（Wuyts & Geyskens，2005），破坏整个渠道和谐，降低渠道效率（高维和等，2006；Wathne & Heide，2000）。因此，渠道成员的机会主义行为一直以来备受学术界关注。

营销学者们围绕渠道成员的机会主义行为展开了广泛而深入的研究并取得了一系列研究成果：讨论了机会主义行为的影响因素，如专有资产投资（Heide & John，1988；Stump & Heide，1996；Dyer & Singh，1998；Crosno & Dahlstrom，2008；Skarmesa et al.，2008；王国才等，2010，2011）、渠道伙伴的替代性（Farrell & Rusbult，1981；盘为龙，2004；Frazier，1983）、互依程度（Kumar et al.，1995；Brown & Lusch，1996；Crosno & Dahlstrom，2008）、跨组织边界人员的关系（庄贵军等，2008）等；同时也研究了机会主义行为的治理策略，如关系治理（Heide & John，1992；Achrol & Gund-lach，1995；Brown & Lusch，1996；Achrol & Gundlach，1999；Joshi & Stump，1999；Brown，2000；Zhang et al.，2003；F. Lai et al.，2012；Crosno & Dahlstrom，2008；Tangpong et al.，2010；董维维、庄贵军，2012；F. Lai et al.，2012）、合同治理（Cannon et al.，2000；王勇，2009；Stephen et al.，2011；王国才等，2011；Antia & Frazier，2001；Wathne & Heide，2000）等。

有关渠道机会主义行为的既有研究已取得丰硕成果，既有文献业已厘清了渠道关系与渠道机会主义行为之间的基本关系，为新的相关研究提供了研究高度和平台。在此基础上，本书进一步提出了这样的问题：在中国文化与制度背景下，“关系”在中国的商业活动中具有非常重要的意义。

商业实践中，关系需要被"勾兑"，关系需要被培育，而"勾兑"、培育的目的则是寻求好感、寻求帮助、寻求互利以及寻租。所以，"关系"固然是影响渠道机会主义的前置因素，但"关系"在中国的特殊语境下，其内涵已然丰富，其属性需要概括与区分，否则难以描述、解释中国文化与制度背景下的渠道关系不同的属性与渠道机会主义行为之间的关系。

对此，本书梳理并综合相关文献后得到这样的推断：由于渠道双方的关系状态依赖于渠道双方的关系动机，不同的关系动机会表现为关系的不同属性，不同的属性对渠道机会主义行为的影响产生不同方向的影响，而其影响又可能存在多种路径。在不同关系动机或关系属性与渠道机会主义行为之间，渠道成员相互之间对应于关系动机而形成的承诺会有中介作用。因此，从关系动机维度观察关系的动机属性，引入承诺的两种属性概念，探究不同的关系动机经由不同的承诺属性形成对渠道机会主义行为产生影响的不同方向和路径，考察治理策略在这个过程中的作用，揭示关系动机、承诺、治理、机会主义行为之间的相互关系与连接机理，既有益于理论的研究与发展，也有益于对实际现象的描述与实务操作的改进。

第二节 研究目的和意义

机会主义行为在经济活动中频繁出现，往往会对交易结果产生重要影响（Hawkins，Wittmann & Beyerlein，2008）[①]。有关渠道机会主义行为的前因及治理已有大量的研究成果，而对基于中国关系取向视角下营销渠道的机会主义行为则鲜有研究。因此，本书基于社会交换理论、符号互动理论及中国关系等理论，一方面，尝试性地结合中国文化背景将渠道关系取向进行分类；另一方面，考察中国文化背景下不同的关系取向对机会主义行为的影响及作用机制，并探讨不同治理策略在关系取向对机会主义行为影

① 陈永昶. 游客感知视角下旅游企业机会主义行为成因与影响研究［D］. 天津：南开大学博士学位论文，2012.

响中的作用。本书试图构建一个更具实践意义和理论解释意义的机会主义行为理论，为防范渠道中的机会主义行为提供依据，也为治理各种渠道冲突提供决策参考。具体来说，本书具有如下理论意义和实际意义。

一、理论意义

本书致力于分析关系取向—渠道机会主义行为之间的关系与作用路径，确定承诺（情感性承诺、算计性承诺）作为关系取向—渠道机会主义行为之间的中介变量，研究其中介作用的具体路径与作用强弱，并考察关系治理、合同治理在关系取向—承诺—渠道机会主义行为之间的调节影响作用。这一研究的理论贡献在于：

（1）本书将关系取向引入渠道机会主义行为研究框架，有益于该研究框架的发展与完善。在中国文化背景下，渠道成员的机会主义行为会受到合作伙伴建立渠道关系的取向或动机的影响，忽视渠道关系建立的动机，常常不能从理论和实践的结合上说明渠道机会主义行为的复杂性与多样性。Su 等（2001）基于中国文化特性将关系取向区分为“帮忙关系”（favor-seeking）和“寻租关系”（sent-seeking）两个维度，深刻揭示了中国文化与制度背景下交易关系的属性。借鉴该研究成果，本书将关系取向作为前置因素，并从关系取向两个维度的视角构建基于关系动机的渠道机会主义行为的研究框架。比较而言，这一研究框架较之以往的研究既具有延续性也因更接近现实的真实性而使渠道机会主义行为的研究框架有所发展与完善。

（2）本书在关系取向（帮忙、寻租）的前提下，引入承诺（算计性承诺、情感性承诺）变量，分析承诺在关系取向—机会主义行为之间的中介作用，有助于揭示关系—机会主义行为理论的作用机制并增强“关系—机会主义行为”理论的解释力。

在中国文化与制度背景下，关系取向是导致伦理决策或行为的关键因素之一（金杨华、吕福新，2008），不同的关系取向会派生不同的渠道合作形式，如：准一体化、合资、合作、战略联盟、伙伴等，也会形成不同交易关系的发展过程和关系强度，最终导致不同的关系结果。渠道关系演变的逻辑和对渠道关系的经验观察均表明，渠道成员的关系取向既是渠道机会主义行为的逻辑起点，也是解释渠道机会主义行为的起始因素。由此进行理论建构，一个由关系取向而有关系承诺，由关系承诺而有渠道机会主义行为的渠道机会主义行为形成机制的理论便犹如剥茧抽丝般呈现出来。

第一，当渠道一方为情感性帮忙关系取向时，另一方的机会主义行为倾向会减弱；当渠道一方为工具性帮忙关系和寻租关系取向时，另一方的机会主义行为倾向会增强。

第二，当渠道成员以"寻租取向"建立交易关系时，这种渠道关系势必因寻租取向而致算计性承诺，交易关系具有明显的分离式短期交易关系特征，分离式的短期交易关系则一定导致渠道机会主义行为，寻租取向与渠道机会主义行为之间存在逻辑上的必然性。

第三，当渠道成员以"帮忙"为渠道关系取向时，经由关系承诺的中介，渠道双方产生渠道机会主义行为的动机和构建长期稳定的渠道关系的愿望，均具有不确定性；进一步地，若将渠道的"帮忙"关系区分为情感性的帮忙关系和工具性帮忙关系，则可具体地考察并说明两种帮忙关系的不同作用。一方面，情感性的帮忙关系经由情感性承诺的中介，会大大降低渠道机会主义行为发生的概率，但却未必能够由此形成稳定的长期渠道关系；情感性帮忙关系取向经由算计性承诺的中介，会使渠道机会主义行为与稳定长期的渠道关系均具有不确定性。另一方面，在工具性帮忙关系取向条件下，工具性帮忙经由情感性承诺的中介，会对渠道机会主义行为产生抑制作用，也有利于构建渠道双方稳定而长期的交易关系；工具性帮忙经由算计性承诺的中介，渠道机会主义行为的发生概率会增大，构建长期稳定的渠道关系的动机会减弱。

（3）本书引入关系治理、合同治理变量，探讨二者在关系取向—承诺—渠道机会主义行为的因果链中的调节作用，有助于丰富和深化有关渠道治理理论与策略的研究。治理，究其目的而言，是建立"秩序"和实现"有效的工作安排"。[①] 在渠道中，渠道成员间因合作动机的差异，往往产生关系冲突以及机会主义行为，导致渠道合作的失序、工作的低效甚至破

① Oliver E. Williamson. The Economics of Governance [R]. The American Economic Review, 2005, 95 (2). Papers and Proceedings of the One Hundred Seventeenth Annual Meeting of the American Economic Association, Philadelphia, PA, January 7-9, 2005 (May, 2005): 1-18.

坏性的冲突，进而影响渠道关系的连续性、稳定性、有效性。由此，渠道治理长期以来成为理论研究与商务实践备受关注的课题。综观以往有关渠道冲突、渠道机会主义行为的治理研究文献，研究者主要从以下几个方面展开研究：加强合同的完备性来强化承诺；建立渠道成员间的合作关系以获得关系租金；改善渠道关系周期各阶段的关系质量来增强信任；从群体的社会认同角度，以群体或社会规范进行行为的他律与自律，以实现渠道成员间的相互承诺与信任；缩小制度缺口以及通过专用资产的投入达成互依关系来限制机会主义行为；通过建立私人关系来达成渠道成员间的长期合作；通过构建社会网络并利用网络成员间的连带关系来扩大资源利用的范围，提高渠道成员间的互依程度等。以上相关文献无疑为渠道治理研究的深化奠定了思想与学术基础，引领渠道治理研究的方向，更为本书提供了理论准备。

本书基于关系的动机，逻辑上推导了关系取向—承诺—机会主义行为这一主效应的存在，然而需要进一步研究的问题是：对于这个主效应，治理的问题是什么？治理的作用在哪里？哪类治理产生作用？产生什么作用？通过治理可能达到的结果是什么？本书推导并证明，关系取向会直接影响承诺，两种承诺则会分别对机会主义行为产生抑制或增强作用。为了降低机会主义产生的概率，治理的任务和目的是通过治理增强关系取向对机会主义行为的积极影响，降低关系取向对机会主义行为的消极影响；通过治理降低承诺对机会主义行为的放大作用，增强承诺对机会主义行为的抑制作用。显而易见，这里的治理问题是如何防止由关系取向和承诺导致的机会主义行为；治理的作用表现为调节效用，这种调节效用在两个环节上表现出来。治理的类型及其运用的策略则需将关系治理与合同治理相结合以期产生匹配的调节效用。

二、实践意义

本书的开展紧紧围绕当前中国营销渠道中存在的现实问题，研究成果具有较强的现实指导意义。

(1) 为认识和管理渠道成员的关系取向提供借鉴。在中国文化语境以及转型期市场制度不完备的条件下，中国企业对合作伙伴除了存在一般关系动机外，还存在中国文化与制度背景下特有的“帮忙关系”与“寻租关系”（Su & Littlefield，2001）等渠道关系动机。本书在借鉴 Su 和 Littlefield（2001）对关系取向划分的基础上，又将帮忙关系分为情感性和工具性两个维度。这一分类方法无疑为厘清关系取向如何影响机会主义行为提供了清晰的线索，又为认识渠道成员的关系取向提供了依据，同时也为管理渠道成员关系取向提供了基础。

（2）为治理渠道成员的机会主义行为提供指导。长期以来，渠道成员的机会主义行为问题（如“窜货”、不遵循合同协定等）影响了渠道成员间和谐合作关系的建立与维系。本书从渠道成员对合作伙伴关系取向感知的角度出发，围绕机会主义行为展开研究，详细分析了不同关系取向对机会主义行为的影响路径，并探讨了其治理措施，为治理机会主义行为提供了新的借鉴。就渠道关系管理实践而言，渠道成员知晓因关系动机或关系取向不同而产生渠道机会主义行为的机理，对于区分不同路径导致的渠道机会主义行为，并对不同的渠道机会主义行为进行有针对性的控制、治理，无疑至为关键。而本书恰恰对此具有重要的指导与借鉴意义。

（3）为中国营销渠道合作关系和谐发展提出建议。渠道成员之间和谐关系的建立与维系是企业成功的重要因素。本书通过分析研究渠道成员机会主义行为的成因及影响路径，提出治理渠道成员机会主义行为的有效机制，为维护双方利益及和谐关系的持续发展提供借鉴。

本书不但为渠道机会主义行为作了新的归因，也为从区分关系动机的视角制定治理策略提供了理论依据和可供操作的决策因素，研究的实践意义由此而彰显。

综上所述，本书具有非常重要的理论与实践意义，一方面可以为现有研究提供有益补充，丰富有关营销渠道机会主义行为的相关理论；另一方面可以为企业管理渠道成员机会主义行为提供借鉴。

第三节 研究方法、技术路线及结构安排

一、研究方法

本书综合运用文献研究、规范分析和实证研究等方法，来探讨分析渠道成员关系取向对机会主义行为的影响机制。如果说文献研究和规范分析是本书提出问题和认识问题的基础和前提，那么实证研究则为进一步剖析在中国文化背景下渠道成员的机会主义行为问题提供依据和思路。

（一）文献研究和规范分析

通过系统的查阅和整理与本书研究内容有关的国内外文献，并对关系取向、关系承诺、机会主义行为以及机会主义行为的治理策略等相关文献进行梳理，厘清变量之间的逻辑关系，找出现有文献的局限，然后确定本研究的内容：①在中国关系文化背景下，渠道成员是否有不同的关系取向，可以划分成几种关系取向？②关系取向如何影响及通过怎样的路径影响机会主义行为？③治理策略在哪种情境下对机会主义行为的抑制作用更有效？

（二）实证研究

实证研究是揭示和解决问题的重要手段之一。由于本书所需数据无法从二手资料处获取，要想获取最真实的研究数据，只能直接接触分销商。鉴于此，本书首先以国内外文献等二手资料为基础来编制调查问卷，其次有选择地对分销商进行预调研。根据预调研结果首先调整问卷，再次形成正式问卷，最后对医药、食品饮料、家具、服饰、电子产品以及零配件等行业的分销商进行抽样问卷调查。采用 SPSS 软件对回收的问卷数据进行信度、效度检验及相关分析等来检测数据的质量；采用 PLS 建模方法构建结构方程模型并对模型及研究假设进行检验与验证。

二、技术路线

技术路线是引导研究从选题、构思一直到科学结论的总体性研究规划（云虹，2006）。本研究的技术路线如图 1-1 所示。

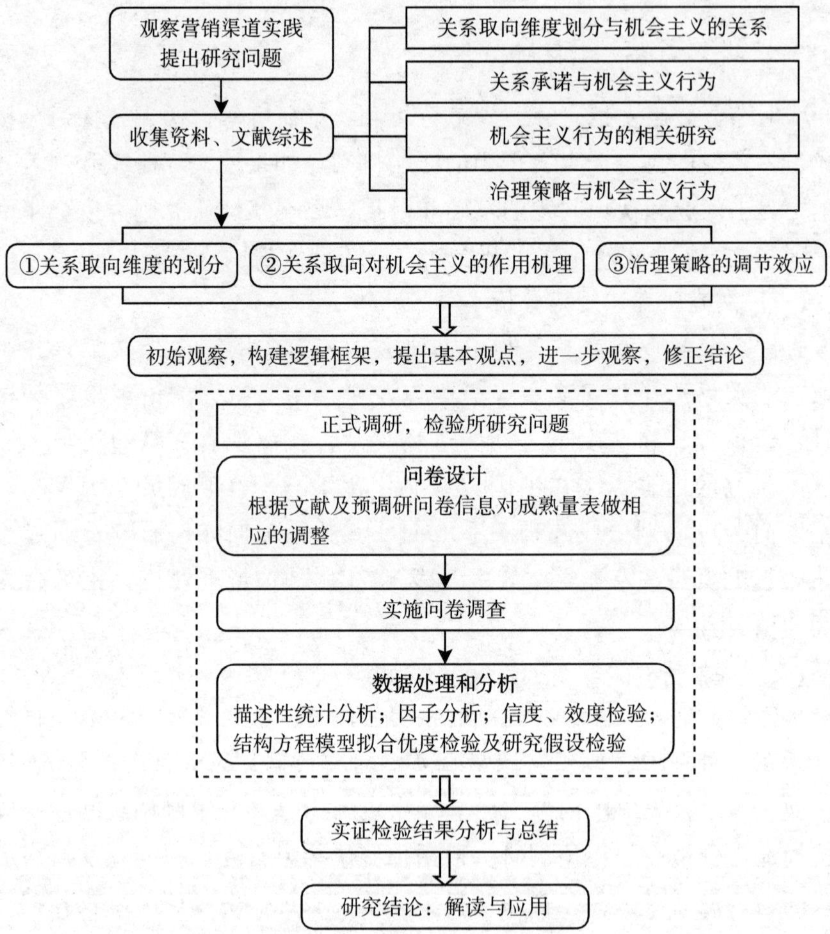

图 1-1 本书的研究技术路线

首先，本书结合现有文献和相关理论基础进行理论分析，梳理既有文献中有关机会主义行为的前因研究，发现既有文献的不足，初步确定本研究内容，由此构建初始模型，并提出相应的研究假设。其次，进行实证研究，经过理论分析之后，形成调研问卷并进行问卷调查。利用 SPSS、PLS 软件对样本数据进行分析，验证理论研究中提出的研究假设，确定机会主义行为的影响机制，并修正初始模型。最后，得出研究结论及其展望。

三、结构安排

根据研究内容及研究需要，本书包括以下六个章节：

第一章为绪论。阐述了本书的研究背景、研究目的和意义、研究范围、研究思路及研究方法，并对研究技术路线及主要创新点进行了说明。

第二章为文献综述。该部分主要从关系取向、关系承诺、渠道成员的机会主义行为以及治理策略四个方面进行文献回顾与梳理。重点对以上四方面内容的概念、分类、相关研究进行梳理与述评。

第三章为理论基础与理论模型。首先，介绍了交易费用理论、社会交换理论以及符号互动理论，这些理论为构建本研究理论模型提供了理论支撑。其次，根据理论及现有文献构建了关系取向、关系承诺、机会主义行为以及合同治理与关系治理之间的因果关系。最后，根据这些逻辑演绎构建了关系取向对机会主义行为影响的理论模型。

第四章为问卷调查研究设计与方法。首先，介绍了问卷设计的原则与过程。其次，在前人研究成果的基础上，结合本书实际情况，确定本研究中相关变量的操作性定义及初始量表，并形成调研问卷。再次，确定研究对象进行问卷调查；对预调研数据采用 SPSS、PLS 软件进行项目分析、信度、效度是及统计描述，并根据分析结果修改问卷，最终形成正式调研问卷。最后，简要介绍了对正式调研数据的分析方法。

第五章为理论模型的实证检验。首先，对正式调研问卷的数据进行基本特征分析。其次，对数据进行信度、效度检验。最后，对假设进行验证分析，主要是关系取向对机会主义行为的影响机制检验、关系承诺的中介效应检验以及治理策略的调节效应检验。

第六章为研究结论及管理启示。首先总结并梳理本书的研究结论；其次根据研究结论归纳本书的理论意义及管理启示；最后客观评价本书研究的局限性，并指出未来研究方向。

第四节 创新点

本书基于社会交换理论、符号互动理论以及中国关系等相关理论，借鉴机会主义行为、关系承诺、关系取向以及治理策略的相关研究成果，运用科学的研究方法，从渠道成员关系取向的角度出发，深入研究了机会主义行为的影响机制和治理策略。具体而言，本书的理论创新点主要体现在以下几个方面：

（1）本书将关系取向引入到渠道成员机会主义行为模型中，并基于 Su 和 Littlefield（2001）有关中国商人关系取向的划分方法，提出了关系取向更为详细的维度划分方式，进而探讨不同类型的关系取向对机会主义行为的影响。综观以往有关渠道成员机会主义行为的研究，多从经济学视角、行为视角、关系契约以及社会资本视角进行分析，鲜有文献从"Guanxi"视角出发，将关系取向这一社会心理学概念纳入渠道关系研究模型。关系取向的引入将有助于扩宽基于关系取向研究渠道成员机会主义行为的理论视角，并丰富渠道成员机会主义行为的前因研究。本书借鉴 Su 和 Littlefield（2001）对关系取向的划分方法，将其分为帮忙关系和寻租关系，并结合中国文化背景将帮忙关系取向细分为工具性帮忙关系和情感性帮忙关系。这一分类方法将会深化和扩展 Su 和 Littlefield（2001）对关系取向维度的划分方法。

（2）本书基于社会交换理论、符号互动理论和中国关系理论视角，以"动机—意图—行为方式"研究框架为逻辑主线，探讨"关系"取向、关系承诺及机会主义行为之间的关系及作用机制。研究发现情感性帮忙关系通过提高情感性承诺来降低机会主义行为；工具性帮忙关系和寻租关系通过影响算计性承诺进而对机会主义行为产生影响。这一研究不仅揭示了"关系"取向—机会主义行为的作用机制问题，还拓宽了"关系"取向对机会主义行为影响机制的理论框架。

（3）本书发现，不同的治理策略——合同治理和关系治理在不同的情境下对机会主义行为的影响效果存在差异。既有研究在治理策略对机会主义行为的治理效果方面并未达成共识。本书发现不同治理策略在关系取向对机会主义行为影响中的作用存在差异。具体而言，针对工具性关系取向和算计性承诺的渠道成员，采取合同治理策略更有效；针对情感关系取向和情感性承诺的渠道成员，采取关系治理策略更有效。该结论能更好地解决机会主义行为治理策略选择的争议问题，为企业治理机会主义行为提供决策参考。

总之，本书将关系取向引入渠道机会主义行为研究框架，有益于该研究框架的发展与完善以及渠道机会主义行为理论的构建，并进一步揭示关系—机会主义行为理论的作用机制，增强“关系—机会主义行为”理论的理论解释力。对于治理策略的引入，有助于丰富和深化有关渠道治理理论与策略研究。

本章小结

本章为本书的绪论部分。首先，本书基于营销渠道中机会主义行为现象以及学术界对此问题研究成果和局限性提出本书的问题；其次，从实业界及学术界两方面，介绍了本书的目的、实践价值和理论意义；再次，对研究方法、研究技术路线以及本书的主要内容和章节安排进行了概述；最后，对本书的创新点进行了说明。

第二章　国内外相关文献回顾

一个有趣且有价值的研究往往始于对现象的捕捉以及对既有文献的回顾，既有文献中往往蕴藏着大量的“财富”（Locke，Silverman & Spirduso，1998）。通过对既有文献的梳理，不仅可以获得理解有关现象的重要思想，还可以获得用于问题研究的资料和方法（马克思威尔，2007）。本章主要回顾与本书研究主题相关的既有研究成果，继而指出既有研究的不足，为研究框架的构建提供文献支持和方法论的指导。

第一节　关系取向的相关研究

一、关系（Guanxi）的相关研究

（一）关系的含义及作用

“关系”（Guanxi）一词作为华人的隐性心理特征，常常用来描述华人社会人际交往的规则。众多学者研究了中国人关系的内涵及社会心理功能。研究发现华人社会关系的展现方式及结果，与西方国家关系（Relationship）的含义存在显著差异（Xin & Pearce，1996；Yeung & Tung，1996；李宛真，2010；陈明，2013），如表 2-1 所示。

表 2-1　华人关系与西方关系的差异

基点	华人关系（Guanxi）	西方关系（Relationship）
建立动机	角色义务	自身利益
时间点	先关系，后交易	先交易后关系

续表

基点	华人关系（Guanxi）	西方关系（Relationship）
形成因素	既定关系，互动形成的关系	互动形成的关系
互惠动机	人情与面子	相互利益
承诺类型	情感性承诺	工具性承诺
关系参与	情感	经济
价值观	道德与社会规范	法律和规则

资料来源：摘自陈明（2013）。

西方学者往往关注中国关系的负面影响，认为关系作为正式制度的替代品（Snell & Tseng，2002），是牟取私利的非伦理行为（金杨华、吕福新，2008；Li & Wright，1999），是腐败或者不正当交易的手段（Standifird & Marshall，2000）。中国学者从中国传统文化角度去解释中国的关系，认为关系是一种符合中国伦理规范的行为。Yeung 和 Tung（1996）认为中西方对关系界定的差异主要体现在“主体参与社会交往的动机、交换的互惠性、时间导向、权力差异、权力的实质和惩罚机制”六个方面（宝贡敏、赵卓嘉，2008）。作为中国文化内涵的关系，体现了儒家文化的本质（黄光国等，2000），是人与人之间交往与联系所产生的一种“心理联系”（乐国安等，2002；李春苗，2001；彭茜等，2012）或者人际网络（Wong & Leung，2001），在该网络中人与人之间相互信任、相互依赖并且能够互惠互利（Lucian Pye，1992；Luo，1997；Wong & Leung，2001；Bian，1997；Gu et al.，2008；Leung et al.，2005；Lovett，Simmons & Kali，1999；Szeto，Wright & Cheng，2006）。

当然，关系不仅是中国人日常生活中的一种普遍现象，而且也存在于组织之间，称为组织关系，对中国商业活动间的相互交流与合作起着关键性作用（Bian，1997；Pearce & Robinson，2000）。组织间的关系主要是指公开对话、建立信任并促进支持组织目标实现的一系列活动（Hoskisson，Eden，Lau & Wright，2000）。关系是组织重要的资源，可以提高其竞争优势（Luo，1997；Park & Luo，2001；Peng & Heath，1996；Peng & Luo，2000；Tsang，1998）。

关系是中国文化下的主要社会联系形式（Fukuyama，1995），是“了解中国人社会行为规范及行为方式的关键概念，可以作为解决商业冲突的依据以及进行商业活动的基本规范”（金杨华、吕福新，2008）。在中国的商业活动中，关系具有信誉保证、互惠网络、长远利益以及减少恶意摩擦、加强良性互动的功能（庄贵军、席酉民，2004）。中国人做生意常用关系作为信誉保证，一旦合作双方有了互信关系，在互惠网络中从事商业活动具有较高的效率（Davies H. et al.，1995）。此外，商业冲突在商业活动中无法规避，但是在“自己人”之间，商业冲突极易解决，往往只需一顿饭一杯茶就可以把事情谈妥，把问题解决（庄贵军、席酉民，2004）。

（二）关系维度的划分

关于关系维度的划分，不同的学者分类方法不同（见表 2-2）。

表 2-2　关系维度的划分

作者及年份	维度
Hwang，1987	情感型关系、工具型关系及混合型关系
朱瑞玲，1992	情感强度、角色义务清晰度
翟学伟，1993	人伦、人情及人缘
Su 和 Littlefield，2001	帮忙关系、寻租关系
Fan，2002	家庭型关系、帮助型关系及商业型关系
乐国安等，2002	认知、情感及行为
费孝通，1998；杨国枢，2004	家人、熟人及生人关系
Chen 和 Chen，2004	信任、情感
庄贵军，2012	关系状态、关系行为、关系规范及关系取向

资料来源：作者根据相关文献整理而成。

Chen 和 Chen（2004）认为关系包含信任与情感两个维度，信任和情感水平的高低决定了双方关系的紧密程度。Hwang（1987）关于情感型关系、工具型关系与混合型关系则依据人际关系的亲疏远近划分而成。情感型关系是为满足双方关爱、温情、安全感和归属感等情感方面需求的一种长期稳定的社会关系。工具型关系视关系为一种获取所需资源的手段，是一种短期且不稳定的经济型交换关系。混合型关系则是介于情感型关系与工具型关系之间的一种形态，是基于经济和社会的混合交换关系。Hwang所划分的三种关系普遍存在于中国的现实生活中。受中国传统文化的影响，人们更倾向于不带任何功利目的的自然而然的交往，而不认同赤裸裸的工具型关系（庄贵军，2012）。Su 和 Littlefield（2001）结合中国的文化背景及商业环境，将中国人的关系取向分为“帮忙”（Favor-seeking）关系取向和“寻租”（Rent-seeking）关系取向。根植于中国传统文化的“帮忙”关系代表了一种长期的相互帮助及资源共享的混合交换关系模式；“寻租”关系是短期的、基于个人利益的权力与经济交换的关系模式（金杨华、吕福新，2008）。

在中国传统文化背景下，企业极力倡导并重点培养的是帮忙关系，而被大家诟病的则是寻租关系。本研究主要借鉴 Su 和 Littlefield（2001）关于关系的分类方法，探讨这两类关系取向的营销渠道成员如何影响伦理行为以及如何治理由这两类关系取向所导致的伦理行为。

（三）关系对营销渠道行为的影响

目前有关中国关系的研究大多停留在个体层面，也有极少数从个体层面上升至组织层面的研究，并且认为组织间关系是基于个人间的关系形成并得以强化的（Tsang，1998）。可见个体层面的关系与组织层面的关系存在交互作用。Kale 和 McIntyre（1991）的研究认为，不同国家的营销渠道行为由于社会文化不同而存在明显差异。这些差异不仅表现在一些营销渠道行为变量之间的关系上，还表现在其他一些对营销渠道管理有重要影响的变量上面。如庄贵军等（2004，2007）指出影响中国营销渠道行为的一个重要且有别于其他国家的变量便是私人关系。

随着经济的发展及研究的深入，学术界逐渐将中国的关系纳入营销渠道行为的研究框架，取得了一系列有价值的研究成果。

（1）关系影响渠道成员权力使用。Hwang（1987）认为中国的商业活动是关系、权力与面子之间的游戏。在中国，营销渠道成员采用强制性权力还是非强制性权力依赖于双方关系的好坏，如渠道合作双方私人关系越好，一方的经营决策越容易受到另一方强制性权力的影响（庄贵军、席酉民，2004；庄贵军等，2007）。此外，私人关系（私人交往状态和私人亲近感）直接影响企业的营销渠道行为，私人关系中的私人亲近感通过权力使用对渠道冲突有间接的正向影响（庄贵军等，2007）。

（2）关系对渠道行为的影响研究。在中国，关系作为一种重要的社会资本，是中国商业有效经营不可缺少的因素之一（Chen & Chen，2004）。

从某种程度上讲，关系决定了社会资源的流向，社会资源的流向又会对组织行为产生影响（宝贡敏、赵卓嘉，2008）。在中国情境下，关系正向影响营销渠道关系、行为与绩效。Barnes 等（2011）把关系划分为感情、人情和信任三个维度共 11 个测项，并研究关系三维度对渠道伙伴合作、协调、绩效的影响。研究发现：感情和信任水平越高，越能促进双方的合作水平；信任和人情水平越高，越能提升双方的协调。温飞、成志龙和何美贤（2011）通过实证研究发现，关系信任对渠道成员的战略绩效存在显著的正向影响。也有学者关注关系的负面影响，常常把关系与非伦理行为（贪污、腐败、贿赂、桌下交易、灰色营销行为及机会主义行为等）联系在一起（Li & Wright，1999；Snell et al.，1999；Standifird & Marshall，2000；彭茜等，2012）。

二、关系取向的相关研究

关系取向是渠道成员对维持渠道合作关系的态度和看法。本部分内容主要从关系取向的含义、研究层面、维度的划分以及相关研究成果四个方面，梳理现有国内外文献对关系取向的研究成果。

（一）关系取向的含义

关系取向是一个社会学和心理学的概念，最早由何友晖提出。在中国文化背景下，关系取向是中国人社会心理的精髓（何友晖等，1991），描述了中国人凡事以关系为出发点和最终归宿的文化特质（梁漱溟，1987），是用来标记和分析中国人社会心理和行为的一个极其重要的概念（何友晖等，1991；佐斌，2002）。此外，关系取向也被认为是中国人在人际网络中的一种主要运作方式。[①]

Su 和 Littlefield（2001）通过对中国关系的进一步研究，综合考虑了集体主义文化以及社会经济结构对人们关系取向的影响，指出在中国商业背景下，基于文化因素的帮忙关系（Favor-seeking）和基于制度因素的寻租关系（Rent-seeking）是中国人两种主要的关系取向。帮忙关系产生于集体主义文

① 杨国枢. 中国人的社会取向：社会互动的观点［A］. 杨国枢，余安邦. 中国人的心理与行为（一九九二）［C］. 中国台北：桂冠图书公司，1992.

化背景下，以相互依赖和分享稀缺资源为基础，注重长期的信任与互惠关系。寻租关系则产生于社会主义市场经济条件下，是短期的、基于个人利益的权力与经济交换的关系（Su & Littlefield，2001；金杨华、吕福新，2008）。

（二）关系取向的研究层面

关系作为一种中国文化现象，起初用于研究个体层面的人际关系（Chai & Rhee，2010；Yang，1994），随着研究的深入，学者们逐渐将其应用到组织层面（Luo et al.，2012），并认为关系是组织社会资本的来源，是组织实现目标的一种策略工具，是管理层为了实现组织目标而与商业伙伴和政府官员建立的社会网络和联系（Hoskisson，Eden，Lau & Wright，2000；Park & Luo，2001；Peng & Heath，1996；Xin & Pearce，1996；Peng & Luo，2000；Luo，2001）。

（三）关系取向维度的划分

西方学者认为，中国的关系反映了一种伦理（道德）困境，即经营长期的商业关系或者通过贪污贿赂与官僚政权形成紧密的关系（Guthrie，1998），并且认为关系与贿赂常常如影随形。实际上，中国人也意识到应该从道德上把符合道德的关系与贪污贿赂区分开来（Su & Littlefield，2001）。表 2-3 为关系取向含义的相关描述。

表 2-3 关系取向含义的相关描述

作者	描述
寻租关系	
Fan 等	把寻租关系定义为 B2G 关系，一方为商人，一方为政府官员
Su 等	寻租关系是在社会主义市场经济体制下，为实现个人利益的权力交换，反映了建立在权利交换基础上的社会共谋的制度规范
金杨华，吕福新	寻租关系是一种基于利益的权力与经济交换的关系模式，是社会主义市场经济特定阶段、法律制度不健全条件下的产物
张鹏	寻租就是搞关系，对于企业而言，最典型的寻租就是通过贿赂官员来为自己企业谋利。寻租有的是非法，有的是合法但不合理
帮忙关系	
Su 等	在集体主义文化下，帮忙关系以相互依赖和分享稀缺资源为基础
金杨华，吕福新	帮忙关系是一种混合交换的关系模式，根植于中国传统文化
Fan 等	关系根植于文化，代表着在集体主义社会下社会契约和人际资源的交换。它包含家庭成员间的关系以及亲戚、朋友、同学以及陌生人之间的关系

注：作者根据相关研究整理而成。

将关系取向运用到组织层面，其实质是组织对关系重要性和目的性的认识，即组织的生存和发展在多大程度上受到关系的影响，以及组织把关系看成终极目的还是获取利益的手段（庄贵军，2012）。本研究借鉴 Su 和 Littlefield（2001）关于关系取向的划分方法，将渠道成员的关系取向分为帮忙关系和寻租关系。同时 Su 等指出，基于中国传统文化的帮忙关系，也会因为关系的亲疏而采取不同的交换规则，即家人之间的交换原则是责任或义务，亲朋好友之间的交换原则是互惠，而生人之间的交往采取工具性原则。中国社会的关系取向因人而表现出差序性的关系模式也会在组织间得以体现，即当组织间形成"关系户"时，双方便会相互支持、相互帮助（梁建、王重鸣，2001）。因此，本研究按照以上不同的交换原则，并借鉴黄光国（1988）关于关系类型的分类以及高维和与陈信康（2009）有关商业友谊的划分方法，将渠道成员的帮忙关系分为情感性帮忙关系和工具性帮忙关系。李雪灵等（2013）在研究中也指出中国企业的社会关系既包含工具性成分，也包含情感性成分。

在前人研究的基础上，结合本研究的具体实际，本书对帮忙关系与寻租关系取向重新做了界定，如表 2-4 所示。

表 2-4 关系取向维度划分及含义

变量	含义
帮忙关系	帮忙关系：根植于中国传统的集体主义文化，以相互依赖、相互帮忙并分享稀缺资源为基础而建立起的一种长期的信任、互惠关系模式，是基于经济型和社会型的混合型关系模式
	①情感性帮忙关系：是指为满足双方情感方面的需求而为合作伙伴提供帮忙，从而建立起长久的稳定的友好关系（彭泗清，1999；杨国枢，2004；刘艳菊，2011）。其交往规则是情感、责任和信任
	②工具性帮忙关系：工具性关系以利益交换为基础（杨中芳，1999），对合作伙伴提供帮忙与支持完全是出于利益的考量。其交往规则是面子、人情和互惠（庄贵军等，2008），把帮忙关系视为获利的手段或工具
寻租关系	是短期的、基于企业利益的权力与经济的交换关系，一方面表现为企业与政府之间的经济与权力的交换；另一方面表现为企业与企业之间权力、经济的交换关系

注：作者根据相关研究整理而成。

由表 2-4 可知，情感性帮忙关系强调建立长期的友好合作关系，以情感交换为基础。与情感性帮忙关系相比，工具性的帮忙关系是一种短期的、以利益交换为基础（杨中芳，1999）的相互帮忙关系。

寻租关系与工具性关系的相同点都是把关系当成获取利益的手段或工具，不同点在于，工具性帮忙关系会使得渠道双方均受益，并且持工具性帮忙关系取向的一方期望在未来会得到另一方的回报。寻租关系是基于权力（政权或资源权力）的权与利的短期交换关系，不强调对方在将来回报自己。

（四）关系取向相关研究成果

中国人与人之间的社会交往活动往往看重相互之间的社会联系和关系，并常常据此确定与对方交往活动的态度与行为方式（李伟民，1998）。赵菊和佐斌（2008）在关系取向与人际关系满意感关系的实证研究中发现，关系取向的维度之一——关系缘分观影响着人们对自身人际关系满意度的评价。姚飞和李桂华（2007）通过对天津连锁药店的86位店长和217位销售人员的问卷调查发现：个人文化差异正向影响其关系取向，而关系取向正向影响员工满意。同时学者通过实证研究得出：关系取向也会影响其行为方式。如：在成本收益相同的条件下，人们选择关系交易的可能性明显大于对市场交易的选择，原因在于运用关系营销的企业更容易取得竞争优势（张其仔，2004；金杨华、吕福新，2008）。通过对“浙商”企业家群体的实证调研，研究了关系取向对企业家伦理决策的影响作用。研究表明：关系取向与伦理决策之间并非一定存在负向关系。Fan 等（2012）验证了中国审计员的关系取向和他们的伦理判断之间的关系，结果显示关系的两个维度是相对独立的。同时发现中国审计员的帮忙关系与他们的伦理判断正相关，寻租关系取向与他们的伦理判断负相关。

赵蕙玲（1993）调查成衣厂间的合作网络时发现，一旦渠道成员间形成关系户，会因为合作关系的存在而有很多优厚待遇。中国组织间运作特有的关系取向导致中国背景下的关系研究备受瞩目。Luo（1997）以江苏省100家外资企业为研究对象，通过实证研究发现：基于“关系户”的产品销售及信誉保证对公司的盈利、资产流通及销售增长有显著的影响。胡士强等（2010）基于中国文化情境因素的视角，提出了组织关系取向对组织导向知识共享意愿影响的理论框架。此外，关系取向通过关系活动影响关系产出（Geeffrey et al.，2012），而有些学者认为关系取向通过创新取向进而影响组织绩效（Aric Rindfleisch et al.，2010）。

三、关系取向相关研究述评

关系取向作为标记和分析中国人社会心理和行为的一个重要概念，最早由何友晖提出，反映了人们凡事以关系为出发点和最终归宿的文化本质。综观关系取向的既有研究可作如下归纳：

第一，按照 Su 和 Littlefile（2001）对关系取向的划分方法，可将关系分为帮忙关系和寻租关系。既有研究中有关"关系"的划分方法是按照成分的多少将其划分为情感型关系和工具性关系，而本研究按照人们帮助对方的动机又可把帮忙关系划分为情感性帮忙关系和工具性帮忙关系。

第二，当把关系取向应用于个体层面时，关系取向影响关系满意或工作满意，影响伦理行为；当把关系取向用于组织层面时，会影响知识共享意愿及组织绩效。可见，对个体层面关系取向的研究，可转化为对组织层面的关系取向的研究。

第三，尽管实践中的大量现象表明，渠道成员的机会主义行为与其关系取向有关，但既有研究未将关系取向纳入渠道机会主义行为研究模型。

第二节　渠道关系中承诺的相关研究

在营销渠道合作关系中，承诺是一个至关重要的影响变量（戚译、王颢越，2005），常用来解释渠道成员间的关系行为（Gilliland & Bello，2002）。关于承诺的结果变量，学术界存在分歧。一些学者认为，承诺代表交易双方继续合作的意愿（Anderson & Weitz，1992），也是企业间合作的一种战术策略（Morgan & Hunt，1994），可以降低渠道成员的机会主义行为倾向（Gundlach，Achrol & Mentzer，1995）。另外一些学者指出承诺可能对渠道伙伴减少投资意愿、退出合作意愿产生影响（Kumar，Hibbard & Stern，1994）。对于这种不同的观点，有学者指出：渠道成员维持关系的动机不同，因此影响结果也不同，即渠道成员因不同的原因在不同程度上维持双方交易关系（Allen & Meyer，1990；Kumar et al.，1994）。

一、关系承诺的概念

关系承诺作为营销领域核心概念之一，常被用于描述合作双方的心理契约（吕晖等，2010），对渠道成员之间建立长期友好的合作关系有着重要影响（叶飞、薛运普，2012）。

20世纪80年代末，Dwyer等从行为的角度对关系承诺进行界定，认为关系承诺是对合作关系持续性的明确或含蓄的保证（Fynes et al.，2002）。后期的学者大都将关系承诺视作一种心理契约（蒋晓荣、李随成，2012），这种心理契约的达成有助于建立、发展长期稳定的合作关系（王泽华等，2003）。建立在对合作关系信任基础上的关系承诺，表达了一种甘愿为发展、维持合作关系牺牲短期利益的愿望（Anderson & Weitz，1992）。随后Thomas（1999）、潘文安和张红（2006）等学者采用了该定义并对其进行了相关研究。

此外，其他学者也给出了相似的定义。如关系承诺表达了一种持续合作关系的意图（Scheer & Stern，1992），是一种需要双方维持且有价值的关系（Zaltman，Moorman & Deshpande，1992）。Morgan和Hunt（1994）基于既有研究，提出关系承诺的定义：企业坚信维持与某一交易伙伴的关系对自己非常有利，因此会尽最大努力去维持并增强双方的合作关系。综合以上学者对关系承诺的定义可知，关系承诺体现了渠道成员与合作伙伴维持关系的意图（戚译、王颢越，2012），这要求合作双方要以长远的眼光去处理合作关系，以确保建立稳定的信任关系（叶飞、徐学军，2009）。

二、关系承诺的维度划分

学者从不同的角度对关系承诺的维度进行划分。通过梳理既有文献发现，关于关系承诺的分类影响较大的有如下几种划分方法：

第一，Huo（2007）将关系承诺划分为人际承诺和组织承诺两个层面。人际承诺表达了个体为他人牺牲自己的时间和精力的意愿。Hornby（1995）进一步将组织承诺划分为组织内承诺和组织间承诺。组织内承诺又被称为组织承诺，指员工为实现组织目标而付出更多努力的意愿（Mowday，Porter & Steers，1982；Porter，Steers，Mowday et al.，1974）。组织间承诺，即通常所说的企业间关系承诺，是指企业为维持合作关系付出努力或资源的意愿（Cheng，Li，Lave & Irani，2004）。

第二，Penley 和 Gould（1988）、Mathieu 和 Zajac（1990）、Geyskens 等（1996）和 Fullerton（2005）先后提出根据关系承诺动机性质将其划分为情感性承诺和算计性承诺两种类型。这两种承诺代表着两种不同的商业关系和人际关系的态度（Kanter，1972）。情感性承诺是指渠道成员对渠道交易伙伴形成的一种依附状态，这种依附状态因感知到交易伙伴的忠诚和可信而形成（Fletcher，1993；Kalleberg & Reve，1992），它体现了一种对合作关系的积极情感和责任（Geyskens et al.，1996）。这种情感和责任使得渠道成员愿意付出额外的努力去维持双方的关系，超出了经济范围（Fullerton，2005）和合同范畴（Cullen et al.，2000）。基于对交易伙伴的正面评价，如对交易伙伴经营目标与理念以及价值观认同等（Morgan & Hunt，1994；Wetzels，de Rugter & ran Birgelon，1998），情感性承诺体现了与交易伙伴维持关系的意愿以及在多大程度上愿意与交易伙伴维持关系（Wetzels et al.，1998），是一种正向动机（戚译、王颢越，2005）。算计性承诺则是一种负向动机，即企业由于缺少其他合作伙伴或者从其他伙伴处无法获取关键资源等而不得不与现有交易伙伴保持合作关系（Geyskens et al.，1996；戚译、王颢越，2005）。算计性承诺是指渠道成员在分析维持关系所带来的收益以及终止关系可能失去的利益及造成的损失的基础上，由于不能轻易更换交易伙伴而做出的与渠道伙伴保持关系的态度以及对交易伙伴形成的依附状态（Geyskens et al.，1996；叶飞、薛运普，2012；蒋晓荣、李随成，2012）。渠道成员为了完成任务目标，会通过对收益的理性计算而对合作伙伴做出承诺（Fullerton，2005）。处于合作关系中的渠道成员，合作的目的主要是为了获得经济上的回馈，并非是为了交朋友（Cullen et al.，2000）。

第三，Allen 和 Meyer（1990）提出的三维度构建最初用于组织内承诺（即组织承诺），后来用于组织间承诺，即关系承诺（Anderson & Narus，1990）。三个维度分别为：情感性承诺、持续性承诺及规范性承诺。Allen 和 Meyer 的分类方法在许多研究中得到广泛应用与支持（Jaros，Jermier，Koehler & Sincich，1993；Hackett，Bycio & Hausdorf，1994；Somers，

1995)，Meyer、Allen 及 Smith（1993）用“组织想要做、需要做以及感觉应该这么做”来分别代表情感性承诺、持续性承诺以及规范性承诺。

第四，其他的分类方法。潘文安等（2006）认为关系承诺应划分为这样三个维度：情感性承诺、经济性承诺和持续性承诺。Brown 等（1995）和 Zhao 等（2008）将关系承诺划分为规范性承诺和工具性承诺。规范性承诺是指渠道成员对交易伙伴目标、价值观以及普遍规范的认同而形成内在化的承诺（Morgan & Hunt，1994；Brown et al.，1995；Wetzels et al.，1998）。工具性承诺体现了渠道成员对合作伙伴的顺从，顺从的程度由可能的回报或惩罚来决定。规范性承诺与工具性承诺恰恰相反（Brown et al.，1995）。对于这种关系承诺的两个维度来讲，规范性承诺类似于情感性承诺，工具性承诺则类似于算计性承诺（Huo，2007）。

在以上关系承诺分类中，出现最为频繁且与组织间关系最为相关的便是情感性承诺和算计性承诺（Geyskens et al.，1996）。即承诺既包括情感的、“热”的特征，也包含理性算计的、“冷”的特征（Guatafsson et al.，2005）。因此，本研究将情感性承诺和算计性承诺作为关系承诺的两个维度。

三、关系承诺的成因及影响研究

渠道成员的关系承诺对双方合作关系维持与发展产生重要影响。对关系承诺相关文献的梳理，将有助于理解渠道成员间维持合作关系或终止合作关系的原因，从而为建立与发展渠道成员间长期稳定的合作关系提供借鉴（戚译、王颢越，2005）。当前国内外已有不少学者（Jiang & Li，2009；Stanko，Bonner & Calantone，2007；Wong et al.，2008；叶飞、薛运普，2012；高以成，2011）研究了关系承诺的前置因素以及影响效果，这些研究成果不仅丰富了关系承诺的相关理论，而且为企业获得渠道成员的承诺和建立良好的渠道关系提供了有益借鉴。

（一）关系承诺的前置因素相关研究

综合既有研究成果，发现信任、权力、专用性投资、产品卖点以及产品易售性等因素对渠道成员关系承诺的形成有至关重要的作用，并且这些因素对两种不同性质的承诺的影响存在差异（戚译、王颢越，2005）。下面分别阐述各个因素对关系承诺的影响。

（1）信任对关系承诺的影响。渠道成员的信任正向影响关系承诺（戚译、王颢越，2005），在既有的营销文献中已多次证实了信任对关系承诺的正向影响作用（Inge Geyskens et al.，1996；Eastlick，Lotz & Warrington，2006；Kingshott，2006）。信任与关系承诺之间的关系表明关系承诺的质量受到信任程度高低的影响（吕晖等，2011）。Lai 等（2008）、Schurr 和 Ozanne（1985）通过实证证明信任正向影响关系承诺。此外，环境不确定性会强化信任对承诺的正相关关系。叶飞和徐学军（2009）通过实证检验，指出供应链伙伴间信任程度对关系承诺有显著的正向影响。戚译和王颢越（2005）将信任分为善意信任和能力信任，分别考察两种信任对两种承诺的影响作用，结果表明：如果合作双方对彼此的诚实和善意持信任态度，这种善意的信任有助于情感的认同与接受，会促进双方情感性承诺的形成。同样地，若合作双方对彼此的能力持信任态度，这种基于能力的信任势必会使合作双方对关系的未来发展充满信心，并且相信自己做出承诺后会得到对方的回报，这种承诺属于算计性承诺。吕晖等（2011）也验证了信任对关系承诺存在显著的正影响。

（2）权力对关系承诺的影响。近年来在运营管理领域，权力作为企业间关系承诺的主要影响因素之一，被越来越多的学者和实践管理者所强调（Scheer & Stern，1992；Morgan & Hunt，1994；Huo Baofeng，2007）。运用不同的权力会影响渠道关系承诺的形成。一般说来，强制性权力不利于情感性承诺的形成，而有利于算计性承诺的产生。非强制性权力对情感性承诺的形成产生极其重要的影响，尤其是在竞争日益激烈的背景下，如果供应商通过非强制性权力对分销商施加影响，提供帮忙或恩惠，势必会增进合作双方的关系，进而形成情感性承诺（戚译、王颢越，2005）。

（3）专用性投资对关系承诺的影响。Weitz 和 Jap（1995）指出，专用资产投资有助于提高承诺水平。研究发现专用性投资对情感性承诺的影响是不确定的。若感觉到投资方是对自己的重视或者是体现其对发展、维持双方关系的诚意时，会认为是投资方的善行，作为回报做出情感性承诺的可能性就越高；但如果对方认为这是为了提高自己的转换壁垒，防止自己转换伙伴，那么在算计性承诺可能性增加的同时，对投资方的情感性承诺会降低（戚译、王颢越，2005）。

此外，关系长度、产品卖点和产品易售性也是影响关系承诺的重要前置因素（刘益等，2008；戚译、王颞越，2005）。

（二）关系承诺的结果影响研究分析

关系承诺对渠道成员间合作关系的建立与维持起到关键作用（蒋晓荣、李随成，2011；Morgan & Hunt，1994），如关系承诺会对渠道合作行为、信息分享以及渠道绩效等产生重要影响。

第一，关系承诺有利于渠道绩效的提升。学者们对关系承诺与渠道绩效的关系进行了实证分析，如国内的王泽华等（2003）研究了关系承诺的价值。Brown 等（1995）深入分析了渠道成员的关系承诺对渠道绩效的影响，验证了渠道双方的关系承诺对双方收益有正向影响，即零售商关系承诺正向影响双方绩效。

第二，关系承诺对信息分享/合作行为的影响。资源依赖理论指出，渠道中上游企业间的战略伙伴关系随着资源依赖程度的提高而得以加强，稳定友好的合作关系会正向影响彼此之间的关系承诺水平，做出承诺的渠道双方更愿意进行信息系统协同、共享信息资源（吕晖等，2010）。蒋晓荣和李随成（2011）基于中国制造业的调查证实关系承诺影响信息共享。随着关系承诺水平的提高，有利于双方合作关系的加强及机会主义行为的降低（Skarmeas，Katsikeas & Schlegelmilch，2002；Cullen，Johnson & Sakano，1996；Muthusa-my & White，2005）。信息分享是合作行为元素之一，它反映了双方分享信息和将信息透露给彼此的意愿（Pearce，2001）。制造商对供应商的关系承诺会促进供应商整合（霍宝锋等，2013）。

四、关系承诺相关研究述评

本节着重从学者们对关系承诺概念的界定、维度的划分、影响因素以及产生的后果四个方面对国内外既有文献进行了回顾与梳理。

关系承诺是合作双方维持合作关系的一种愿望，其实质是渠道成员期望维持交易关系的态度（戚译、王颞越，2012）。根据渠道成员维持渠道关系的态度不同将承诺划分为情感性承诺和算计性承诺。发现渠道成员的关系承诺受到信任、权力、专有资产、依赖关系、产品卖点以及产品易售性等因素的影响。承诺往往会提高渠道绩效、合作行为、信息分享，降低机会主义行为。

综上，尽管已有研究探讨了承诺与机会主义行为之间的关系，但是，这些研究并未深入地探讨承诺的不同维度与机会主义行为之间的关系，也并未获得一致的研究结论（刘益等，2008）。由于承诺的不同维度来源于不同的心理动机，可能对机会主义行为有着不同的影响效果（Gilliland & Bello，2002），因此研究承诺的不同维度（算计性承诺、情感性承诺）对机会主义行为的不同作用将有助于解释既有研究存在的矛盾结论（刘益等，2008）。

第三节　渠道成员机会主义行为的相关研究

交易费用理论提出两个有关人类行为的假设，即有限理性和机会主义（Rindfleisch & Heide，1997）。其中机会主义假设认为：一旦有机会，决策者可能会不择手段地寻求自我私利（Barney，1990）。在交易费用相关文献中，学者们普遍采用 Williamson 关于机会主义的定义："不道德地追求自我利益"（Williamson，1975），即机会主义是指通过不正当手段谋求自我利益的最大化（Rokkan，Heide & Wathne，2003；任星耀等，2012）。

在渠道关系中，机会主义通常表现为隐瞒、歪曲和误导信息、违背契约、逃避或不完全履行关系承诺或义务，以及拒绝根据环境的变化进行相应的调整等（Williamson，1975；Rindfleisch & Heide，1997；Caniëls & Gelderman，2010；Hawkins et al.，2008；Wathne & Heide，2000；Yang et al.，2011）。研究发现渠道成员的机会主义行为会破坏渠道和谐，降低合作意愿和渠道效率（Wathne & Heide，2000；高维和等，2006；Wuyts & Geyskens，2005）。

一、机会主义行为的类型

目前，学术界对于机会主义这一假设存在争议（Donaldson，1990；Ghoshal & Moran，1996），学者们的质疑主要体现在以下几方面：机会主义的概念是否精确，是否更为贴近地描述交易伙伴的行为？尽管相关研究已经对机会主义的一般概念进行了讨论，但是其复杂性有待进一步研究（Wathne & Heide，2000）。随着研究的深入，有学者对机会主义行为的研究由单一维度向双维度或者多维度发展。通过对既有文献的回顾，发现学者们（Niesten & Jolink，2012）从不同的视角将机会主义行为的类型进行了划分，更为贴切、全面地描述了渠道成员的机会主义行为（见表 2-5）。

表 2-5 机会主义行为维度划分

作者及年份	划分视角	维度
Wathne，2000	违背合同的类型	露骨与合法的机会主义行为
Luo，2006	违背合同的类型	强形式与弱形式的机会主义行为
Wathne & Heide，2000	行为视角	逃避责任/义务、拒绝适应新环境、违反合同/关系规范、被迫重新谈判
Crosno & Dahlstrom，2008	提供信息者的角度	自我报告和他人报告的机会主义行为

注：作者根据相关研究整理而成。

第一，从机会主义行为发生的时间及诱致的原因将联盟伙伴的机会主义行为分为三个基本类型：信息不对称导致的事前或联盟前逆向选择的机会主义行为（Akerlof，1970）、结盟后（合同履行期间）道德风险的机会主义行为和敲竹杠的机会主义行为（符加林，2007）。

第二，从违背合同的类型看，Williamson（1975，1991）和 Wathne（2000）区分了露骨/明目张胆的机会主义行为（Blatant Opportunism，合同当事人违反了正式合同）和合法的机会主义行为（Lawful Opportunism，合同当事人打破了关系契约的非正式协议）。Luo（2006）将机会主义行为分为“强形式”机会主义行为（Strong form Opportunism）和“弱形式”机会主义行为（Weak form Opportunism）。尽管二者分类名称不同，但本质相同，均属于机会主义行为范畴。最初的交易费用理论，倾向于把机会主义视为违反明确的合同（Williamson，1975）。明显的违反正式合同规定的行为，称为“露骨”或者“强形式”机会主义行为（刘婷，2012；Luo，2006；Wathne & Heide，2000）；Williamson（1991）用“合法的机会主义行为”描述违反不属于正式合同规定的行为，即虽然没有违反正式合同规定的条款，但是却违背关系规范的行为。由于不确定性的存在，双方在进行交易时，需要将非正式关系合同作为正式合同的补充。强形式的机会主义行为表现为违约，虽然其冲突可通过合同违约条款解决，但会破坏双方和谐的合作关系。弱形式的机会主义行为虽不易被发现，但也会对双方关系产生消极后果。

第三，从行为视角看，机会主义行为分为主动与被动的机会主义行为。合同当事人保留努力、规避义务或者偷懒行为属于被动的机会主义行为；合同当事人故意歪曲事实、在未授权区域卖商品，或者环境发生变化时强迫合同另一方重新协商（Wathne & Heide，2000）属于主动的机会主义行为。Wathne 和 Heide（2000）将主动和被动形式的机会主义与当前环境和新环境组合成机会主义的四种表现形式，即逃避责任或义务（Evasion）、缺乏弹性或拒绝适应新环境（Refusal to Adapt）、违反合同或关系规范（Violation）以及被迫重新谈判（Forced Renegotiation）。

第四，从提供信息者的角度考虑，有自我报告的机会主义行为和他人报告的机会主义行为之分（Crosno & Dahlstrom，2008）。

由上述机会主义行为分类形式看，机会主义行为并非是单维度的，而应该是一个多维度概念。然而不管机会主义行为是单维因子还是多维因子，其实质都是为寻一已私利而违反合同规定或者关系规范，从而给对方造成损失。

二、机会主义行为的前因研究

营销中大量关于 B2B 关系的研究主要以交易费用理论（Rindfleisch & Heide，1997）或者代理理论（Bergen et al.，1992）作为分析框架。根据这些分析框架，学术界将机会主义行为作为一个内生变量来探讨其驱动因素，并取得了大量的研究成果，如表 2-6 所示。渠道机会主义行为的结果，主要表现为"绩效"的降低、"满意度"的降低、"冲突"的显性化、"成本的上升"、"关系终止"及停止"合作"等。

表 2-6 机会主义行为的相关研究成果汇总

名称	变量名称
前置变量	专有资产投入（对称/不对称）、不确定性（环境/行为）、依赖（对等/不对等）、正规化、集权化、协调、监督、高层管理者的重视、交流、文化敏感性、规范、目标一致性、社会互动、认同、信任、分享价值、承诺

续表

名称	变量名称
调节变量	参照系、组织情境、研究策略、功能取向、行业的数量、集体主义、社会互动、认同、信任、分享价值
结果变量	绩效、满意、冲突、关系终止成本、合作

资料来源：Crosno & Dahlstrom，2008；Das & Rahman，2010；Tore Mysen et al.，2011；Sungmin Ryu et al.，2012；Qiong Wang et al.，2013；Xuehua Wang & Zhilin Yang，2013.

对有关渠道机会主义行为的相关研究进行梳理后发现，学者们研究渠道机会主义行为的前置变量、调节变量及结果变量，主要来自交易费用理论、资源依赖理论、社会/关系交换理论、委托代理理论、社会资本理论、关系契约理论以及其他相关理论。此外，在机会主义行为众多的前置变量中，关系取向并不在其中。

（一）交易费用理论视角

交易费用理论是B2B研究中重要的理论视角之一（Rindfleisch et al.，2010；Geyskens et al.，2006；Macher & Richman，2008；Rindfleisch & Heide，1997）。交易费用理论认为当机会主义行为可实行且有益时，个体可能会发生机会主义行为（John，1984）。该理论主要从专项资产投资和不确定性两个方面探讨对渠道成员机会主义行为的影响。

1. 专项投资

专项投资是指企业针对特定的合作伙伴或合作关系所做出的高度专业化和持久的投资（Williamson，1981，1985；Xie，Sub & Kwon，2010），既包括有形的资产（制造商的设备、特殊工具、机器），也包括无形的资产（隐性知识、专门技术、能力）（Rokkan，Heide & Wathne，2003）。如果双方关系破裂，投资方将遭受巨大的沉没成本（Williamson，1981，1985）。Williamson认为有六种主要的专有资产，分别是地点专有性（Site Specificity）、实物资本专有性（Physical Asset Specificity）、人力资本专有性（Human Asset Specificity）、品牌资产（Brand Name Capital）、专用资产（Dedicated Assets）以及临时性专有性（Temporal Specificity）。在既有研究中，与其他类型的专有资产相比，学者们关注最多的专项投资是人力资本专有性（Lohita，Brooks & Krapfel，1994）。

交易专项投资与机会主义行为一直是组织间关系研究关注的重要问题（Crosno & Dahlstrom，2008；Skarmesa et al，2008）。既有研究中关于交易专项投资对伙伴机会主义行为的影响可以归纳为两个方面：单边专项投资和双边专项投资。

交易费用理论认为，单边专项投资会抑制投资方的机会主义行为，但会诱发接受方的机会主义行为（彭雷清等，2008；高维和等，2006；于江，2009）。专项投资只在特定交易关系内存在价值，在交易关系之外不具有任何价值或者价值很小，因此投资方会被锁定在该交易关系中（Jap & Ganesan，2000），使其不得不维持交易关系。在该种情况下，投资接受方很可能利用这一机会，为了最大化本企业的利益，对投资方采取机会主义行为（Bradach & Eccles，1989；任星耀等，2012）。此外，有关单边专项投资与机会主义行为的研究表明，单边专项投资对机会主义行为的影响受某些调节变量的影响，这些调节变量有伙伴交易专项投资、关系持续时间或持续意愿（刘婷等，2012；Rokkan et al.，2003；Vazquez et al.，2007）、关系规范（汪涛、郭锐，2006；Brown et al.，2009）、关系团结的程度（Rokkan et al.，2003；Vazquez et al.，2007）、正式契约和信任（高维和等，2007）以及专项投资方的竞争对手的专项投入（薛佳奇等，2011）。

如果只有一方进行专项投资，不仅会将自己锁定，而且还有可能激发对方的机会主义行为（尽管在某些变量的调节作用会抑制对方的机会主义行为）。同时单方进行专项投资，会引发依赖的相关问题，如权力的不对称，进而会对机会主义行为产生影响。为了解决单边依赖问题，学者试图引入双边专项投资来抑制机会主义行为。Dyer 和 Singh（1998）指出，合作双方进行双边专有性投资是保证合作成功的关键因素。与一般的通用资产或单边专项投资相比，双边专项投资具有更好的规避关系风险的作用，能够降低机会主义行为（王国才等，2011；王国才等，2010）。交易费用理论认为，交易双方在关系中做出相当的专项投资时，会出现“相互抵押”，也叫双边“锁定”（Stump & Heide，1996）。双边锁定的格局在一定程度上对合作双方的机会主义行为起到约束作用，对合作关系起到稳固的效果（Heide & John，1988）。同时，寿志钢等（2012）指出，当交易双方投入的专有资产较为均等时（即控制专有资产的非对称性时），专有资产的总量会通过促进交易双方形成嵌入式关系来增加关系绩效。

以上研究，大多从二元关系的角度考察专项投资与机会主义行为之间的关系。也有一些研究从网络的视角探讨专项投资与渠道行为之间的关系，如薛佳奇等（2011）突破二元关系将研究深入到一个简单的竞争网络中；陶蕾（2008）研究发现供应商与分销商关系中的专项投资受到其他渠道关系的影响；于江等（2009）分析研究了企业间网络中的敲竹杠行为。这些研究为未来更深入更具体地研究社会网络视角下专项投资与渠道行为之间的关系提供了基础。

综上可知，专项投资是影响机会主义行为的关键因素之一，因此，本书将专项投资作为控制变量。

2. 不确定性

交易费用理论认为不确定性容易引发渠道成员的机会主义行为，这种不确定性有环境不确定性和行为不确定性之分，即交易的环境不能事前确定以及事后无法轻易衡量绩效。

第一，环境不确定性。环境不确定性是指无法预知与交易相关的环境的变化（Noordewier et al.，1990）。环境不确定性与交易费用理论的有限理性假设密切相关，有限理性指限制了人们事前为防止意外事件发生而做准备的能力（Crosno & Dahlstrom，2008；Hawkins et al.，2008）。由于交易伙伴的有限理性以及环境的不确定性共同导致了对无法预料事件的适应问题，即很难调整协议以适应变化的环境（Crosno & Dahlstrom，2008；Rindfleisch & Heide，1997）。Hawkins 等（2008）注意到不确定性通常会导致重新商议（谈判），当环境不稳定性提高时，企业间的机会主义发生的概率也在增加（Luo & Tung，2007；Skarmeas et al.，2008；Wu et al.，2007；Wang & Yang，2013；Crosno & Dahlstrom，2008）。

第二，行为不确定性。行为不确定性往往导致绩效难以评估这一难题（Anderson，1988；Rindfleisch & Heide，1997），即无法证明交易伙伴是否遵守了双方协议（John & Weitz，1988），如制造商很难确定分销商是否为消费者提供了必要的售前服务。或者，即使分销商的行为可以测量，制造商收集信息的过程和成本可能是巨大的，导致制造商不得不放弃对其行为的评估。行为不确定性是内生变量，产生于交易本身，容易导致伙伴的机会主义倾向（John & Weitz，1998）。

第三，行为不确定性提高了信息不对称性，并且使企业承担被伙伴利用的风险。Ouchi（1980）指出，行为不确定性带来交易风险。在双方买卖关系中，交易伙伴行为的不确定性为其从事机会主义行为创造了机会。换句话说，行为不确定性对交易伙伴从事机会主义行为起到激励促进作用（Carson et al.，2006）。Wang 等（2013）在研究中指出行为不确定性与交易伙伴的机会主义行为正相关。此外，对交易伙伴行为的无法预测性增加了机会主义行为的可能性（Crosno & Dahlstrom，2008）。Bergen 等（1992）认为与行为不确定性相关的信息不对称增加了代理人推卸责任的可能性，同时对交易伙伴行为的无法确定性提高了机会主义行为的可能性（Heide，1994）。因此，行为不确定性与机会主义行为正相关（Crosno & Dahlstrom，2008）。

（二）资源依赖理论视角

资源依赖理论认为任何一个组织都是在与其他组织进行资源交换的过程中获得生存与发展（贾生华等，2007；吕晖等，2011），合作双方的资源依赖性在彼此长期的资源交换过程中产生，并且可以提升合作绩效（吕晖等，2011）。

资源依赖理论认为，交易双方的资源互补（相互依赖）与机会主义行为之间的关系呈倒 U 形关系。资源依赖理论指出，一方面，交易伙伴之间互补性资源的投入是解决彼此间机会主义行为的有效途径之一。这是因为，交易双方之间的资源互补关系使得彼此能够从合作伙伴处取得所需资源，双方之间强调合作关系，从而降低发生机会主义行为的可能性（Park & Russo，1996；Hawley，1986；Rowley，2005；徐二明、张欣，2008；Arora & Gambardella，1990；Teece，1992；Rothaermel，2001）。[①] 因此，互补性资源是约束机会主义行为、保证渠道绩效的重要因素。但是，资源的高度不相关却会因为监督或控制困难而诱发机会主义行为。另一方面，合作双方的不对称依赖关系容易导致机会主义行为的发生，即依赖优势方能够从依

① 徐二明，徐凯. 资源互补对机会主义和战略联盟绩效的影响研究［J］. 管理世界，2012（1）：93-100.

赖方剥夺资源而发生机会主义行为。所以，优势方与其机会主义行为呈正相关关系。依赖方想要摆脱依赖关系，需要转换交易伙伴，大量的转换成本会促使其减少机会主义行为来维持双方关系（Morgan & Hunt，1994）。因此，依赖方将会尽可能地避免机会主义行为的发生（Crosno & Dahlstrom，2008）；Morgan & Hunt，1994；Moon，2012）。在不对称依赖关系下，一旦冲突破坏了关系，交易双方都会损失很多（Kumar et al.，1995a）。为了避免经济损失以及维持关系利益，双方会抑制诸如机会主义行为的冲突行为（Brown & Lusch，1996；Crosno & Dahlstrom，2008）。

此外，根据资源依赖理论得知，替代性是依赖性的影响因素之一。替代理论认为，替代实则是一种竞争行为的表现。Ping（1993）指出，理论上的替代性选择指顾客在市场中选择竞争者产品的可行性。盘为龙（2006）也给出了相似的解释，可替代性是企业在不损害现阶段价值和利益的情况下，能为生产经营所必需的资源找到新的提供者的程度。王志江（2006）这样定义消费者的替代性选择：替代品比被替代品的功能更高级，能够为消费者提供更好的服务，能更好地满足消费者的需求。Ping 和盘为龙的概念侧重于替代性的可行性，即市场中是否存在可替代的竞争者。替代行为发生的最基本的前提是市场中存在可选择的替代者，否则替代性选择将不复存在。王志江的概念则侧重于替代性选择的优势，即市场中存在的可替代竞争者更具吸引力。以上学者们的观点虽然侧重点有所不同，但是都从某一角度阐述了替代性选择的内涵。赵延昇等（2009）则在前人研究的基础上将替代性选择划分为可选择性和吸引力两个维度。

商业网络理论认为，具有交易关系的两个组织总会受到其他参与者活动或资源的影响（Anderson，1994；Hakansson，2002）。竞争者作为商业网络中不可忽视的角色之一（Gnyawall，2001），在一定程度上会影响目标企业间的关系。替代理论认为，替代性选择是竞争的实质表现。因此，竞争越激烈，替代性程度就越强。学者（Williamson，1985；Anderson，1994）指出，渠道成员存在替代性选择会对目标关系产生一定的影响。随后，Ritter（2000）通过对一个由三个企业所构成的竞争性网络的研究发现，制造商与分销商的目标关系会受到竞争者行为的影响。由此可见，替代性选择会对渠道成员间关系产生影响。盘为龙（2006）通过梳理前人的相关研究，得出：资源可替代性能够作为机会主义行为倾向强弱的标志。当合作伙伴缺乏可行性选择时，对渠道成员依赖性越强，越愿意保持合作关系而非终止合作关系（Frazier，1993；Farrell & Rusbult，1981）。由此推断出，如果渠道一方的替代性很强，另一方对其依赖性就越低。同时感知转换交易伙伴所带来的利润回报越高，其保持交换关系的期望就越低，诱发机会主义行为的可能性就越高。薛佳奇等（2011）探讨了制造商与其竞争者专项投资水平的不对等对制造商专项投资与分销商机会主义行为的调节作用。

（三）其他理论视角

Wang、Li 和 Ross 等（2013）从社会资本理论的视角出发，探讨了社会资本的三个维度是如何通过信息和激励机制对机会主义行为产生影响。研究结果表明社会互动（Social Interactions）与交易伙伴的机会主义行为负相关，基于认同的信任（Identification-Based Trust）负向影响伙伴的机会主义行为，并且价值分享也与伙伴的机会主义行为负相关。

关系契约理论认为，合作关系的环境影响交易发生的方式，规范和交流会对机会主义行为产生重要影响。规范是限制行为和约束机会主义行为的保障，把渠道成员关注的焦点从个体的产出转移到共同的利益，因此可以减少机会主义行为（Rokkan et al.，2003）。交流可以降低信息不对称性并且可以促使异质性目标的达成，因此交流负向影响机会主义行为（Crosno & Dahlstrom，2008）。

第四节 营销渠道中机会主义治理策略相关研究

在当前的中国市场，机会主义行为难以规避，具有普遍性。交易费用理论和代理理论认为，交易中的信息不对称容易诱发机会主义行为（庄贵军，2004）。任星耀、朱建宇和钱丽萍（2012）基于社会交换理论，认为"沟通"和"厂家专项投资"可以有效降低机会主义行为。

渠道成员的机会主义行为有损于渠道关系的维护与发展，学术界对机会主义行为的治理进行了广泛而深入的研究，并取得了大量的研究成果。本书主要从两个方面来回顾学术界对渠道成员机会主义行为治理策略的相关研究成果，即：以交易双方建立合作关系为节点，划分为建立合作关系前和建立合作关系后，分别对从以上两个时间段来考虑对交易伙伴可能以及存在的机会主义行为的治理策略进行文献回顾与梳理。

一、事前治理策略

（一）选择机制

企业关系间的信息不对称问题，为交易伙伴发生机会主义行为提供了可能性。交易伙伴的机会主义行为可能发生在签约前，也可能发生在签约后。学者（Ovchi，1980；Stump & Heide，1996）认为，可以通过选择机制从源头上治理机会主义行为，即建立有效的选择机制、选择恰当的交易伙伴，从源头上减少或降低机会主义行为发生的概率。在最近的交易费用理论相关研究中，交易伙伴的特征（交易者背景、感知及行为）对机会主义行为的影响引起了普遍关注（Rindfleisch，Antia & Bercovitz et al.，2010）。Luo（2007）发现，企业与交易伙伴的文化的差异，更容易导致其机会主义。在 B2B 关系中的机会主义（包括感知的或真实的机会主义）似乎也受到了对交易伙伴感知的影响。例如，如果交易伙伴的公平交易的口碑很好，或者感觉交易伙伴是值得信任的，则认为此交易伙伴很少投机取巧（Wang，2002；Cavusgil et al.，2004）。可见，在交易进行前按照优势互补性、实力相当性、合作兼容性、可信任度以及背景、感知等方面是否相似等标准，选择那些采取合作态度而不是机会主义行为的交易伙伴（Orbell & Dawes，1993；陆奇岸，2005；周俊等，2009）。交易伙伴选择机制有利于降低与能力不足或动机不纯的潜在交易伙伴进行交易的可能性，即减少信息不对称的状况，从而降低机会主义行为发生的概率（陆奇岸，2005；周俊等，2009）。

综上所述，本书认为选择合适的交易伙伴（合适的交易伙伴指有相同文化背景、交易伙伴有良好的口碑、交易双方形成资源互补，相互依赖以及对值得信任的感知等），避免选择有机会主义行为倾向的交易伙伴，从而为交易双方诚信合作提供保障。

(二)合同治理

合同治理指合作双方通过详细的合同，规定合作双方的权利、义务和责任等内容并预测合作者在合作期间可能选择的行为模式，是一种刚性机制（陈东，2012）。

有关合同对营销渠道成员机会主义的治理效果，学术界一直存在着分歧（任星耀、朱建宇、钱丽萍等，2012）。一些学者认为具体而详尽的合同可以降低交易风险，同时合同中有关违反合同的惩罚方式和惩罚力度对渠道成员产生警示作用，约束渠道成员的行为，进而预防和降低渠道成员的机会主义（Cannon，Achrol & Gundlach，2000；王勇，2009；Samaha et al.，2011；王国才等，2011）。合同确定了渠道成员之间合作的基础以及企业间交易的框架，可以有效地减少合约参与方的机会主义行为（Antia & Frazier，2001；Wathne & Heide，2000）。另外一些学者（Achrol et al.，1999；Wuyts et al.，2005）则认为合同不能降低机会主义行为。这是因为企业的有限理性以及外部环境的不确定性，使得合同不可能包含所有可能发生的情况（Wuyts et al.，2005；何自力，2007；Williamson，1975）。此外，从某种意义上来看，正式合同被认为是对交易伙伴的不信任的表现，容易使交易伙伴产生逆反心理，反而容易诱发机会主义（Cannon，2000；Williamson，1975；Ghoshal et al.，1996；Cavusgil et al.，2004）。

上述关于合同与机会主义行为关系的两种观点都得到了实证研究的证实。任星耀、朱建宇和钱丽萍等（2012）借鉴 Luo（2006，2002）的研究对合同与机会主义行为之间没有清晰结论的原因给出如下解释：仅仅把其作为单一维度不能很好解释合同与机会主义之间的关系，合同是一个双维度（包容性和约束力）概念。随后通过实证研究证明不同的合同维度对机会主义有着不同的作用效果。

本书认为任星耀等（2012）的研究结果验证了合同与机会主义关系存在分歧的原因。然而并不全面，除了从合同不同维度的角度思考外，还可以尝试从中国关系的视角入手，尤其在中国文化背景下探索机会主义的归因，或许会有新的发现。

二、事后治理策略

（一）监督机制

如果说选择机制是一种签约前的行为，那么监督则是一种签约后活动，通过对交易过程和结果的监督来督促交易伙伴按照合约规定执行合同条款（Williamson，1975；周俊等，2009）。

本书从营销渠道成员间相互监督以及第三方监督机构两方面论述监督机制对机会主义行为的影响。

首先，建立有效的监督机制。Murry 和 Heide（1998）认为监督过程既可以增强识别机会主义行为的能力，又对被监控方施加了社会压力，从而提高其服从性，降低机会主义行为发生的可能性。然而，监控机制常常被认为是不信任的表现，反而有可能诱发机会主义行为（Wathne & Heide，2000）。鉴于这种冲突的现象，有些学者（Heide，Wathne & Rokkan，2007）对此问题进行了较为深入的研究。研究发现：当交易双方存在微观层次的社会契约时，结果监督（Output Monitoring）对伙伴机会主义行为的抑制作用要明显好于行为监督（Behavior Monitoring）对机会主义行为的抑制作用。Kashyap，Antia 和 Frazier（2012）的研究发现，特许授权商行为监督的水平与特许经销商的机会主义行为显著正相关；特许授权商对结果监督的水平与特许经销商的机会主义行为负相关。

可见监督机制与渠道成员机会主义行为关系取决于监督的对象，即监督结果还是监督行为。交易一方对另一方实施行为监督，不仅会让另一方认为此举是交易伙伴对自己不信任的表现，从而产生抵触情绪，容易诱发机会主义行为；而且还可能会给另一方带来额外的压力，甚至其监督过程会阻碍另一方工作的顺利开展。由于合同上明文规定了交易双方的责任与义务，因而，交易一方对另一方合作结果的监督则较容易被接受和理解。由此，如果交易一方对另一方结果监督水平越低，另一方机会主义行为就越高，反之则亦然。与过程监督相比，结果监督对交易伙伴机会主义行为的抑制作用更有效。

其次，建立有效的失信约束机制——行业协会。有学者（赵向莉、贾志永，2012）指出，对企业的机会主义行为，仅靠政府、法律等监督，是远远不够的。随着交易次数的增多以及交易范围的扩张，个体企业有限的信息传播使其无法对失信企业进行有效约束。此时，需要第三方力量的介入（如行业协会），形成有效的失信约束机制。Pyle（2005）研究发现，行业协会扮演着信誉信息渠道的角色。相似地，Rademakers（2000）认为行业协会在本质上提供了一种信任。Milgrom 和 North（1990）指出，同业团体作为信息储存者和争端裁决者，促使合作双方诚实行事，抑制合作者的机会主义行为。

由此得知，一方面，行业协会通过对行业内组织建立信息档案（如诚信档案等），对行业内组织机会主义行为起到防范作用，因为一旦发生机会主义行为，行业协会不仅对其建立不诚信档案，而这一不良信息还会被其他组织知晓，进而影响与其合作的意愿。另一方面，行业协会作为组织争端裁决者，会对发生机会主义行为的组织进行裁决并予以严厉的惩罚，从而可以抑制渠道成员机会主义行为的发生。因此，不论是从信息存储者角度还是争端裁决者角度，行业协会对机会主义行为有抑制作用。

（二）关系治理

1. 关系治理的概念

关系治理是处于市场治理与层级治理之间的一种折中治理方式，是跨组织合作的交易双方基于关系规范（如灵活性、团结、信息交换、互信、承诺、合作等）发展而来，用于指导、控制与协调双方合作及交易行为的治理机制（Mesquita et al.，2008；Claro et al.，2003；Brown & Lusch，1996），它具有约束双方行为与抑制双方机会主义的作用（Brown & Lusch，1996）。关系治理主要依赖于交易双方的自我控制与约束，是一种自我约束机制或自我履约机制（喻卫斌，2007；Klein et al.，2005）。与市场治理和层级治理相比，关系治理是一种更有效的跨组织治理方式（庄贵军等，2008；Claro et al.，2003）。董维维和庄贵军（2012）总结了学者对关系治理概念的描述，认为关系治理是渠道双方的信任与承诺关系建立在价值认同、有效沟通及专用资产等的基础上，并且关系双方以共同认同的价值与规范进行他律与自律，来抑制双方的机会主义行为，进而提高渠道交易效率。

2. 关系型治理的维度与量表

第一，关系行为视角的关系治理维度及量表。

从关系行为的角度对关系治理维度进行分析的典型研究有：共同制订计划和共同解决问题两个维度（Claro et al.，2003）；承诺、合作、信任以及共同解决问题四个维度（Wang & Wei，2007）；Genctürk 和 Aulakh（2007）认为关系治理维度分为规范和控制；Teimoury 等（2010）则认为关系治理维度包含意向的信任与双边控制。下面主要介绍 Claro 等（2003）的量表及后续研究应用。

营销渠道组织间关系治理通常表现为共同制订计划和共同解决问题，即交易双方所采取的联合行动（Claro et al.，2003）。其中，共同制订计划是一种事先的计划行为，具体指在交易发生前，渠道成员针对未来可能发生的事情制订应对方案，并明确双方的责任和义务（Heide & John，1988，1990；Claro et al.，2003；庄贵军等，2005，2008；周茵等，2013）。共同解决问题是一种事后解决机制，具体指渠道交易伙伴针对已经发生且引起争议的事件或问题进行讨论与协商，以求问题得到最终解决（Heide & Miner，1992；Brown et al.，1996；Claro et al.，2003；庄贵军等，2005，2008；周茵等，2013）。

Claro 等（2003）把关系治理分为两个维度（Joint Planning and Joint Problem Sovling，共同制定计划和共同解决问题）八个题项，其中共同制订计划的 a 值为 0.70，共同解决问题的 a 值为 0.87，均大于 0.7 的标准，说明具有很好的内部一致性。随后庄贵军等（2005，2008）以及周茵等（2013）研究中国营销渠道关系治理，直接将 Claro 的量表翻译成中文来用，数据分析显示，具有良好的信度、效度。然而，在庄贵军等（2008）的研究中，关系治理对渠道成员机会主义行为的抑制作用却没有得到验证。

第二，关系规范视角的关系治理维度及量表。

Heide 和 John（1992）、Zhang 等（2003）及 Lai 等（2012）的研究认为关系治理主要包括柔性（Flexibility）、信息交换（Information Exchange）以及团结（Solidarity）三个维度。每个测项的因子载荷均大于 0.75，并且三个维度的 CR 分别为 0.902、0.912、0.895；AVE 分别为 0.755、0.721、0.74。

除了以上两种视角的关系治理维度与量表外，Poppo 和 Zenger（2002）借鉴了 Macneil（1987）和 Anderson 和 Narus（1990）的研究，认为关系治理是包含下列潜在规范和维度（开放式交流、分享信息、信任、依赖以及合作）的复合因子，修改了其中三个指标（采用 7 分李克特量表，询问信息提供者对这些指标的同意程度，Cronbach Alpha=0.78）：①买方和供应商有很好的合作关系；②双方分享长—短期目标和计划；③买方可以依赖供应方的承诺。

3. 关系型治理与机会主义的实证分析

企业对渠道机会主义主要运用权威、合约及规范三种方式来治理（庄贵军等，2008），其中规范机制也被称为关系型治理（Claro et al.，2003），是指通过灵活性、团结、信息共享等关系规范来引导与控制合作双方的行为。权威机制对机会主义行为的抑制作用是早期机会主义行为治理策略研究的焦点（Claro et al.，2003；Hawkins，Wittmann & Beyerlein，2008）。随着关系契约理论的发展，学者们逐渐将关注的焦点转向合约机制与关系型治理对机会主义行为的影响，以及这两种治理机制的交互作用（周茵等，2013）。关系型治理与机会主义之间的关系也便成为营销渠道理论研究的热点问题之一（Tangpong et al.，2010；Wuyts & Geyskens，2005；庄贵军等，2008；Carson et al.，2006）。学者们对关系型治理与机会主义之间关系的理论探讨与实证研究主要集中在以下三方面：一是研究关系型治理对渠道机会主义的抑制作用；二是关系型治理对渠道机会主义的促进作用；三是关系型治理与渠道机会主义之间无显著关系。

第一，关系治理抑制机会主义。Claro 等（2003）称关系规范为关系型治理，即通过灵活性、信息共享以及团结等关系规范来指导、协调及约束交易伙伴的行为（Heide & John，1992；Zhang et al.，2003；F. Lai et al.，2012）。研究发现关系规范是治理机会主义的一种有效机制（Heide & John，1992；Lusch & Brown，1996；Achrol & Gundlach，1995；Achrol & Gundlach，1999；Joshi & Stump，1999；Brown，2000；Lai，Liu & Yang，2005；Crosno & Dahlstrom，2008）。关系规范的本质是创造一种减少自利行为、鼓励寻求共同利益的社会环境（Achrol & Gundlach，1995；1999），其主要责任是在交易关系中建立信任，鼓励渠道成员采取值得信赖的行为，从而避免机会主义（Granovetter，1985）。因此，渠道成员一旦认同并接受双方的关系规范，关系压力会抑制其机会主义的发生。即便是在信息不对称和面临锁定威胁的情况下，关系规范也能有效抑制机会主义（Heide & John，1992）。同时关系型治理体现了长期的合作意向，为了实现双赢，双方的机会主义行为均会降低（Tangpong et al.，2010）。

第二，关系治理诱发机会主义。有研究认为，关系规范对机会主义的抑制效果并不完全有效（Wathne & Heide，2000；Luo，2006）。与合同相比较，关系规范对于行为的引导和控制主要依赖于外部强制力量，而非自我约束（Heide，1994）。此外，关系规范不会以书面的方式明确表述，具有隐含性（Haugland，1999）。因此，不同的渠道成员对关系规范的理解可能会存在偏差。渠道成员很可能会从对自身有利的角度去理解关系规范，开放的理解会导致机会主义（Achrol & Gundlach，1999）。此外，随着营销渠道伙伴间关系的不断发展，双方之间的信任会逐渐提升进而降低对交易伙伴的监控，从而为交易伙伴的机会主义提供了可能（Wuyts & Geyskens，2005）。

第三，关系治理与机会主义并无显著关系。庄贵军等（2008）通过实证研究指出，关系型治理与渠道成员的机会主义不存在显著的相关关系。他们认为关系治理与渠道机会主义之间之所以会出现这样的实证结果，可能有以下两方面原因：一方面，在中国文化背景下，企业使用关系治理的主要目的是为了与渠道伙伴建立更有效的合作，而非抑制彼此的机会主义行为。另一方面，测量方式可能存在问题。通过制造商代表的感知来测量渠道交易伙伴的机会主义，所测量结果在很大程度上并不能真实地反映交易伙伴的机会主义，所以关系治理对渠道机会主义行为没有抑制作用。

第四，关系治理与机会主义行为关系之间的调节变量。关于治理机制与渠道机会主义之间观点的分歧，周茵等（2013）认为学术界的研究结论之所以存在矛盾，可能是两者之间存在某些因素的调节。根据组织理论的相关研究，不同关系质量水平下的企业间关系会呈现出不同的特点，从而会影响企业治理方式的选择及其效果（Nielson，1997；Zand，1972）。因此，研究在营销渠道背景下关系型治理与机会主义行为之间的关系，应充分考虑企业间关系质量的影响作用（周茵等，2013）。由于关系治理与机会主义之间存在某些变量的调节作用，所以需要通过对二者之间关系的更进一步的情境化探讨来解释存在的分歧（Greenwald et al.，1986）。

4. 关系治理相关研究述评

关系治理是介于市场治理和科层治理之间的一种治理机制，渠道双方主要通过共同的价值与规范来约束渠道成员的行为，以期达到抑制渠道成员的机会主义、提高渠道合作绩效的效果。学者们对关系治理的维度从不同的视角进行了维度划分并运用实证研究检验关系治理与渠道机会主义之间的关系。通过对国内外文献的梳理，发现现存文献关于关系治理与渠道机会主义之间关系的研究结论主要有：第一，关系治理代表双方长期合作和承诺的意愿，并且愿意按照共同的价值规范从事交易活动，从而有效抑制渠道机会主义行为。第二，关系治理具有隐含性，并且主要依靠渠道双方的自我约束和控制而非他人监督，这样就为渠道成员的机会主义行为提供了温床。第三，在中国背景下，由于关系治理主要目的并非用来抑制渠道机会主义，同时由于测量方面存在缺陷，因此，通过实证研究得出“关系治理与渠道机会主义之间无显著相关关系”的结论。第四，针对关系治理与渠道机会主义关系的矛盾观点，有学者认为是受到某些因素的调节作用，随后通过实证研究得出企业关系质量调节关系治理对渠道机会主义的影响。

既有研究为后续研究奠定了基础并提供了有益的借鉴。然而，既有研究的不足为后续研究提供了机会：第一，现存研究的异质性结论，有待学者进一步深入研究，如研究结论的分歧是因为理论背景不同所致、研究情境不同所致，还是关系治理与渠道机会主义中间存在不同的路径或者存在不同的调节变量所致；第二，关系治理量表应在借鉴西方学者研究的基础上，立足于中国文化背景的实际，开发出适合中国文化情境的关系治理量表。

三、关系治理与合同治理的关系

关于合同治理、关系治理与机会主义行为之间的关系主要有两种主流观点，一种观点认为关系治理与合同治理是可以替代的，而另一种观点认为二者是互补的。

替代观认为，合同与关系治理对渠道机会主义的治理作用是相互替代的，正式合同的使用对合作具有负面影响（发出不信任信息、滋生敌对情绪，极易引发机会主义），不利于关系治理的形成（Wuyts，2005）。而Dyer 和 Singh（1998）及高维和、黄沛和王震国（2006）认为，一种治理机制必然会削弱另外一种机制的效果。互补观认为，不同机制在不同环境中的作用存在差异（Heide，2003）。在合同治理与关系治理的互补性方面，信任是一个桥梁和杠杆（任星耀等，2012）。

第五节　国内外研究述评

本章通过对相关文献的梳理，可作如下归纳：

第一，渠道成员的机会主义行为一直以来备受学术界和实业界的关注，迄今已形成大量的研究文献和多种研究框架，但这些有关渠道机会主义行为的研究文献与研究框架，大都未将中国关系作为一个前置变量置入其中。事实上，在中国的文化与制度背景下，关系因其具有的影响人际关系和行为的重要作用，正日益受到研究者们和业界人士的广泛重视。

第二，有关中国关系的研究多将关系集中于个体层面，近年来，有学者证明个体层面的关系也是组织层面的组织间关系的影响因素。Su 和 Littlefield（2001，2003）将中国商人的个体关系分为帮忙关系和寻租关系，对于从关系视角研究渠道机会主义行为提供了思想上的启示和理论工具上的可能。在中国集体主义文化背景下，营销渠道组织作为一个群体是否也存在不同的关系取向？不同的关系取向是否会对渠道机会主义行为产生不同的影响？文献梳理的结果表明，这些问题在既有文献中未找到答案。

第三，关系取向作为渠道机会主义的前置因素，是通过中介因素影响渠道机会主义行为还是不通过中介因素直接影响渠道机会主义行为？既有文献对此未有论述。“Guanxi”语境下的两个关系属性，是关系取向更是关系动机。心理学理论早已证明，动机经过态度产生行为。据此可以推断，在关系取向与渠道机会主义行为之间存在与动机相关的态度性中介因素，以及以往有关机会主义行为前置因素的文献中，态度性变量主要有两个：一是信任，二是承诺。基于关系取向的逻辑，承诺是一个既可以直接与关系取向产生直接关系的概念，也是一个可以与渠道机会主义行为产生直接关系的概念。

第四，已有文献表明，对应于中国关系语境下的关系取向，可分为帮忙关系与寻租关系，帮忙关系则又可分为情感性帮忙关系和工具性帮忙关系；与此对应，承诺可分为算计性承诺与情感性承诺两种承诺。三种关系取向经由两种承诺的中介，形成关系取向对渠道机会主义行为的多种作用路径和因果关系主效应。对这部分内容的分析和证明，除了理论与实践意义外，还具有重要的文献意义。

第五，多数的研究证明，合同治理、关系治理与渠道机会主义行为之间具有相关性，合同治理与关系治理具有互补性，合同治理与关系治理在不同的渠道交易情境下，具有不同的作用。既有文献论述了合同治理和关系治理作为两大主要治理策略的应用条件，但在“关系取向—承诺—渠道机会主义行为”研究框架中，这两个治理策略怎样产生作用，既有文献几未涉及。因此，在“关系取向—承诺—渠道机会主义行为”的研究框架中，研究并解释合同治理与关系治理的作用，具有重要的探索性和开创性意义。

本章小结

本章主要围绕关系取向、关系承诺及机会主义行为的国内外相关研究成果进行规整与梳理。前人研究成果为本研究的顺利开展奠定了坚实基础。

本章综合考察了中国文化背景下关系的含义、作用、维度划分以及对营销渠道行为影响等相关研究成果，并归纳整理了关系取向的含义、维度划分及相关研究成果。既有研究（Su & Littlefield，2001，2003）将中国商人的个体关系分为帮忙关系和寻租关系，对于从关系视角研究渠道机会主义行为提供了思想上的启示和理论工具上的可能。

本章通过对营销渠道中关系承诺相关研究成果的梳理发现，承诺是影响渠道关系或行为的重要因素之一，可以作为联结关系取向和机会主义行为的桥梁。同时，相关研究也指出，合同治理和关系治理在不同的渠道交易情境下，往往发挥不同的作用。综上，本书将合同治理和关系治理纳入关系取向—承诺—机会主义行为研究框架中，具体分析在不同情境下，哪种治理机制更有效。

第三章　理论基础及研究假设

通过第二章对国内外既有研究的回顾发现，现有研究多着眼于从客观因素（外因）来研究渠道成员机会主义行为的驱动或抑制因素。然而唯物辩证法告知我们：内因是事物变化发展的根据，外因是事物变化发展的条件，外因通过内因起作用。现有研究较少从内因的角度来挖掘促进或抑制渠道成员机会主义行为的因素。因此，本章从内因出发，引入社会心理学因素，即从中国关系文化的角度去探索导致渠道成员机会主义行为的内在原因，挖掘渠道成员机会主义行为的主观因素。

第一节　理论基础

供应商和分销商作为嵌入在社会生活中的两种经济实体，渠道双方的合作行为同时具备经济交换和社会交换的双重性质。为了能够对所研究问题获得系统、全面的认识，本章研究以已有的成熟理论为依托，对渠道成员的机会主义行为进行研究。这些成熟理论包括交易费用理论、社会交换理论以及符号互动理论等。下面对本书的理论基础进行简要介绍。

一、交易费用理论

科斯首先运用交易费用理论进行经济分析，认为交易是有成本的。20

世纪五六十年代，科斯（1994）[①]进一步对交易费用的概念进行了界定，将交易费用的概念拓展为社会成本范畴。Williamson 在科斯研究的基础上，分析了交易特征，并对交易进行了细化和一般化。

（一）两个行为假定

交易费用理论以两个行为假定作为基本前提，即有限理性（Bounded Rationality）和机会主义（Opportunism）。Williamson 指出，交易成本经济学借助这两个行为假定，抓住了人类的本质特征（Williamson，2007）。

有限理性指的是人们的认知能力（Cognitive Competence），即人们不具备做出充分合理决策的能力，除非能够得到充分的信息，付出巨大的交易成本。因为人的理性会不可避免地受到自身认知能力的限制，如信息传播能力、信息传播效率和接受信息能力等因素。交易费用理论的第二个行为假定是机会主义。即：人们在经济活动中总是尽最大能力，甚至不惜以损害他人的利益来保护和增加自己的利益。机会主义存在使得市场交易的复杂性进一步增强。

（二）交易的基本维度

Williamson（2007）指出资产专用性、交易发生的频率交易和不确定性是交易的三个基本维度。他认为，资产专用性程度越高，对方发生机会主义行为的可能性就越大，而投资方发生机会主义行为的可能性就越小；在不确定性环境下，关系契约能够节约交易费用而被选择；治理结构的确立和运行都是有成本的，然而，频繁的交易可以补偿这种成本（贺卫、伍山林，2003）。

（三）交易费用理论对本研究的作用

交易费用理论最核心的概念是交易成本，降低交易成本是组织间合作的最根本的原动力。交易费用理论指出，资产专用性、交易的不确定性以及交易发生的频率决定交易的性质，而不同的交易性质导致了不同的交易

---

① 交易费用的概念：为了进行市场交易，就有必要发现谁希望进行交易，有必要告诉人们交易的愿望和方式，亦即通过讨价还价的谈判缔结契约，监督契约条款的履行等。这些工作是要成本的，而任何一定比率的成本都足以使许多无须成本交易的定价制度在进行的交易中化为泡影。科斯．社会成本问题［A］．财产权利与制度变迁［C］．上海：上海三联书店，1994.

成本，同时决定了治理结构的选择（罗力，2010）。

营销渠道的供应商与分销商进行合作，从交易费用理论的角度来看，合作是为了在市场交易中寻求一种交易成本和组织成本均比较低的制度安排。供应商和分销商在合作中建立信任，付出承诺，进而减少机会主义行为或者提高合作行为，本质上是组织之间人际互动的过程。交易费用理论对人性的有限理性和机会主义倾向的行为假定，有助于人们更好地理解供应商和分销商在合作中的不同动机或行为取向。具体来说，交易费用理论可以为关系承诺的产生，以及关系承诺与机会主义行为的关系提供解释。

二、社会交换理论

由 Homans 创立的社会交换理论兴起于美国，随后在全球范围内广泛传播。社会交换理论强调人们在交换过程中的心理因素，是一种行为主义社会心理学理论。

Homans（1958）指出，人们的一切行为都受到能够带来某种奖励和报酬的交换活动的支配。人类一切社会活动都可以归结为一种交换，人们在社会交换中所结成的社会关系也是一种交换关系，在交换过程中，人们只有觉得这个交换关系有吸引力，才会继续与对方互动（Münch，1993），即当报酬大于成本时交换才有可能发生。

人们并非是纯正的理性经济人，因为在社会生活中，人们不仅进行物质资源的经济交换，也要进行非物质资源的社会交换，如金钱、体力劳动、情感、敬仰、爱等（Blau，1964）。同样地，Foa 和 Foa（1976）认为社会资源有：爱（Love）、消息（Information）、地位（Status）、服务（Service）、金钱（Money）及货物（Goods）等。总之，社会交换理论认为，寻找满足自己所需的各种资源是人们进行社会活动或交换的目的，并且愿意付出相应的代价去交换自己所需的资源。

人类社会的众多活动以交换为基础，并且这种交换是基于互惠原则的（何显富，2011）。很多学者认为互惠能产生更好的工作关系，使彼此信任和相互承诺（Molm，Takahashi & Peterson，2000）。社会交换关系体现了一种责任关系，回报交易伙伴的责任意识在其获得经济和社会情感资源时应运而生（Blau，1968），提供帮助或恩惠的一方会期望在未来得到回报，接收恩惠或帮助的一方也会产生回报对方的责任意识（Cropanzano & Mitchell，2005）。

基于社会交换理论，供应商对分销商的帮忙与支持是影响分销商承诺、机会主义行为的重要因素。如果分销商感知到供应商对其持情感性帮忙态度，作为回报，分销商会倾向于用友善的态度与供应商进行合作，也会表现出更多的情感性承诺、合作意愿行为。同时，信任是社会交换理论的另一个核心内容（何显富，2011）。社会交换的本质是相信自己给予对方的帮助或恩惠会在未来得到回报（Settoon，Bennett & Liden，1996），这种信任的高低与社会交换关系的好坏呈正相关关系（Shore & Shore，1995）。同样地，如果分销商主观上感知供应商是出于算计、功利的目标与其进行交换，那么，分销商出于保护自己的目的或者互惠原则，也会对供应商做出算计性承诺。

三、符号互动理论

符号互动理论是一种侧重于从心理学角度研究社会行为与社会关系的理论流派，又称象征互动论。这一理论认为，社会是由互动着的个人构成的，从互动中去寻找对社会现象的解释。符号互动理论强调社会经过持续的沟通、互动过程而形成，是一种动态实体。

符号互动理论认为：人们对事物所赋予的意义是在社会互动过程中形成的，并且人们对事物意义的理解可以随着社会互动的过程而发生改变。Blumer（1969）强调，人们在应对所遭遇的事情时，会运用符号作为一种阐释过程，事物的意义就在这个过程中得到了处理和调整。从符号互动理论来看，分销商面对供应商时，需要对双方的关系进行判断。关系判断就是将社会互动对象（社会客体）予以命名，加以分类，界定彼此互动的情境，再选择适当社会互动法则的过程（黄光国，2004）。现代符号互动理论代表人物 Goffman（1959）在符号互动理论思想的基础上，提出了戏剧论（Dramaturgical Theory），主要用来解释人际关系行为。根据 Goffman 的思想，每个人在自己的社会互动过程中均会对他的相关群体产生影响。人们都会尽力扮演好自己在社会中的各种角色，通常情况下在前台和后台所展现的形象有所不同。因为面对前台的观众，需要对自己的角色进行包装和整饬，后台则是亲密、放松的地方，可以展现自己的真实形象（黄光国，2006）。

根据符号互动理论的基本观点和核心思想，本研究认为分销商面对不同关系取向的供应商会表现出不同的行为。面对工具性帮忙关系和寻租关系的供应商时，在商业交往中分销商感知到的更多是算计和不信任，因而会表现出前台行为，掩盖自己的真实情感和行为；面对情感性帮忙关系的供应商时，在商业交往中感知更多的支持与信任，分销商更多地表现出后台行为，较少有行为顾忌，更有利于做出情感性承诺。

第二节　理论模型及研究假设

本书把供应商的关系取向作为前置变量，分销商的机会主义行为作为结果变量，把分销商对供应商的关系承诺作为联结关系取向和机会主义行为的中介变量。此外将治理策略作为调节变量，考察两种治理策略在哪种情况下更有效。本书的理论模型如图 3-1 所示。

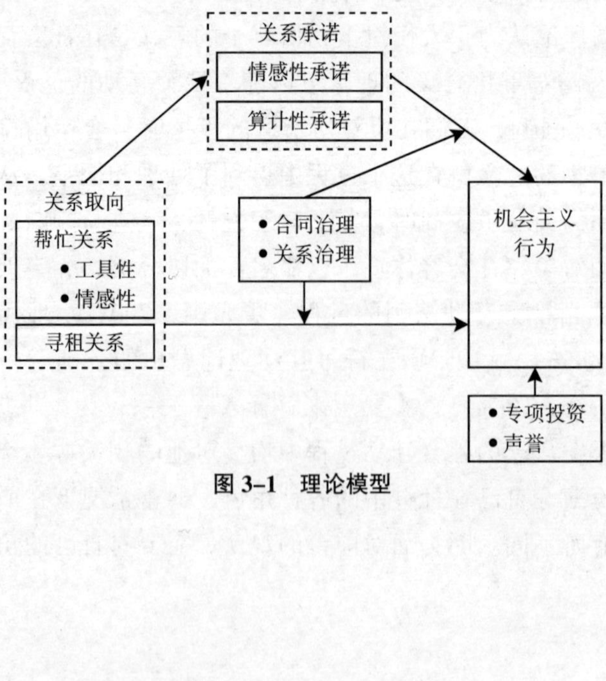

图 3-1　理论模型

一、关系取向对机会主义行为的影响

文化背景的不同导致了中西方对中国关系认知的差异。西方学者认为关系会导致非伦理行为（Li & Wright，1999；Snell，1999；Snell & Tseng，2002；Standifird & Marshall，2000），中国学者则认为根植于中国传统文化的关系是符合中国人伦理规范的行为（Lovett et al.，1999；Su & Littldfield，2001）。关系究竟与道德伦理行为有没有关系呢？该问题的答案取决于所提及的是哪种类型的关系以及所倡导的是什么样的道德价值观（Fan et al.，2012）。根据态度与行为之间的关系，学者认为态度取向影响机会主义行为（John，1984），并且来自直接体验的态度对行为的影响更大（Fazio & Zanna，1978）。此外，Ghoshal 和 Morgan（1996）指出对特定交易伙伴利害关系评价的感知会影响机会主义行为。因此，本研究认为分销商对供应商合作关系动机的感知会影响其行为，即分销商对供应商关系取向的感知会影响分销商的机会主义行为。

费孝通（1998）将中国人的关系按照差序格局的原则划分成家人圈、熟人圈和生人圈。对于不同的圈子采取不同的交往规范。依此类推，受中国传统文化的熏陶，中国的商业活动也遵循类似的差序格局原则，对于不同的交易伙伴持不同的关系取向、遵循不同的交易规范。营销渠道成员对不同的合作伙伴往往采取不同的关系取向。本研究按照 Su 和 Littlefield（2001）对关系取向的划分方法将其划分为帮忙关系取向和寻租关系取向，并进一步将帮忙关系取向细分为情感性和工具性两种类型。

综上，本书认为分销商对供应商关系取向的感知会对其机会主义行为产生影响。

（一）帮忙关系取向对机会主义行为的影响

Su 和 Littlefield（2001）在前人研究的基础上，结合中国文化背景，将中国的人际关系取向分为“帮忙”（Favor-seeking）关系和“寻租”（Rent-seeking）关系。这一划分方法有助于对中国的关系进行更深层次的分析研究。帮忙关系根植于中国传统文化，强调与交易伙伴建立长期、信任以及互惠的合作关系。在中国的商业活动中，这种关系具有信誉保证、互惠互利、减少恶意摩擦以及加强良性互动的功能（庄贵军、席酉民，

2004)。寻租关系是因制度的不完备而产生的短期的、基于一方利益的权力与经济交换关系（Su & Littlefield，2001；金杨华、吕福新，2008）。

渠道一方对双方的合作关系持帮忙关系取向的原因主要有以下两个方面：一方面，是因为合作双方之间拥有良好的关系，这种良好的合作关系以双方的感情、情感与责任为基础，对合作伙伴提供的帮忙纯属情感性、责任或义务性质。另一方面，渠道一方给合作伙伴提供的方便和帮助建立在合作伙伴也会给自己带来收益的基础上，这种帮忙关系是基于理性的、算计的、互惠的工具性帮忙关系。因此，本研究进一步地将帮忙关系取向划分为情感性帮忙关系和工具性帮忙关系两个维度。

社会交换理论指出，企业之间不仅进行物质交换，而且进行非物质的社会或情感交换。不论是物质交换还是非物质交换，企业之间进行商业往来的核心是互惠，企业间的帮忙关系因为互惠得以维持。这种互惠有可能是情感间的交换，也有可能是经济利益间的交换。

情感性帮忙关系建立在彼此信任的基础上，注重的是彼此间的情感。若渠道一方感知到另一方对自己非常的信任，并且是发自内心的来给自己提供帮忙或支持，出于情谊或道德的考虑，均会抑制该渠道成员机会主义行为。即当渠道一方感知到另一方对合作关系持正面的肯定态度，会觉得合作伙伴的行为都是善意的，就不会产生怀疑等情绪（Morgan & Hunt，1994；庄贵军等，2007)，从而降低自己的机会主义行为倾向。社会交换关系的目的在于通过人际关系来阻止企业间的机会主义行为（Zaheer，McEvily & Perrone，1998）。同时，John（1984）指出，情感取向作为强大的内在化约束机制，其水平越高，则发生机会主义行为的可能就越低。Barnes 等（2011）在关系维度及影响结果的研究中发现关系的三个维度：感情、信任和人情通过合作水平和协调两个变量的中介作用抑制机会主义行为的发生。此外，实证研究表明，与低关系的企业相比，高关系取向的企业契约履行的效率要高于低关系取向企业的履约效率（Wong & Leung，2001）。因此渠道成员的情感帮忙关系可以对合作伙伴的机会主义行为起到有效的抑制作用。

此外，在中国文化背景下，人与人之间、企业与企业之间的交往原则之一是“报”。一旦接受了对方的帮助，就等于背上了社会债务（钱丽萍、任星耀，2012）。根据“报”的原则，就应该对提供帮助方感恩戴德、知恩图报，正所谓“滴水之恩涌泉相报”。若对方对自己有恩，而自己却恩将仇报，做出有损对方利益的行为，会受到良心和道德的谴责。因此，渠道供应商的情感性帮忙关系取向会对其分销商的机会主义行为起到抑制作用。

然而，在中国文化背景下，渠道供应商的工具性帮忙关系会促进其分销商的机会主义行为。社会交换理论、嵌入理论均指出，双方之间进行商业往来的核心是互惠原则。持工具性帮忙关系取向的渠道成员之所以帮助对方，是因为能够预期帮忙为其带来好处。即企业间的帮忙关系因为互惠得以维持，一旦提供帮忙的一方感知到帮忙合作伙伴不会为其带来利益，那么就会选择终止帮忙关系。庄贵军等（2007）的研究指出，从中国的文化心理上讲，人们并不认可工具性的关系。工具性关系带有功利性色彩，合作伙伴会感知到不信任和疏远，因此诱发机会主义行为（庄贵军等，2008）。即面对持工具性帮忙关系取向的供应商，会使其分销商感知到供应商对双方合作关系的稳定性及长久性持怀疑态度，为了维护自己的利益不受损害，往往会抢占先机，变被动为主动，一有机会便会发生机会主义行为。

综上，本书提出如下假设：

H1a：情感性帮忙关系取向负向影响机会主义行为

H1b：工具性帮忙关系取向正向影响机会主义行为

（二）寻租关系取向对机会主义行为的影响

寻租关系强调运用权力获取一己私利。与帮忙关系取向相比，持寻租关系取向的渠道成员关注的是短期的自身利益的得失，主要运用手中的权力获取利益。现阶段，我国处于社会经济转型期，法制环境不够完善，关系就成为了中国商业经营活动中有效和必要的手段（Chen & Chen，2004）。企业经常要依赖私人关系和企业间关系来解决商业争端。企业要解决争端并维持公司利益，就应该培育与政府部门、相关群体之间的有效关系（金杨华、吕福新，2008）。这些关系可能会导致非伦理决策和伦理行为，如给关系网络内部成员提供特权优惠待遇或者桌下交易等行为（Standifird & Marshall，2000），即寻租关系负向影响伦理决策（金杨华、吕福新，2008）。

根据资源依赖理论，这种稀缺资源的获得会让渠道伙伴对其产生依赖，从而使渠道成员在合作关系中拥有了话语权。权力依赖理论认为，渠道成员会依赖有权力的一方，有权力的一方很可能会因为自己的权力而对依赖方滋生机会主义行为。因此，寻租关系取向的渠道成员极有可能为追求一己私利而进行后门交易等相关的投机行为。

研究指出关系态度与机会主义行为之间的存在相关关系（刘益、曹英，2006）。Jap 等（1999）指出，关系态度是渠道成员对与交易伙伴维持关系的全部看法。由此看来，寻租关系取向实则是关系态度的表现形式之一，以寻租为目的与政府或交易伙伴建立关系，从中取得特权或者优势资源，使其具有话语权。如果其交易伙伴察觉到对方的这种用意，会引起交易伙伴的反感，进而容易引发交易伙伴的机会主义行为。一方面，在中国文化背景，人们讨厌赤裸裸的权钱交换，厌恶运用权力牟取私利，因而容易引发抗拒心理，发生机会主义行为；另一方面，当渠道一方意识到另一方所从事的行为或活动会对己方造成伤害或为威胁时，便会产生渠道冲突（汪涛、秦红，2006），容易诱发机会主义行为。即当渠道成员感知到交易伙伴机会主义动机很高时，冲突水平也会随之上升（Anderson & Narus，1990），进而容易诱发机会主义行为。

此外，渠道成员与交易伙伴之间的关系实际上是一种博弈的关系，根据经济人假设，渠道成员和伙伴都以追求自己利益最大化为最终目标，一旦感知到对方的自私自利，就会容易采取投机行为以最大化自己的利益。这无异于中国文化背景下的"以其人之道还治其人之身"。

综上所述，本书认为分销商对供应商寻租关系取向的感知越强烈，越容易激发其机会主义行为。因此，本研究提出如下假设：

H1c：寻租关系取向正向影响机会主义行为

二、关系承诺在关系取向对机会主义行为影响中的作用

（一）关系取向对关系承诺的影响

关系承诺作为影响组织间关系的重要因素之一，被越来越多的学者所关注（Zhao et al.，2008；Benton & Maloni，2005）。承诺理论认为，"持久

性”是承诺的核心（Gilliland & Bello，2002）。根据维持关系的动机将关系承诺分为情感性承诺和算计性承诺。情感性承诺包含了情感和义务两个元素（Gilliland & Bello，2002），表现为对维持双方交易关系的一种情感与义务。算计性承诺是渠道成员对工具性收益的理性计算后而形成的态度，是一种理性行为而非情感行为。沙振权等（2010）指出合作伙伴间的承诺建立在利益和情感的基础上。此外，根据态度行为一致理论，本研究认为渠道成员不同的关系取向与合作伙伴的两种承诺之间存在直接影响关系。

1. 情感性帮忙关系取向对关系承诺的影响

情感性关系是为满足双方情感方面需要而建立起来的长久而稳定的关系（彭泗清，1999；黄光国，2004；刘艳菊，2011），这种关系具有强烈的情感依附性，能够提供友谊和社会支持（刘艳菊，2011；Maven & Stevenson，2001），表达了一种长期合作的意愿。情感性帮忙关系则指，渠道成员为其交易伙伴提供便利、帮助和支持，是因为双方之间存在良好的情感关系，感知交易伙伴值得信任并且认为帮忙其交易伙伴是一种责任与义务。

根据社会交换理论得知，人们的一切行为都受到能够带来某种奖励和报酬的交换活动的支配（Homans，1958）。这种社会交换不仅包括物质资源交换，也包括非物质资源交换，如情感等（Blau，1964）。基于社会交换理论，分销商主观上感知供应商的帮忙与支持可以作为影响其承诺的重要因素。即分销商感知到供应商对其持情感性帮忙态度，会信任供应商长期合作的意愿，作为回报，在与供应商的合作过程中分销商会倾向于友善的态度，表现出更多的情感性承诺和合作意愿行为，而非算计性承诺。

具体说来，受传统文化的影响，中国人讲感情、重承诺。在经济活动领域，企业间的情感性关系主要表现为情感交换。Tsang（1998）指出感情是双方之间相互理解和联系的程度，是做出情感性承诺的基础。通过情感上的交流，能够促使双方在交往过程中表露真实的自我以及能够相互表达诚意（彭泗清，1999）。根据 Morgan 和 Hunt（1994）的承诺—信任理论得知，渠道合作双方存在信任感时，会高度重视彼此的关系，因而也想对合作关系作出承诺以维持双方的关系（唐小飞，2007）。因此，如果分销商感知到供应商是情感性帮忙取向，较容易对其产生信任，相信对方的诚实和善意，这有助于双方在情感上相互认同与接受，进而有利于情感性承诺的产生（沙振权等，2010；戚译、王颢越，2005；Geyskens，Steenkamp & Scheer et al.，1996；Lai 等，2007；Kingshott，2007；Eastlick，Lotz & Warrington，2006；吕晖等，2010；叶飞、徐学军，2009）。由于双方之间存在真正的、发自内心的情感（刘艳菊，2011），因而无论是从情感的角度还是从道德的角度讲，如果感知到对方持情感性帮忙关系，则其一般不会做出算计性承诺。对于持情感性帮忙关系取向的供应商，若其分销商对其做出算计性承诺，这在中国文化背景下是被大家所诟病的。因此，无论是从情谊还是从道德上讲，分销商均不会做出算计性承诺。

同时，根据符号互动理论，分销商面对供应商时，首先要做的就是进行关系判断，其次根据关系判断结果选择适当社会互动法则（黄光国，2004）。根据符号互动理论的思想，本研究认为分销商面对情感性帮忙关系的供应商时，在商业交往中感知更多的支持与信任。因此，分销商更多地表现出后台行为，较少有行为顾忌，更有利于做出情感性承诺，而非算计性承诺。

综上，本书提出如下假设：

H2a：情感性帮忙关系取向正向影响情感性承诺

H2b：情感性帮忙关系取向负向影响算计性承诺

2. 工具性帮忙关系取向对关系承诺的影响

工具性关系是以利益交换为基础（杨中芳，1999），通过工具性的手段（包括请客送礼、送人情等工具性关系）而建立的关系（彭泗清，1999）。秉持工具性帮忙关系取向的渠道成员之间更多的是计算性和功利性的交往，较少有情感互动（刘艳菊，2011）。利益得失是工具性帮忙关系的动机，因此，营销渠道成员可能会为了获得某些资源或者利益为陌生企业（即以前没有商业往来或社会性往来的企业）提供便利和支持。这种关系主要是以关系为手段或工具，来实现企业目标。一般奉行“合则来，不合则不来”、“无利不往”的交往原则，而不是要和对方建立长久性的稳定的关系（黄光国，1989）。

持工具性帮忙关系取向的渠道成员，在向交易伙伴伸出援助之手前，大都通过理性的算计，感知可观的未来利益。这些组织大多是理性经济组织，凡事都以自己利益的最大化为最终目标。算计性承诺是合作伙伴的理性思考，驱动双方合作关系得以持续的原动力是对成本和利益得失的衡量与计算。工具性帮忙关系取向的供应商对其分销商提供商业上的帮助与支持，是因为能够预测到为分销商提供便利所能带来的收益，分销商很容易感知到供应商的这种算计行为。根据商业活动中常常出现的“以眼还眼，以牙还牙”交易规则，分销商基于成本和利益的考量，会做出同样的算计行为来回击供应商（Turner & Turner，1991），因此，更容易做出算计性承诺，而非情感性承诺。

根据社会交换理论得知，如果分销商主观上感知供应商是出于算计、功利的目标与其进行交换，那么，分销商出于保护自己的目的或者互惠利益原则，也会对供应商做出算计性承诺。同时，基于符号互动理论推出，分销商面对供应商时，首先要对双方的合作关系进行判断，进而根据关系判断结果选择适当的社会互动法则的历程（黄光国，2004）。因此，根据符号互动理论的思想，本研究认为面对工具性帮忙关系的供应商时，分销商为了保护自己利益不受侵害，并且掩饰真实的自我，会更多地表现出前台行为，因而更容易做出算计性承诺。

综上，本书提出以下假设：

H2c：工具性帮忙关系取向负向影响情感性承诺

H2d：工具性帮忙关系取向正向影响算计性承诺

3. 寻租关系取向对关系承诺的影响

寻租关系取向的渠道成员，关注的是如何利用权力获取利益以及聚焦于经济利益的得失，而不顾及与交易伙伴之间的感情与交情。权力作为企业间关系承诺主要影响因素之一，被越来越多的学者和实践管理者所强调（Huo，2007）。运用强制性权力可以实现短期目标，却不利于双方长期关系的发展，也不利于情感性承诺的形成；拥有权力方对拥有资源方的控制是强制性权力运用的前提条件，而出于对资源的需要，另一方不得不审时度势地对权力方做出算计性承诺（戚译、王颢越，2005）。

在中国文化背景下，人们喜欢自然而然的交往，不喜欢赤裸裸的、没有人情味的权钱交易（庄贵军，2012）。因此，对于寻租关系取向的供应商，其分销商更有可能做出算计性承诺，而非情感性承诺。这是因为态度与行为具有一致性（Gibb，Andover & Beach，2006），态度直接导致行为的预想以及行为的发生。分销商感知到供应商持寻租关系取向时会为了获取经济利益而通过理性计算利益得失后做出承诺，是一种理性的算计性承诺。

综上所述，本书认为供应商的寻租关系取向水平越高，其分销商越容易做出算计性承诺而不是情感性承诺。鉴于此，提出如下假设：

H2e：寻租关系取向负向影响情感性承诺

H2f：寻租关系取向正向影响算计性承诺

（二）关系承诺对机会主义行为的影响

关系承诺代表了双方的一种心理契约。从某种程度上讲，心理契约有利于缔约双方建立信任（Wang & Chen，2004）、降低组织风险，对双方的合作具有良好的激励作用（Sloof & Sonnemans，2011），因此，心理契约可以维持长期稳定的合作关系（Narayandas & Rangan，2004）。缔约双方会对合作关系形成自己的心理预期与期望，这种心理预期或期望会影响满意度、履约积极性以及契约执行效果等。由于企业组织具备心理加工功能，因此心理契约理论可以运用于企业间关系的研究（Kingshott & Pecotich，2007）。运用心理契约理论有利于打开企业间关系的“黑箱”（高维和等，2009）。伴随着合作契约关系的建立，渠道合作双方对未来交换活动做出各种承诺（代鹏、刘洪渭，2013）。渠道成员通常会承诺愿意牺牲短期利益来维护与交易伙伴之间的合作关系，然而有时则会为了掩盖机会主义行为的动机而伪装对关系的真实承诺水平（汪涛、秦红，2006）。

情感性承诺，是一种情绪或情感的反应，会减弱渠道成员对经济的索取要求（Ewin，1993），注重的是与交易伙伴的友好情感与责任感，这就意味着它不会因眼前的经济利益而终止合作关系（Horng，1993），或者做出破坏双方交易关系的不道德行为。情感性承诺的建立代表着渠道成员愿意付出努力或牺牲短期利益去维持双方的合作关系（严兴全等，2011），会削弱渠道成员发生机会主义行为的倾向（Wetzels et al.，1998；刘益、李纲，2008）。大量的研究成果证实了承诺对机会主义行为的缓冲作用（Bianchi & Saleh，2011；Liu et al.，2010；Söllner，1999；Niesten & Jolink，2012）。如严兴全等（2011）通过实证研究证明，买方对卖方的承诺水平越高，则买方机会主义行为越少；Gundlach 等（1995）通过渠道买卖双方配对的实证研究证明承诺对机会主义行为存在显著的负向影响，即对商业关系做出的关系承诺越高，对机会主义行为的抑制作用越强。

算计性承诺对渠道成员的约束力来自关系破裂造成的经济损失，如果机会主义行为能够给自己带来足够多的利益，那么他会毫无顾忌地采取机会主义行为。例如，对于倾向于算计性承诺的渠道成员，如果发现与其他新的交易伙伴建立合作关系可以获得更好的经济回报，那么它会毫不犹豫地终止目前的合作关系（Zajac & Olsen，1993；金杨华、吕福新，2008）。同时有研究指出：算计性承诺与机会主义行为以及寻找替代者存在正相关关系（Kumar et al.，1994；刘益、曹英，2006；刘益等 2008）。因此，供应商的算计性越多，其采取机会主义行为的可能性越大（Wetzels et al.，1998）。

综上所述，本书提出如下假设：

H3a：分销商的情感性承诺水平越高，发生机会主义行为的可能性越低，即情感性承诺负向影响机会主义行为

H3b：分销商的算计性承诺水平越高，发生机会主义行为的可能性越高，即算计性承诺正向影响机会主义行为

（三）关系承诺的中介作用

承诺在成功建立并维持商业关系方面，发挥着重要作用（Scheer & Stem，1992）。作为维持长期稳定合作关系的重要因素（Dwyer et al.，1987；Gundlach et al.，1995），承诺一直以来备受学术界关注。Ruyter 和 Semeijn（2002）认为，要想发展长期合作关系，承诺必不可少。因为合作双方对合作关系做出承诺，代表着双方维持长期合作关系的意愿；相反，合作关系可能会因双方的自私自利行为而终止。因此，对于渠道合作双方来讲，要想抑制机会主义行为并维持长期合作关系，就应想方设法地提高承诺水平。此外，Morgan 和 Hunt（1994）提出承诺—信任理论，认为信任与承诺是关系利益要素和行为之间最重要的中介变量。随后一系列研究都验证了承诺在渠道关系或行为研究中时常以中介变量存在。如蒋晓荣和李随成（2011）指出企业间关系特性和内部因素通过影响关系承诺进而影响信息分享等。此外，将关系承诺作为关系取向与机会主义行为的中介变量，也符合“动机—意图—行为方式”研究框架。

综上，本书认为关系承诺在关系取向与机会主义行为之间的关系中扮演着中介桥梁的角色。此外，结合假设 H1、H2、H3 提出如下假设：

H4a：情感性帮忙关系取向通过情感性承诺影响机会主义行为

H4b：情感性帮忙关系取向通过算计性承诺影响机会主义行为

H4c：工具性帮忙关系取向通过情感性承诺影响机会主义行为

H4d：工具性帮忙关系取向通过算计性承诺影响机会主义行为

H4e：寻租关系取向通过情感性承诺影响机会主义行为

H4f：寻租关系取向通过算计性承诺影响机会主义行为

三、治理策略在关系取向对机会主义行为影响中的作用

机会主义行为破坏长期的关系绩效，因此抑制或降低机会主义行为变得异常重要（Brown et al.，2009）。既有文献证明机会主义行为在很大程度上受到由共享的信仰、规范和习惯形成的社会关系和制度的限制（Chen，Peng & Saparito，2002）。同时，渠道成员不同的权威机制的使用，也会对机会主义行为产生不同的影响（周茵等，2011）。因此，本书认为不同的治理策略对不同原因导致的机会主义行为起到促进或缓冲的作用。

调节变量所揭示的不是关系内部的机制，而是揭示一个关系在不同条件下是否会有所变化（罗胜强、姜嬿，2008）。从既有研究来看，对于合同治理和关系治理如何具体影响机会主义行为，仍然缺乏全面、清晰的认知。不同的学者对此持不同的观点。如：关系治理是治理机会主义的一种有效机制（Heide & John，1992；Lusch & Brown，1996；Gundlach & Achrol，1995；Achrol & Gundlach，1999；Joshi & Stump，1999；Brown，2000；Lai，Liu & Yang，2005；Crosno & Dahlstrom，2008；Granovetter，1985；Tangpong et al.，2010）；也有研究认为，关系规范对机会主义的抑制效果并不是完全有效的（Wathne & Heide，2000；Luo，2006；Achrol & Gundlach，1999；Wuyts & Geyskens，2005）。合同治理对机会主义行为的影响同样也存在诸如关系治理与机会主义行为关系的矛盾观点。

治理策略对渠道行为的治理效果在很大程度上取决于它被正确无误地接受并服从的程度（张钰、刘益、杨伟，2013）。因此，本书推测：每一种治理策略都有其适用的环境，只有在其合适的环境下才能被正确接受和使用，从而发挥更好的效用。由此，本书将两种治理策略（合同治理和关

系治理）作为调节变量，重点关注的是合同治理和关系治理两种策略的适用情境。

（一）治理策略对帮忙关系取向与机会主义行为之间关系的调节作用

企业之间的合作通常以合同的方式来确保双方的合法利益与义务。合同确定了渠道成员间合作的基础以及交易框架，具体而详尽的合同可以降低交易风险，同时合同中有关违反合同的惩罚方式和惩罚力度可以对渠道成员产生警告作用，约束渠道成员的行为，进而预防和降低渠道成员的机会主义（Cannon，Achrol & Gundlach，2000；Samaha et al.，2011；王国才等，2011；Antia & Frazier，2001；Wathne & Heide，2000）。由假设 H1b 得知：供应商的工具性帮忙关系取向水平越高，其分销商机会主义行为的可能性也越高，在此情况下，合同能够对工具性帮忙关系取向的渠道成员的行为起到约束作用，进而抑制合作伙伴的机会主义行为。情感性帮忙关系取向的渠道成员想建立并维持稳定、长期和互惠的合作关系，合同治理的采用会增强其不信任感知，容易产生反抗心理，进而会影响合作伙伴的机会主义行为。因此，本书认为合同治理会削弱情感性帮忙关系取向对机会主义行为的抑制作用，削弱工具性帮忙关系取向对机会主义行为的促进作用。

鉴于以上原因，本书提出如下假设：

H5a：合同治理水平越高，情感性帮忙关系取向对机会主义行为的抑制作用越弱，即合同治理策略弱化了情感性帮忙关系取向对机会主义行为的抑制作用

H5b：合同治理水平越高，工具性帮忙关系取向对机会主义行为的促进作用越弱，即合同治理策略弱化了工具性帮忙关系取向对机会主义行为的促进作用

关系治理主要通过柔性、信息交换以及团结等关系规范来指导、约束渠道成员的机会主义行为（Heide & John，1992；Zhang et al.，2003；F. Lai et al.，2012），其本质是营造一种减少损人利己、鼓励追求共同利益的社会环境（Achrol & Gundlach，1995；1999）。由于关系规范可以规范行为，各方行为能够为和谐关系发挥最大效用水平，就会抑制机会主义行为。

若供应商持情感性帮忙关系取向，而此时合作双方采取关系治理，会更加抑制分销商的机会主义行为。供应商的发自内心的帮忙与支持使得分销商心存感激，从道德和情谊上均不会轻易发生机会主义行为。此外，双方采取关系治理方式，关系规范的压力会抑制其逃避责任、隐瞒信息或扭曲信息等机会主义的发生。因此，本研究认为：采用关系治理，可以有效缓解渠道成员的机会主义行为，即关系治理水平越高，情感性帮忙关系取向对机会主义行为的抑制作用就越大。

关系治理也存在一定的负面效果，尤其是面对工具性帮忙关系取向的供应商。中国社会普遍存在“宰熟”。“宰熟”作为一种普遍的社会现象（柳平平，1996），常常存在于熟人之间。如今，在社会交换过程中，也常常存在“杀熟”现象。在中国社会背景下，商人时常把眼光瞄准亲朋、熟人，通过杀“熟”谋取利益。一方面，由于双方之间存在良好的关系，彼此会自然而然地放松警惕与戒备，这就给对方“宰熟”行为提供了可能；另一方面，即使熟人发现挨“宰”了，碍于面子，一般也不好意思撕破脸皮找麻烦（刘宗玉，1997）。正因为中国社会普遍存在的“宰熟”现象，使得关系治理的采用会强化工具性帮忙关系对机会主义行为的促进作用。正所谓“太阳给你温暖和光明，近了却会灼伤你”，即关系也有其黑暗的一面。因此，关系治理水平越高，工具性帮忙关系取向对机会主义行为的促进作用越强。

综上，本书提出如下假设：

H5c：关系治理水平越高，情感性帮忙关系对机会主义行为的抑制作用越强，即关系治理强化了情感性帮忙关系对机会主义行为的抑制作用

H5d：关系治理水平越高，工具性帮忙关系对机会主义行为的促进作用越强，即关系治理强化了工具性帮忙关系对机会主义行为的促进作用

（二）治理策略对寻租关系与机会主义行为关系的调节作用

合同中通常会确定双方的责任、义务以及享有的权利和利益。合同双方通过合同的规定来履行义务并监督对方是否履行义务，即通过法律手段督促对方按照合同规定履行职责。由于合同确定了渠道成员之间合作的基础以及企业间交易的框架，并且明确的契约把所有因违反条款而终止关系的投机行为应承担的惩罚措施成文列出，可以有效地降低渠道成员采取投机行为的可能性（汪涛、秦虹，2006；Cannon，Achrol & Gundlach，2000；王勇，2009；Samaha et al.，2011；王国才等，2011；Antia & Frazier，2001；Wathne & Heide，2000）。合同对寻租关系取向的渠道成员以及合作伙伴的行为起到约束作用，此外，渠道成员寻租关系取向的降低也会减弱其合作伙伴的机会主义行为。因此，合同治理可以降低渠道成员的机会主义行为，即：

H5e：合同治理水平越高，寻租关系取向对机会主义行为的促进作用越弱，即合同治理弱化了寻租关系取向对机会主义行为的促进作用

关系治理对机会主义的抑制效果并不是完全有效的（Wathne & Heide，2000；Luo，2006）。一方面，关系治理对于渠道成员行为的引导和控制不是依靠某种强制力量，而依赖于合作双方内在的自我约束（Heide，1994）。因此，在引导行为的有效性和强制性方面不如合同。另一方面，关系治理的关系规范不像合同条款会以文字的形式出现，具有隐含性（Haugland，1999）。因此，不同的渠道成员对关系规范的理解可能会存在差异。鉴于以上原因，渠道成员可能会本着对自身有利的视角对关系规范进行解读与运用，开放的定义容易诱发机会主义行为（Achrol & Gundlach，1999）。而且分销商对供应商寻租关系取向的感知越强，越有可能从自身利益的角度出发去理解关系规范，越容易诱发其机会主义行为。鉴于此，本书认为，关系治理水平越高，供应商的寻租关系取向就越容易诱发分销商的机会主义行为，即：

H5f：关系治理水平越高，寻租关系取向对机会主义行为的促进作用越强，即关系治理强化了寻租关系取向对机会主义行为的促进作用

（三）治理策略对关系承诺与机会主义行为关系的调节作用

在中国一般的商业关系中，合作伙伴之间讲究和谐，最起码是表面和谐，“白纸黑字”的合同属于破坏和谐的行为，是彼此间疏远和冲突的象征和原因（严全兴等，2011）。合同的采用降低了渠道成员之间的互惠感和人情账户的作用。同时，正式合同常常被认为是对交易伙伴的不信任的表现。合同对渠道成员行为的束缚以及这种不信任感知，容易使其产生逆反心理，进而诱发机会主义行为（Cannon，2000；Williamson，1975；Ghoshal et al.，1996；Cavusgil et al.，2004）。根据心理抗拒理论得知，人们都认为自己的行为可以随心所欲，不受任何限制，因此当人们对自己行为的控制受到限制时，人们通常会以抗拒的方式来捍卫自己的自由。[①] 合同治理的采用，使得渠道成员感知到自己的行为受到限制，为了保护自己的自由，会采取反抗行动。因此，本书认为，采用合同治理会削弱情感性承诺对机会主义行为的抑制作用。

然而，合同一般都详细规定了渠道合作双方的责任和义务，并且明确规定了对违约行为的惩罚方式和处罚力度。这对于算计性承诺的渠道成员来说，会对其行为起到约束作用。分销商在发生机会主义行为时忌讳受到惩罚，并且惩罚力度远远高于机会主义行为所得利益，进而降低其机会主义行为。因此，合同治理会弱化算计性承诺对机会主义行为的促进效应，即：

H6a：合同治理水平越高，情感性承诺对机会主义行为的抑制作用越弱，即合同治理弱化了情感性承诺对机会主义行为的抑制作用

H6b：合同治理水平越高，算计性承诺对机会主义行为的促进作用越弱，即合同治理弱化了算计性承诺对机会主义行为的促进作用

关系治理强调在合作关系中建立互信互助的合作体制，鼓励渠道成员做出有利于合作或值得信任的行为，避免机会主义行为（Granovetter，1985）。关系型治理体现了企业间长期的合作及承诺意向，有利于双方实现共赢，因而可以有效抑制交易伙伴的机会主义（Tangpong et al.，2010）。渠道成员的情感性承诺也代表了一种长期合作的意愿。此外，渠道成员对关系治理规范的认同与接受，使得关系规范及关系压力对其机会主义行为又会起到削弱作用。因此，关系治理的采用会强化情感性承诺对机会主义行为的抑制作用。

关系治理对机会主义的抑制效果并不是完全有效的（Wathne & Heide，2000；Luo，2006）。关系治理对渠道成员行为的引导与控制不像合同治理那样可以依靠外部的强制力量，而仅仅依赖于渠道成员根据关系规范进行自我约束和自我监督。由于关系规范的隐含性与模糊性（Haugland，1999），不同的渠道成员可能从不同的角度去理解关系规范。对于做出算计性承诺的渠道成员来讲，更有可能本着对自己有利的角度去理解关系规

① 侯玉波. 社会心理学［M］. 北京：北京大学出版社，2002.

范，如此会为机会主义行为提供可能（Achrol & Gundlach，1999）。因此，关系治理的采用会强化算计性承诺对机会主义行为的促进作用。

鉴于以上原因，本书提出如下假设：

H6c：关系治理水平越高，情感性承诺对机会主义行为的抑制作用越强，即关系治理强化了情感性承诺对机会主义行为的抑制作用

H6d：关系治理水平越高，算计性承诺对机会主义行为的促进作用越强，即关系治理强化了算计性承诺对机会主义行为的促进作用

四、研究假设汇总

本章研究共提出 27 个假设，研究假设汇总如表 3–1 所示。

表 3–1　研究假设汇总

变量关系	研究假设
关系取向与机会主义行为之间的关系	
情感性帮忙关系取向负向影响机会主义行为	H1a
工具性帮忙关系取向负向影响机会主义行为	H1b
寻租关系取向正向影响机会主义行为	H1c
关系取向与关系承诺之间的关系	
情感性帮忙关系取向正向影响情感性承诺	H2a
情感性帮忙关系取向负向影响算计性承诺	H2b
工具性帮忙关系取向负向影响情感性承诺	H2c
工具性关系取向正向影响算计性承诺	H2d
寻租关系取向负向影响情感性承诺	H2e
寻租关系取向正向影响算计性承诺	H2f
关系承诺与机会主义行为之间的关系	
情感性承诺负向影响其机会主义行为	H3a
算计性承诺正向影响其机会主义行为	H3b
关系承诺的中介作用	
情感性帮忙关系取向通过情感性承诺影响机会主义行为	H4a
情感性帮忙关系取向通过算计性承诺影响机会主义行为	H4b
工具性帮忙关系取向通过情感性承诺影响机会主义行为	H4c
工具性帮忙关系取向通过算计性承诺影响机会主义行为	H4d
寻租关系取向通过情感性承诺影响机会主义行为	H4e
寻租关系取向通过算计性承诺影响机会主义行为	H4f
治理策略的调节作用	
合同治理弱化了情感性帮忙关系取向对机会主义行为的抑制作用	H5a

续表

变量关系	研究假设
合同治理弱化了工具性帮忙关系取向对机会主义行为的促进作用	H5b
关系治理强化了情感性帮忙关系取向对机会主义行为的抑制作用	H5c
关系治理强化了工具性帮忙关系取向对机会主义行为的促进作用	H5d
合同治理弱化了寻租关系取向对机会主义行为的促进作用	H5e
关系治理强化了寻租关系取向对机会主义行为的促进作用	H5f
合同治理弱化了情感性承诺对机会主义行为的抑制作用	H6a
合同治理弱化了算计性承诺对机会主义行为的促进作用	H6b
关系治理强化了情感性承诺对机会主义行为的抑制作用	H6c
关系治理强化了算计性承诺对机会主义行为的促进作用	H6d

本章小结

本章首先简要介绍了交易费用理论、社会交换理论以及符号互动理论的内涵及与本书研究的关系。其次在文献综述和关系取向对机会主义行为影响机制研究的基础上，结合相关理论基础，提出了本书的研究框架，即："关系取向—关系承诺—机会主义行为"，并提出了治理策略对其中部分关系的调节作用，构建了基本的研究框架和研究假设。

第四章　问卷调查研究设计与方法

严谨而科学的研究设计是有效实证研究的基本保障。本章主要介绍问卷调查研究设计与方法，首先介绍问卷调查研究中的问卷设计、变量测量、数据收集及分析，其次对基于问卷调查的实证研究分析方法进行介绍。

第一节　问卷设计

问卷调查是社会调查中用来收集资料的主要方法之一，广泛应用于各个领域。[①]本研究探讨供应商与分销商之间的关系，属于企业间层面的研究。所需数据从公开的二手资料中无法获取，只能采用问卷调查的方法来搜集相关数据资料，进而验证本书所提出的理论假设。

一、问卷设计原则

符合研究目的及调查对象是问卷设计应考虑的首先问题，此外应尽可能简明、扼要、便于问卷填答者回答（李怀祖，2004；风笑天，2001）。一般来说，问卷设计的过程应满足以下原则和要求：

第一，问卷设计要紧紧围绕调查的主体和目的展开。第二，问卷设计的篇幅不宜过长，避免引起被调查者的厌倦心理和拒答倾向。同时，在陈述问题时，内容简短，避免采用复杂、抽象及专业术语。第三，尽量不直

① 罗力. 信任和关系承诺对第三方物流整合与绩效的影响［D］. 广州：华南理工大学博士学位论文，2010.

接询问敏感性或隐私性问题，降低被调查者的拒答率。同时，为了保证企业及个人信息不外漏，本研究向问卷填答者承诺调查数据仅用于学术研究，并保证严格保密填答者所提供的所有信息。

二、问卷设计过程

为了确保测项能够较好地反映研究目的，即保证测量的有效性和可靠性。本研究根据 Churchill（1979），Anderson 和 Gerbing（1988）以及 Dunn 等（1994）的建议，通过以下几个步骤来获得测量题项及问卷设计过程：

（1）根据本书初步确立的研究框架，以国内外研究成果为基础，找到适用的成熟量表，并在此基础上编制初始量表。首先，对现有相关的国内外文献进行全面搜索并仔细研读，从中寻找相关变量的测量指标（唐小飞，2007）。其次，以本书相关的测量文献作为问卷设计的主要参考文献。最后，对于现有文献中没有现成的测量量表的变量，本书基于对这些变量的理解，并结合研究背景、相关理论及量表，加之通过企业访谈及专业人员交流方法自行发展或修改了一些题项，以弥补现有文献的不足来适应概念框架的需要（罗力，2010）。

（2）形成预调研问卷，并征求专家意见。在初始测量量表的基础上，形成初始问卷。

（3）预调研。为了使问卷测项具有良好的信度、效度，本书选取了 100 个样本分销商进行预调研。为了使问卷更容易理解，同时使问卷更切合中国文化背景下的企业的实际情况，本书根据被调查者的反馈以及与调查数据分析结果，删除、修改了一些题项，形成了正式调研问卷。

第二节　变量的测量

本书所有变量均采用李克特 7 分量表进行评价，“1”代表完全不同意，“2”代表基本不同意，“3”代表有点不同意，“4”代表不确定，“5”代表有点同意，“6”代表基本同意，“7”代表完全同意。要求问卷填答者从 1~7 中选择自己认为最正确的答案。

一、帮忙关系取向初始测项的形成

根据本书需要并结合既有研究成果，将帮忙关系取向划分为情感性帮忙关系取向和工具性帮忙关系取向。综观既有研究成果，没有现成的成熟量表可供使用。但可以借鉴情感性关系和工具性关系的相关研究，从目前现有的相关量表中寻找适合本研究的测项，进而组合成新的测量量表。Lee 和 Dawes（2005）将“Guanxi”划分为面子、互惠、情感三个维度共九个测项，除了情感维度里一个测项的因子载荷为 0.69 外，其余各个测项的因子载荷均大于 0.8；三个维度的 AVE 分别为 0.81、0.85 和 0.72。庄贵军、李柯和崔晓明（2008）根据庄贵军等（2007）、Lee 和 Dawes（2005）的量表，从中选择一些题项进行重新整合，组成新量表——制造商与其经销商的跨组织私人关系量表。该量表包含了人际关系的状态，即情感的远近；也包含了人际关系的交往规则，即面子和人情法则。通过因子分析，提取出两个因子：情感性关系（4 个测项）和工具性关系（6 个测项）。刘艳菊（2011）将“Guanxi”划分为义务性关系（5 个测项）、情感性关系（7 个测项）和工具性关系（7 个测项）。史江涛（2007）综合考虑姜定宇（2005）、黄光国（1988）、杨国枢（1992）、Ang 和 Leong（2000）、Su，Sirgy 和 Littlefield（2003）等的研究，将“Guanxi”划分为情感性关系（Expressive Guanxi）和工具性关系（Instructive Guanxi），（8 个测项）。

本书将现有研究成果进行综合整理，从中选择一些题项，提取出本书帮忙关系的两个维度（情感性帮忙关系和工具性帮忙关系）的测项。情感性帮忙关系的操作性定义为：为交易伙伴提供帮助是为满足情感需求，如交情（Obligation，义务）、感情、关爱、友善、信任等；工具性帮忙关系则是：因为利益才会为交易伙伴提供帮忙或便利，如唯利是图（利益至上）、互惠、算计、回报（促使中国人对别人做人情的动机之一，是他对别人回报的预期）（黄光国，1988）。

（1）工具性帮忙关系。根据刘艳菊（2011）、史江涛（2007）、庄贵军等（2008）以及 Ang 和 Leong（2000）、Su 等（2003）和 Fan（2012）等研究成果，本研究在预调研中采用 5 个测项来测量工具性帮忙关系（见表 4–1）。

表 4-1 工具性帮忙关系的初始测量量表

测项
1. 供应商和我们来往的原因，主要是为了达到某些利益目标
2. 供应商和我们之间的交往，计算得很清楚
3. 除非有好处，否则供应商不会为我们提供额外的帮助
4. 供应商对我们的帮助程度，往往视我们给他们的回报而定
5. 供应商对我们提供帮忙或恩惠，是为了让我们在他们需要的时候回报

资料来源：Ang & Leong（2000）；Su 等（2003）；庄贵军等（2008）；Fan（2012）；刘艳菊（2011）；史江涛（2007）。

（2）情感性帮忙关系。情感性帮忙关系（Expressive Guanxi）的操作性定义：具有强烈的情感依附，能满足情感需求。如相互帮忙、情感、真诚、报恩等（姜定宇，2005；黄光国，1988；杨国枢，1992；Ang & Leong，2000；Su，Sirgy & Littlefield，2003）。因此，本研究在预调研中采用 4 个测项来测量情感性帮忙关系（见表 4-2）。

表 4-2 情感性帮忙关系的初始测量题项

测项
1. 在我们需要的时候，供应商会愿意提供援助
2. 供应商和我们是很好的朋友，能够真诚相待、相互帮忙
3. 供应商愿意与我们分享工作的感受与经验，以提供支持与帮助
4. 以前我们帮助过他们，所以供应商愿意帮助我们

资料来源：刘艳菊（2011）；史江涛（2007）等。

二、寻租关系取向初始测项的形成

关于"寻租"关系取向的量表，我们综合考虑了 Su 和 Littlefield（2001）、金杨华和吕福新（2008）以及 Fan 等（2012）相关研究文献，认为寻租关系取向的操作性定义应该包括：商业贿赂、桌下交易、权力交换以及特权优惠等特征。因此，本研究根据寻租关系的操作性定义并结合现有研究成果，采用 4 个测项来测量供应商寻租关系取向的分量表（见表 4-3）。

三、关系承诺初始测项的形成

有些学者对承诺采取单一维度进行测量（Anderson & Weitz，1992；

表 4-3　寻租关系取向的初始测量题项

测项
1. 为了达成企业目标，供应商有时不得不进行商业贿赂或暗箱操作
2. 供应商为了达到自己的目标，与政府相关部门建立良好关系
3. 供应商为了维护自己的利益，经常利用其资源优势压榨我们的利润空间
4. 在商业活动中，供应商时常利用特权获取优惠

资料来源：Su & Littlefield（2001）；金杨华、吕福新（2008）；Fan et al.（2012）；庄贵军等（2008）。

Morgan & Hunt，1994；Hewett et al.，2002；沙振权等，2010；蔡昊雯等，2012），还有一些学者（Brown et al.，1995；Fullerton，2005；Guren et al.，2000；史国辉，2008；叶飞、薛运普，2012；蒋晓荣、李随成，2012；霍宝锋等，2013）对其进行多维度测量。本书参考 Kumar 等（1995）和 Geyskens 等（1996）的研究，将承诺划分为：①情感承诺（Affective Commitment）：由于价值的分享、企业对合作伙伴的认同，喜欢合作伙伴，享受伙伴关系，并诚心诚意共同成长、乐意参与合作，有高度意愿维持良好关系（王星禹，2010）。②算计承诺（Calculative Commitment）：由于终止关系或转换关系成本过高而不得不继续与合作伙伴维持目前的合作关系，是基于理性的评估和计算的结果（王星禹，2010）。

叶飞和薛运普（2012）对广东省珠三角地区 273 家制造企业进行问卷调查，利用结构方程模型就关系承诺对信息共享与运营绩效之间的关系进行实证研究。该研究分别采用 3 个测项来测量制造商对供应商的情感承诺（信度 a=0.710）和算计承诺（信度 a=0.498）。

蒋晓荣和李随成（2012）在制造商与供应商间关系承诺的形成及对合作行为影响一文中，从规范性承诺、持续性承诺和情感性承诺三个维度进行度量关系承诺。史国辉（2008）指出，持续性承诺反映的是持续关系的理性选择，与 Mathieu 和 Zajac（1990）提出的功利性承诺或算计性承诺一致。蒋晓荣和李随成（2012）采用 2 个测项测量持续承诺（算计性承诺），采用 3 个测项测量情感承诺。两个因子的信度 a 值分别为 0.9567 和 0.8932，具有很好的信度。此外，史国辉（2008）、Fullerton（2005）和 Gruen 等（2000）也对关系承诺划分为情感承诺和持续性承诺进行测量及研究。

Gilliland 和 Bello（2002）将关系承诺划分为算计承诺和忠诚承诺。从忠诚承诺的含义来看，其与情感承诺的含义一致。该研究分别采用 3 个、4 个测项测量算计承诺和忠诚承诺。

本书综合考虑了以上学者的研究成果，并且结合本书的实际需要，形成关系承诺的初始测量量表，如表 4–4 所示。在预调研中采用 4 个测项来测量算计性承诺，5 个测项来测量忠诚性承诺。

表 4–4 关系承诺的初始测量题项

算计性承诺
1. 我们希望和该供应商保持关系，是因为从中得到了较多的利润和好处
2. 我们希望和该供应商保持关系，是因为终止关系将会给我们带来严重损失
3. 我们不得不和该供应商保持关系，是因为建立新合作伙伴需投入大量成本
4. 我们希望和该供应商保持关系，是因为很难找到类似可以替代的合作伙伴
情感性承诺
1. 我们感觉和该供应商是一家人，因为我们愿意和他们继续保持关系
2. 即使有提供更好条件的供应商，我们也不愿意终止和他们的关系
3. 我们和该供应商具有相似的经营理念，因此我们愿意与其继续保持关系
4. 我们忠于该供应商，因为我们愿意和他们继续保持关系
5. 考虑到与该供应商多年的彼此交往，我们觉得应该和他们继续保持关系

资料来源：Gilliland & Bello，2002；蔡昊雯等，2012；叶飞、薛运普，2002；Gruen et al.，2000；Kumar et al.，1994；Fullerton G.，2005；史国辉，2008.

四、治理机制的初始测项的形成

（一）合同治理

笔者综合考虑了 Dwyer 和 Oh（1987）、Cannon 和 Perreault（1999）及 Homburg 等（2009）的研究，提出四个问项来测量合同治理变量（见表 4–5）。

表 4–5 合同治理初始测量题项

测项	依据或来源
1. 我们拥有详述双方责任的正式协议	Dwyer & Oh's（1987）；Cannon & Perreault's（1990）；Lai et al.（2012）
2. 我们的合同中包含了对不履行义务的处罚条款	
3. 我们用书面合同来管理双方的关系	
4. 我们经常依据书面合同来消除意见分歧	

注：笔者整理。

（二）关系治理

笔者综合考虑了 Heide 和 John（1992）、Zhang 等（2003）、Lai 等（2012）的研究，提出 8 个题项作为关系治理的初始测量题项（见表 4-6）。

表 4-6 关系治理初始测量题项

测项
1. 在关系存续期间，双方期望能够做出调整来应付变化的环境
2. 当合同之外的情况发生时，双方宁愿提出新的解决方案而不是坚持最初的条款
3. 在合作关系中，可以预期，双方应该进行信息共享
4. 双方的信息交换是频繁的、非正式的，而非仅仅依据先前合同的规定进行信息交换
5. 双方都期待可以从对方那里得知一些可能对组织存在影响的事件或变化
6. 在合作关系存续期间发生的问题被视为双方连带责任而非单方责任
7. 双方承诺做一些对彼此关系（而不仅是对单方）有益的改进
8. 合作双方都不介意亏欠对方帮助

资料来源：Heide & John，1992；Zhang et al.，2003；Lai et al.，2012.

五、机会主义行为初始测项的形成

渠道成员为了满足自己利益最大化而对渠道伙伴采取的不道德行为，这些行为包括违背协议、提供不真实的信息、隐瞒信息以及逃避责任和义务（Williamson，1985；Caniels，2010；Hawkins et al.，2008；Wathne & Heide，2000）。根据 Rokkan 和 Heide（2003）、Wuyts 和 Geyskens（2005）、薛佳奇等（2011）的研究，结合本书实际情况，我们从以上学者的量表中引用合适题项重新组成新的量表（见表 4-7）。

表 4-7 机会主义行为量表

测项
1. 有时，我们给供应商一些不真实的信息，以保护我们自己的利益
2. 有时，我们对供应商在某些事上做了承诺，但后来却没有真的去做
3. 有时，为了保护企业的利益不得不忽略对供应商的某些义务或责任
4. 有时，我们不得不隐瞒一些事实，以便从供应商那里得到我们想要的
5. 我们并不是一直按照合同的规定和供应商相处

资料来源：Rokkan & Heide（2003）；Wuyts & Geyskens（2005）；薛佳奇等（2011）.

六、控制变量的选择与测量

在既有研究文献中，专项投资和企业声誉是影响机会主义行为的重要因素。为了较准确地测量关系取向、关系承诺与机会主义行为之间的关系，本研究选取专项投资、企业声誉作为主要控制变量。

（一）专项投资

专项投资是指该资产只能用于特定用途，若改作他用将会降低其价值甚至会变得没有任何价值（Williamson，1975）。大量的研究证明专项投资与机会主义行为之间的关系。本研究结合 Anderson 和 Weitz（1992）、Rokkan 等（2003）、庄贵军和刘宇（2010）、薛佳奇等（2011）、刘婷和刘益（2012）等的相关研究，并根据本研究的特点设置专项投资的初始测项，如表 4–8 所示。

表 4–8　专项投资

测项
1. 如果转向另一个有竞争力的伙伴，我们对该供应商的投资将无法收回
2. 如果停止与该供应商合作，我们将很难重新配置目前服务于该供应商的人员和设备
3. 我们投入了大量资本来建立与该供应商的合作业务
4. 我们在与该供应商的合作关系中投入了可观的人力、技术和营销资源

资料来源：Anderson & Weitz，1992；庄贵军、刘宇，2010；Rokkan et al.，2003；刘婷、刘益，2012；薛佳奇等，2011.

（二）企业声誉

企业声誉传达着一种信息，代表着一种资本，是人们对企业行为、形象及内在特质等的综合评价（符加林，2007）。量表的主要依据或来源是：Lafferty 和 Goldsmith，1999；Fombrun 和 Riel，2004；Dowling，2004；徐金发等，2005；符加林，2007。企业声誉的初始测量题项如表 4–9 所示。

表 4–9　企业声誉的初始测量题项

测项	依据或来源
1. 我们公司能得到多数同行的尊重与认可	Lafferty & Goldsmith，1999；Formbrun & Riel，2004；Dowling，2004；徐金发、刘靓，2005；符加林，2007
2. 我们公司有较高的知名度	
3. 我们公司的经营能力很强	
4. 相信我们公司在未来有光明的发展前景	

注：笔者整理。

第三节　数据收集

一、调研对象

本书主要以食品与饮料、医药及医疗器械材料、家具、电子产品等行业的分销商作为实证调研对象。之所以选择以上行业是因为：

首先，通过调查发现，这些行业中的很多企业越来越意识到供应商与分销商之间关系的重要性。尤其是食品饮料业、制药业及电子产品行业均出现了严重的窜货现象，对此一些企业已经从战略和战术层面上采取了一些行动，并收到了良好的效果。然而，有些企业仍处于探索期和迷茫期，迫切需要理论上的指导。

其次，调查的便利性。考虑到低成本和便利性，本书结合既有的关系资源，选择了如上行业的分销商进行问卷调查（云虹，2005），并在这些企业中有选择地对不同类型的关键分销商进行问卷调研，对其采取实地调查和邮寄方式进行问卷调查以得到相关数据。

渠道关系属于二元关系，因此，从渠道两方分别搜集数据显然要比从单方搜集数据更能反映渠道关系的真实情况。但是理论研究发现，关系双方看待正式和非正式纽带与个体联系的观点相似（John & Reve，1982；Heide & John，1992）。并且，从渠道一方搜集数据，在概念性和操作性方面更具有针对性（云虹，2005）。所以，本书基于供应商和分销商关系中的分销商视角，通过探究供应商对分销商之间关系取向以及如何影响分销商的机会主义行为的问题，帮助供应商了解导致分销商投机行为的原因，强化分销商对供应商帮忙关系取向的感知，并弱化寻租关系取向感知，从而不断提高分销商的情感性承诺、降低算计性承诺，进而降低机会主义行为。

二、预调研数据收集

预调研样本为便利样本，选择四川、河北、北京某生产企业的分销商，发放问卷 100 份，收回问卷 65 份，其中 50 份为有效问卷。

三、正式调研数据收集

正式调研问卷是在预调研量表修正的基础上编制而成的。正式调研过程作为实证研究的关键环节，直接决定着最终研究结论的科学性与适用性。正式调研过程遵循标准化的调研程序，主要包括选定调研对象、明确抽样方法、确定样本规模以及问卷的发放、回收、筛选和整理等。

（一）调研对象的选定及样本选择

本书以供应商—分销商之间的关系与行为作为研究对象，并参照渠道行为领域既有研究的主要操作方法，选择从渠道获取数据。有效的抽样直接影响研究结果的有效性（Ferber，1977），结合本研究的实际情况，正式调研样本主要从四川、重庆、河北、山东、北京、天津、山西等几个省市中抽取，采取了方便抽样的方法。选择了解企业渠道状况的边界人员，如企业 CEO、总经理以及销售或采购经理和主管等作为本调查问卷的填答者。对样本企业通过电话联系符合调查要求企业的相关人员，以确定是否愿意接受调查，然后对愿意接受调查的企业，采用邮寄方式和由调查员通过面对面的访问完成问卷调查。

问卷样本要达到一定的条件才能进行数据分析处理（陈永昶，2012）。一般认为样本规模的最低要求是 100~150 个样本（Anderson & Gerbing，1988；黄芳铭，2005），若要进行因子分析，样本量需是测量问项数量的 3~5 倍（张文彤，2004），而多元分析方法要求每个变量至少要有 5 个样本，最理想的情况是每个变量有 15~20 个样本（陈正昌、程炳林、陈新丰等，2005）。本书综合参考学者们的研究并考虑本书调研的实际情况，拟发放 400~600 份调研问卷。问卷发放数量既要保证复核调研的规模要求，又要避免样本规模过大而增加潜在理论模型被拒绝的可能性（Bagozzi，1981）。

（二）问卷内容设计

为了确保调查对象积极有效地填答问卷，本书在正式调研内容开始之前，简要介绍了调研目的与内容，并做了保密声明（Dillman，1978）。正式调研问卷以预调研修正后的量表为基础，分为六个部分：第一部分是问卷填答者的人口统计学特征；第二部分是有关厂商关系取向的量表；第三部分是分销商关系承诺的量表；第四部分是分销商机会主义行为的量表；第五部分是治理策略的量表，包括合同治理和关系治理的测量量表；第六部分是控制变量量表，包括专项投资和企业声誉测量量表。本书对第一部分采用编码测量法，其余五部分均采用李克特 7 点测量法，其中，“1”=完全不同意，“2”=基本不同意，“3”=有点不同意，“4”=不能确定，“5”=有点同意，“6”=基本同意，“7”=完全同意。

（三）问卷的发放与回收

为了确保能回收高质量的问卷，本书在进行问卷调查时规定了三条原则，并且严格按照调查的步骤进行。

1. 问卷调查原则

为了确保被调查者能够准确填写问卷，在调查时采用了以下原则：第一，本书在问卷中不涉及问卷填答者的姓名以及企业名称。第二，为了确保被调查者的积极配合，本书向被调查者保证本调研纯属学术研究，不涉及企业任何商业秘密。第三，为保证问卷质量以及提高有效问卷比率，整个调研过程由市场营销专业的博士生和硕士生全程在场，填写问卷前向问卷填答者演示如何填写问卷（对于邮寄或电子邮件调查问卷，附有问卷填写说明），并且及时解决问卷填答者填写问卷过程中遇到的问题。

2. 问卷调查步骤

在进行问卷前，首先，通过电话、微信、电子邮件等多种方式与企业高管团队或企业管理者进行联系，表达研究者的意图，试图取得他们的同意；其次，根据空间距离的远近并结合调研成本问题，我们合理选择实地问卷调查和邮寄或电子邮件问卷调查。对于距离较近的调查对象，采用面对面问卷调查，获得相关数据；针对一些地域较远的调查对象，通过邮寄或电子邮件的方式进行调查。最后，统一督促回收问卷。

3. 问卷回收情况

本书的正式调研从 2013 年 11 月初开始到 2014 年 1 月底结束，历时 3 个月，发放问卷 600 份，其中包括 220 份实地调研问卷，380 份电子调研问卷。收回 235 份有效问卷，有效问卷回收率为 39.17%，其中，实地问卷 98 份，占 41.70%；电子问卷 137 份，占 58.30%。

第四节　预试问卷的分析

一、预调研样本的基本特征

预调研共发放问卷 100 份，回收有效问卷 50 份，表 4-10 和表 4-11 为预调研问卷被试者个人信息以及预调研样本企业的基本信息。从表 4-10 中看出，男性 36 人，占 72%，女性 14 人，占 28%，男性明显多于女性。问卷填答者的年龄主要集中在 25~35 岁和 36~46 岁两个年龄段，分别占 48%和 46%。工作年限在 3 年以上的占 38%，1~3 年的占 36%，教育程度大部分为大专及以上水平，占 68%，文化素质相对较高，利于理解并填答问卷内容。

表 4-10　问卷填答者的个人信息

个人信息	分类	频数	百分比（%）	累计百分比（%）
性别	男性	36	72.00	72.00
	女性	14	28.00	100.00
年龄	24 岁及以下	2	4.00	4.00
	25~35 岁	24	48.00	52.00
	36~46 岁	23	46.00	98.00
	47 岁及以上	1	2.00	100.00
学历	硕士及以上	2	4.00	4.00
	本科	19	38.00	42.00
	大专	13	26.00	68.00
	中专、高中及以下	16	32.00	100.00

续表

个人信息	分类	频数	百分比（%）	累计百分比（%）
职位	总经理	0	0	0
	部门经理	15	30.00	30.00
	主管	13	26.00	56.00
	业务员	22	44.00	100.00
从事该工作的年限	1 年以内	13	26.00	26.00
	1~3 年	18	36.00	62.00
	3 年以上	19	38.00	100.00

注：笔者根据调研数据整理而成。

如表 4–11 所示，从企业员工总数、企业性质以及企业所销售产品情况来看，企业员工人数主要集中在 1000 人以下，属于中小型企业。民营企业 40 家，占预调研企业总数的 80%，合资企业和外资企业一共 10 家，占总数的 20%。预调研问卷涉及企业行业包括食品、饮料、烟草、纺织、服装、家具、电子及通信设备、医药及医疗器械等企业，具有很强的代表性。

表 4–11　预调研样本基本资料统计

企业特征	分类	频次	百分比（%）	累计百分比（%）
企业员工人数	100 人以下	13	26.00	26.00
	100~499 人	19	38.00	64.00
	500~999 人	18	36.00	100.00
	1000 人及以上	0	0	100.00
企业性质	国有企业	0	0	0
	民营企业	40	80.00	80.00
	合资企业	8	16.00	96.00
	外资企业	2	4.00	100.00
销售产品	食品、饮料和烟草制品	12	24.00	24.00
	纺织、服装及日用品	10	20.00	44.00
	矿产品、建材、化工产品	0	0	44.00
	五金、家具及室内装修材料	4	8.00	52.00
	医药及医疗器械材料	11	22.00	74.00
	家用电器及电子产品	12	24.00	98.00
	汽车、摩托车、燃料及零配件	1	2.00	100.00

注：笔者根据调研数据整理而成。

二、预调研数据分析方法及结果

（一）项目分析

通过检验高低分的被试者在每个题项的差异或进行题项同质性检验的分析便是项目分析。该分析的主要目的在于检验编制的量表或测验个别题项的适切或可靠程度。根据项目分析的结果，将一些意义重复或不能反映测度指标的项目予以删除（蒋晓荣、李随成，2012）。

临界比值法（Critical Ration）是项目分析最常用的判别指标之一，又被称为极端值法。临界比值法的主要操作步骤为：首先，加总量表中所有被试者填答题项的得分，排序各被试者在量表上的总分，根据排序结果找出前（高分组）27%的被试者的得分，以及后（低分组）27%的被试者得分；其次，根据高低分组被试者的临界点分值，分别为高低分组新增一变量码 1、2；最后，检验高低组在每个题项平均数的差异显著性（独立样本 t 检验），保留达到显著水平的题项，剔除未达显著性的题项。

当然，除了采取临界比值法，也可采用同质性检验法进行项目分析，包括题项与量表总分的相关系数（剔除系数小于 0.4 的题项）、题项在量表共同因素的因素负荷量（剔除小于 0.45 的题项）或整份量表的内部一致性信度检验值。

1. 求决断值——临界比（CR：Critical Ratio）

在对每个变量高低组分组的基础上进行独立样本 t 检验，检验高、低分两组的每个题项均值差异是否显著（$P<0.05$），以了解样本在量表各题项均值高低是否因组别（高分组、低分组）的不同而有所差异。高分组和低分组的均值差异越大，越有可能达到显著水平。

在独立样本 t 检验的统计量的判别方面，要判断高低分两组的方差是否相等。看方差相等的 Levene 检验一栏，若题项的 P 值大于 0.05，应接受原假设：$H_0:\sigma^2_{X1}=\sigma^2_{X2}$，拒绝备择假设：$H_1:\sigma^2_{X1}\neq\sigma^2_{X2}$，表示两组的方差相等。接下来要看“假设方差相等”行的 t 值数据的显著性。看“方差相等的 Levene 检验”，若题项的 P 值小于 0.05，应拒绝原假设：$H_0:\sigma^2_{X1}=\sigma^2_{X2}$，接受备择假设：$H_1:\sigma^2_{X1}\neq\sigma^2_{X2}$，表示两组的方差不相等，此时要看“假设方差不相等”行的 t 值数据的显著性。

（1）工具性帮忙关系量表的独立样本 t 检验。

表 4–12 为工具性帮忙关系量表高低分组的组别统计量，高分组、低分组分别为 20 个样本。高低分组的均值差异较大，则显著的可能性也较大。

表 4–12　工具性帮忙关系量表高低分组统计量

工具性帮忙关系组别		N	均值	标准差	均值的标准误
I1	1	20	4.80	1.473	0.329
	2	20	2.75	1.251	0.280
I2	1	20	5.40	1.046	0.234
	2	20	3.95	1.356	0.303
I3	1	20	5.35	1.268	0.284
	2	20	3.65	1.268	0.284
I4	1	20	5.80	1.005	0.225
	2	20	4.05	1.356	0.303

注：1 代表高分组；2 代表低分组。

表 4–13 为工具性帮忙关系量表的独立样本 t 检验结果。Levene 检验结果显示，四个测项 F 值检验的 P 值均大于 0.05 的显著水平，表示工具性帮忙关系量表的高、低分两组的方差相等。此时 t 检验数据要看第一栏“假设方差相等”中的数值，由于四个题项的 P 值均小于 0.05 的显著水平，表示各题项的临界比值达到显著。

表 4–13　工具性帮忙关系的独立样本检验

		Levene 检验		均值方程的 t 检验					
								95%置信区间	
		F	Sig.	t	Sig.（双侧）	均差	标准误差	下限	上限
I1	假设方差相等	1.246	0.271	4.744	0.000	2.050	0.432	1.175	2.925
	假设方差不相等			4.744	0.000	2.050	0.432	1.175	2.925
I2	假设方差相等	0.906	0.347	3.786	0.001	1.450	0.383	0.675	2.225
	假设方差不相等			3.786	0.001	1.450	0.383	0.673	2.227
I3	假设方差相等	0.098	0.756	4.240	0.000	1.700	0.401	0.888	2.512
	假设方差不相等			4.240	0.000	1.700	0.401	0.888	2.512
I4	假设方差相等	1.982	0.167	4.636	0.000	1.750	0.377	0.986	2.514
	假设方差不相等			4.636	0.000	1.750	0.377	0.984	2.516

（2）情感性帮忙关系量表的独立样本 t 检验。

由表 4-14 可知，情感性帮忙关系量表的高分组有 17 位观察值，低分组有 18 位观察值。理论上高分组和低分组人数各占有效预测样本的 27%，两组人数应该相等，但由于分割的人数不相同，也会出现两组人数不一致的情形（吴明隆，2010）。由于测项 2 和测项 3 高低分组均值差异较大，因此 t 检验显著的可能也较大。

表 4-14　情感性帮忙关系量表高低分组统计量

情感性帮忙关系组别		N	均值	标准差	均值的标准误
E1	1	17	5.41	1.121	0.272
	2	18	4.67	1.495	0.352
E2	1	17	6.59	0.795	0.193
	2	18	4.00	1.372	0.323
E3	1	17	6.06	1.008	0.264
	2	18	4.11	1.491	0.351
E4	1	17	4.41	1.970	0.478
	2	18	2.78	1.555	0.367

注：1 代表高分组；2 代表低分组。

由 Levene 检验结果（见表 4-15）可知，F 值的显著性概率均大于 0.05 的显著水平，表示高低两组方差相等。此时要看 t 检验的第一栏数据的 P 值是否显著。由表 4-15 可知，E2 和 E3 在 0.05 显著水平下均达到显著，而 E1 和 E4 未达显著水平，应考虑删除该题项。

表 4-15　情感性帮忙关系的独立样本检验

		方差方程的 Levene 检验		均值方程的 t 检验					
								95%置信区间	
		F	Sig.	t	Sig.（双侧）	均差	标准误差	下限	上限
E1	假设方差相等	0.471	0.497	1.660	0.106	0.745	0.449	−0.168	1.658
	假设方差不相等			1.670	0.104	0.745	0.445	−0.162	1.652
E2	假设方差相等	2.753	0.107	6.774	0.000	2.588	0.382	1.811	3.366
	假设方差不相等			6.874	0.000	2.588	0.377	1.816	3.360

续表

		方差方程的 Levene 检验		均值方程的 t 检验					
								95%置信区间	
		F	Sig.	t	Sig.（双侧）	均差	标准误差	下限	上限
E3	假设方差相等	1.010	0.322	4.393	0.000	1.948	0.443	1.046	2.850
	假设方差不相等			4.432	0.000	1.948	0.439	1.052	2.844
E4	假设方差相等	2.205	0.147	2.732	0.010	1.634	0.598	0.417	2.851
	假设方差不相等			2.713	0.011	1.634	0.602	0.405	2.863

（3）寻租关系量表的独立样本 t 检验。

由寻租关系量表的组统计量表（见表 4–16）结果可知：高分组的观察值为 16 位，低分组的观察值为 30 位；高分组和低分组的均值差异较大，由此推断 t 检验显著的可能性也较大。

表 4–16　寻租关系量表高低分组统计量

寻租关系测项	组别	N	均值	标准差	均值的标准误
R1	1	16	4.63	0.885	0.221
	2	30	3.27	1.202	0.219
R2	1	16	5.81	0.750	0.188
	2	30	3.43	1.455	0.266
R3	1	16	5.38	1.025	0.256
	2	30	3.83	1.315	0.240
R4	1	16	5.94	0.929	0.232
	2	30	4.27	1.596	0.291

注：1 代表高分组；2 代表低分组。

由 Levene 检验结果（见表 4–17）可知：寻租关系的题项 R1 和题项 R3 的 F 值的概率均大于 0.05 的显著水平，说明该题项高低分两组方差相等。此时要看第一栏的 t 值统计量，t（R1）=3.975，t（R3）=4.069，均达到 0.05 的显著水平，说明题项 R1 和题项 R3 的临界比值达到显著。题项 R2 和题项 R4 的 F 值的 P 值均小于 0.05 的显著水平，此时要看第二栏"假设方差不相等"的 t 统计量：t（R2）=7.318、t（R4）=4.485，均达到 0.05 的显著水平，表明题项 R2 和题项 R4 的临界比值达到显著。

表 4-17 寻租关系取向的独立样本检验

		方差方程的 Levene 检验		均值方程的 t 检验					
								95%置信区间	
		F	Sig.	t	Sig.（双侧）	均差	标准误差	下限	上限
R1	假设方差相等	0.793	0.378	3.975	0.000	1.358	0.342	0.670	2.047
	假设方差不相等			4.360	0.000	1.358	0.312	0.728	1.988
R2	假设方差相等	4.835	0.033	6.102	0.000	2.379	0.390	1.593	3.165
	假设方差不相等			7.318	0.000	2.379	0.325	1.724	3.034
R3	假设方差相等	0.753	0.390	4.069	0.000	1.542	0.379	0.778	2.305
	假设方差不相等			4.391	0.000	1.542	0.351	0.831	2.253
R4	假设方差相等	5.240	0.027	3.843	0.000	1.671	0.435	0.795	2.547
	假设方差不相等			4.485	0.000	1.671	0.373	0.920	2.422

（4）算计性承诺量表的独立样本 t 检验。

由算计性承诺量表的组统计量表（见表 4-18）结果可知：高分组的观察值为 15 位，低分组的观察值为 14 位；高分组和低分组的均值差异较大，由此推断 t 检验显著的可能性也较大。

表 4-18 算计性承诺量表高低分组统计量

算计性承诺组别		N	均值	标准差	均值的标准误
CC1	1	15	6.53	0.743	0.192
	2	14	4.14	2.033	0.543
CC2	1	15	5.40	1.298	0.335
	2	14	2.93	1.439	0.385
CC3	1	15	5.60	0.910	0.235
	2	14	2.50	1.345	0.359
CC4	1	15	5.53	1.246	0.322
	2	14	3.00	1.038	0.277

注：1 代表高分组；2 代表低分组。

由 Levene 检验结果（见表 4-19）可知：算计性承诺的题项 CC2 和题项 CC4 的 F 值的概率分别为 0.325 和 0.116，均大于 0.05 的显著水平，说明该题项高低分两组方差相等。此时要看第一栏的 t 值统计量，t（CC2）= 4.862，t（CC4）=5.926，均达到 0.05 的显著水平，说明题项 CC2 和题项 CC4 的临界比值达到显著。题项 CC1 和题项 CC3 的 F 值的 P 值均小于 0.05 的显著水平，此时要看第二栏“假设方差不相等”的 t 统计量：t（CC1）=4.149、t（CC3）=7.220，显著性概率均达到 0.05 显著水平，表明题项 CC1 和题项 CC3 的临界比值达到显著。

表 4-19　算计性承诺的独立样本检验

		方差方程的 Levene 检验		均值方程的 t 检验					
								95%置信区间	
		F	Sig.	t	Sig.（双侧）	均差	标准误差	下限	上限
CC1	假设方差相等	9.955	0.004	4.264	0.000	2.390	0.561	1.240	3.541
	假设方差不相等			4.149	0.001	2.390	0.576	1.170	3.611
CC2	假设方差相等	1.006	0.325	4.862	0.000	2.471	0.508	1.428	3.515
	假设方差不相等			4.844	0.000	2.471	0.510	1.423	3.520
CC3	假设方差相等	4.369	0.046	7.316	0.000	3.100	0.424	2.231	3.969
	假设方差不相等			7.220	0.000	3.100	0.429	2.211	3.989
CC4	假设方差相等	2.635	0.116	5.926	0.000	2.533	0.428	1.656	3.411
	假设方差不相等			5.964	0.000	2.533	0.425	1.661	3.405

（5）情感性承诺量表的独立样本 t 检验。

由情感性承诺量表的组统计量表（见表 4-20）结果可知：高分组的观察值为 14 位，低分组的观察值为 18 位；高分组和低分组的均值差异较大，由此推断 t 检验显著的可能性也较大。

表 4-20　情感性承诺量表高低分组统计量

情感性承诺组别		N	均值	标准差	均值的标准误
AC1	1	14	5.64	1.216	0.325
	2	18	4.17	1.618	0.381
AC2	1	14	6.07	0.917	0.245
	2	18	3.33	1.372	0.323
AC3	1	14	6.64	0.497	0.133
	2	18	3.78	0.878	0.207
AC4	1	14	5.93	1.492	0.399
	2	18	4.28	1.364	0.321
AC5	1	14	6.14	1.167	0.312
	2	18	4.22	1.592	0.375

注：1 代表高分组；2 代表低分组。

由 Levene 检验结果（见表 4-21）可知：情感性承诺的五个题项的 F 值的概率分别为：0.489、0.081、0.113、0.534、0.446，均大于 0.05 的显著水平，说明这些题项的高低分组方差相等。此时要看第一栏的 t 值统计量，t（AC1）=2.843，t（AC2）=6.423，t（AC3）=10.899，t（AC4）=3.261，t（AC5）=3.785，显著性概率均达到 0.05 的显著水平，表明该变量的所有题项的临界比值达到显著。

表 4-21　情感性承诺的独立样本检验

		方差方程的 Levene 检验		均值方程的 t 检验					
								95%置信区间	
		F	Sig.	t	Sig.（双侧）	均差	标准误差	下限	上限
AC1	假设方差相等	0.490	0.489	2.843	0.008	1.476	0.519	0.416	2.537
	假设方差不相等			2.947	0.006	1.476	0.501	0.453	2.499
AC2	假设方差相等	3.257	0.081	6.423	0.000	2.738	0.426	1.868	3.609
	假设方差不相等			6.748	0.000	2.738	0.406	1.909	3.567
AC3	假设方差相等	2.670	0.113	10.899	0.003	1.651	0.506	0.617	2.685
	假设方差不相等			11.647	0.003	1.651	0.512	0.600	2.702
AC4	假设方差相等	0.396	0.534	3.261	0.003	1.651	0.506	0.617	2.685
	假设方差不相等			3.224	0.003	1.651	0.512	0.600	2.702
AC5	假设方差相等	0.595	0.446	3.785	0.001	1.921	0.507	0.884	2.957
	假设方差不相等			3.935	0.000	1.921	0.488	0.924	2.918

（6）机会主义行为量表的独立样本 t 检验。

由机会主义行为量表的组统计量表（见表 4-22）结果可知：高分组和低分组的观察值均为 14 位；高分组和低分组的均值差异较大，由此推断 t 检验显著的可能性也较大。

表 4-22　机会主义行为量表高低分组统计量

机会主义行为	组别	N	均值	标准差	均值的标准误
O1	1	14	5.57	1.158	0.309
	2	14	3.50	1.698	0.454
O2	1	14	4.00	1.359	0.363
	2	14	1.79	0.975	0.261

续表

机会主义行为	组别	N	均值	标准差	均值的标准误
O3	1	14	4.93	0.917	0.245
	2	14	2.79	1.051	0.281
O4	1	14	5.07	1. 072	0.286
	2	14	3.00	1.569	0.419
O5	1	14	4.93	1.269	0.339
	2	14	3.57	1.785	0.477

注：1 代表高分组；2 代表低分组。

由 Levene 检验结果（见表 4-23）可知：机会主义行为的五个题项的 F 值的概率分别为：0.210、0.442、0.787、0.103、0.083，均大于 0.05 的显著水平。此时要看第一栏的 t 值统计量，t（O1）=3.771，t（O2）=4.954，t（O3）=5.749、t（O4）=4.079，t（O5）=2.319，均达到 0.05 的显著水平，说明机会主义行为量表五个题项的临界比值均显著。

表 4-23　机会主义行为独立样本检验结果

		方差方程的 Levene 检验		均值方程的 t 检验					
								95%置信区间	
		F	Sig.	T	Sig.（双侧）	均差	标准误差	下限	上限
O1	假设方差相等	1.652	0.210	3.771	0.001	2.071	0.549	0.942	3.201
	假设方差不相等			3.771	0.001	2.071	0.549	0.935	3.208
O2	假设方差相等	0.609	0.442	4.954	0.000	2.214	0.447	1.296	3.133
	假设方差不相等			4.954	0.000	2.214	0.447	1.291	3.138
O3	假设方差相等	0.074	0.787	5.749	0.000	2.143	0.373	1.377	2.909
	假设方差不相等			5.749	0.000	2.143	0.373	1.376	2.910
O4	假设方差相等	2.850	0.103	4.079	0.000	2.071	0.508	1.028	3.115
	假设方差不相等			4.079	0.000	2.071	0.508	1.021	3.122
O5	假设方差相等	3.260	0.083	2.319	0.029	1.357	0.585	0.154	2.560
	假设方差不相等			2.319	0.029	1.357	0.585	0.148	2.567

(7) 合同治理量表的独立样本 t 检验。

由合同治理量表的组统计量表结果（见表 4-24）可知：高分组的观察值均为 18 位；低分组的观察值为 17 位。除了题项 CG4 外，高分组和低分组的均值差异较大，由此推断 t 检验显著的可能性也较大。

表 4-24　合同治理量表高低分组统计量

合同治理组别		N	均值	标准差	均值的标准误
CG1	1	18	4.78	1.555	0.367
	2	17	2.06	1.298	0.315
CG2	1	18	5.11	1.410	0.332
	2	17	2.53	0.800	0.194
CG3	1	18	5.56	1.149	0.271
	2	17	3.12	1.317	0.319
CG4	1	18	5.28	1.526	0.360
	2	17	4.53	1.007	0.244

注：1 代表高分组；2 代表低分组。

由 Levene 检验结果（见表 4-25）可知：合同治理量表的四个题项的 F 值的概率分别为：0.658、0.141、0.247、0.099，均大于 0.05 的显著水平。此时要看第一栏的 t 值统计量，t（CG1）=5.598，t（CG2）=6.610，t（CG3）=5.844，均达到 0.05 的显著水平，说明题项 CG1、题项 CG2 和题项 CG3 的临界比值达到显著。而题项 CG4 的 t 统计量为 1.701，显著性概率为 0.098，未达到 0.05 显著水平，表明题项 CG4 的临界比值不显著，应考虑将其删除。

表 4-25　合同治理独立样本检验结果

		方差方程的 Levene 检验		均值方程的 t 检验					
								95%置信区间	
		F	Sig.	t	Sig.（双侧）	均差	标准误差	下限	上限
CG1	假设方差相等	0.199	0.658	5.598	0.000	2.719	0.486	1.731	3.707
	假设方差不相等			5.628	0.000	2.719	0.483	1.736	3.702
CG2	假设方差相等	2.271	0.141	6.610	0.000	2.582	0.391	1.787	3.376

续表

		方差方程的Levene检验		均值方程的t检验					
								95%置信区间	
		F	Sig.	t	Sig.（双侧）	均差	标准误差	下限	上限
CG2	假设方差不相等	2.271	0.141	6.710	0.000	2.582	0.385	1.793	3.371
CG3	假设方差相等	1.389	0.247	5.844	0.000	2.438	0.417	1.589	3.287
	假设方差不相等			5.821	0.000	2.438	0.419	1.585	3.291
CG4	假设方差相等	2.886	0.099	1.701	0.098	0.748	0.440	–0.147	1.643
	假设方差不相等			1.721	0.096	0.748	0.435	–0.140	1.637

（8）关系治理量表的独立样本t检验。

由关系治理量表的组统计量表（见表4–26）结果可知：高分组和低分组的观察值分别为19位和16位；题项RG1、题项RG3、题项RG5、题项RG6以及题项RG7高分组和低分组的均值差异较大，由此推断以上题项t检验显著的可能性也较大。

表4–26 关系治理量表高低分组统计量

关系治理组别		N	均值	标准差	均值的标准误
RG1	1	19	5.79	0.918	0.211
	2	16	3.38	1.088	0.272
RG2	1	19	5.47	1.504	0.345
	2	16	4.38	0.957	0.239
RG3	1	19	5.11	1.663	0.382
	2	16	3.38	1.088	0.272
RG4	1	19	5.37	1.383	0.317
	2	16	4.31	1.401	0.350
RG5	1	19	5.26	1.195	0.274
	2	16	3.56	1.094	0.273
RG6	1	19	5.84	1.167	0.268
	2	16	4.19	1.047	0.262
RG7	1	19	5.95	1.224	0.281
	2	16	3.81	1.047	0.262
RG8	1	19	5.47	1.744	0.400
	2	16	4.25	1.000	0.250

注；1代表高分组；2代表低分组。

由 Levene 检验结果（见表 4-27）可知：关系治理量表的 8 个题项除了题项 RG8 外，其余 7 个题项的 F 值的概率分别为：0.174、0.221、0.189、0.810、0.814、0.391、0.726，均大于 0.05 的显著水平。此时要看第一栏的 t 值统计量，t（RG1）=7.126，t（RG2）=2.520，t（RG3）=3.564，t（RG4）=2.237，t（RG5）=4.359，t（RG6）=4.377，t（RG7）=5.487，均达到 0.05 的显著水平，说明以上题项的临界比值达到显著。而题项 RG8 的 F 值的 P 值小于 0.05 的显著水平，此时要看第二栏"假设方差不相等"的 t 统计量：t（RG8）=2.594，显著性概率达到 0.05 的显著水平，表明题项 RG8 的临界比值达到显著水平。

表 4-27 关系治理独立样本检验结果

		方差方程的 Levene 检验		均值方程的 t 检验					
								95%置信区间	
		F	Sig.	t	Sig.（双侧）	均差	标准误差	下限	上限
RG1	假设方差相等	1.935	0.174	7.126	0.000	2.414	0.339	1.725	3.104
	假设方差不相等			7.020	0.000	2.414	0.344	1.712	3.117
RG2	假设方差相等	1.558	0.221	2.520	0.017	1.099	0.436	0.212	1.986
	假设方差不相等			2.616	0.014	1.099	0.420	0.242	1.955
RG3	假设方差相等	1.798	0.189	3.564	0.001	1.730	0.485	0.743	2.718
	假设方差不相等			3.693	0.001	1.730	0.469	0.775	2.686
RG4	假设方差相等	0.059	0.810	2.237	0.032	1.056	0.472	0.096	2.016
	假设方差不相等			2.235	0.033	1.056	0.473	0.093	2.019
RG5	假设方差相等	0.057	0.814	4.359	0.000	1.701	0.390	0.907	2.494
	假设方差不相等			4.393	0.000	1.701	0.387	0.913	2.488
RG6	假设方差相等	0.754	0.391	4.377	0.000	1.655	0.378	0.885	2.424
	假设方差不相等			4.419	0.000	1.655	0.374	0.893	2.417
RG7	假设方差相等	0.125	0.726	5.487	0.000	2.135	0.389	1.343	2.926
	假设方差不相等			5.563	0.000	2.135	0.384	1.353	2.916
RG8	假设方差相等	5.537	0.025	2.481	0.018	1.224	0.493	0.220	2.227
	假设方差不相等			2.594	0.015	1.224	0.472	0.259	2.188

通过以上各分量表的组统计量以及独立样本 t 检验结果可知，应考虑删除题项 E1、题项 E4 及题项 CG4。

2. 同质性检验一 ——相关性分析

这里所说的相关性分析主要是指各个题项与该分量表总分的相关性，用来衡量题项与量表的同质性。若个别题项与总分的相关系数不显著（相关系数小于 0.4），表示该题项与量表的同质性不高，应考虑删除该题项。若个别题项与量表总分的相关性显著，表示所要测量的心理特质或潜在行为接近，该题项与量表同质性高。下面各表中“**”表示在 0.01 水平（双侧）显著；“*”代表在 0.05 水平（双侧）显著；样本数 N=50。

（1）工具性帮忙关系各个题项与总分的相关性分析。

由工具性帮忙关系量表的相关系数（见表 4-28）得知，四个题项与量表总分的相关系数及 P 值分别为 0.748（0.000）、0.597（0.000）、0.664（0.000）、0.574（0.000），由于相关系数均在 0.55 以上，且 P 值均小于 0.05 的显著水平。说明各题项与量表总分显著相关，量表通过同质性检验。

表 4-28　工具性帮忙关系各题项与总分的相关性分析

		I1	I2	I3	I4	量表总分
I1	Pearson 相关性	1				
	显著性（双侧）					
I2	Pearson 相关性	0.555**	1			
	显著性（双侧）	0.000				
I3	Pearson 相关性	0.288*	-0.018	1		
	显著性（双侧）	0.043	0.902			
I4	Pearson 相关性	0.035	0.043	0.440**	1	
	显著性（双侧）	0.808	0.769	0.001		
量表总分	Pearson 相关性	0.748**	0.597**	0.664**	0.574**	1
	显著性（双侧）	0.000	0.000	0.000	0.000	

（2）情感性帮忙关系各题项与总分的相关性分析。

由表 4-29 中各题项与量表总分的相关系数得知，题项 E2 和题项 E3 与量表总分在 0.05 显著水平上显著相关。虽然题项 E1 与题项 E4 在 0.1 水平上各题项与量表总分的相关性显著，但是题项 E1 和题项 E4 与量表总分的相关系数分别为 0.380 和 0.317，小于 0.4，因此可考虑删除题项 E1 和题项 E4。

（3）寻租关系各题项与总分的相关性分析。

由寻租关系量表的相关系数（见表 4-30）得知，四个题项与量表总分

表 4-29 情感性帮忙关系各题项与总分的相关性分析

		E1	E2	E3	E4	量表总分
E1	Pearson 相关性	1				
	显著性（双侧）					
E2	Pearson 相关性	0.117	1			
	显著性（双侧）	0.417				
E3	Pearson 相关性	0.336*	0.452**	1		
	显著性（双侧）	0.017	0.001			
E4	Pearson 相关性	-0.393**	-0.065	-0.128	1	
	显著性（双侧）	0.005	0.654	0.376		
量表总分	Pearson 相关性	0.380**	0.700**	0.735**	0.317*	1
	显著性（双侧）	0.006	0.000	0.000	0.025	

的相关系数及 P 值分别为 0.651（0.000）、0.774（0.000）、0.779（0.000）、0.735（0.000），由于相关系数均在 0.65 以上，且 P 值均小于 0.05 的显著水平。说明各题项与量表总分显著相关，量表通过同质性检验。

表 4-30 寻租关系各题项与总分的相关性分析

		R1	R2	R3	R4	量表总分
R1	Pearson 相关性	1				
	显著性（双侧）					
R2	Pearson 相关性	0.351*	1			
	显著性（双侧）	0.012				
R3	Pearson 相关性	0.411**	0.463**	1		
	显著性（双侧）	0.003	0.001			
R4	Pearson 相关性	0.266	0.396**	0.445**	1	
	显著性（双侧）	0.062	0.004	0.001		
量表总分	Pearson 相关性	0.651**	0.774**	0.779**	0.735**	1
	显著性（双侧）	0.000	0.000	0.000	0.000	

（4）算计性承诺各题项与总分的相关性分析。

由算计性承诺量表的相关系数（见表 4-31）得知，四个题项与量表总分的相关系数及 P 值分别为 0.530（0.000）、0.688（0.000）、0.791（0.000）、0.729（0.000），由于相关系数均在 0.50 以上，且 P 值均小于 0.05 的显著水平。说明各题项与量表总分显著相关，量表通过同质性检验。

表 4-31　算计性承诺各题项与总分的相关性分析

		CC1	CC2	CC3	CC4	量表总分
CC1	Pearson 相关性	1				
	显著性（双侧）					
CC2	Pearson 相关性	0.034	1			
	显著性（双侧）	0.816				
CC3	Pearson 相关性	0.173	0.478**	1		
	显著性（双侧）	0.229	0.000			
CC4	Pearson 相关性	0.191	0.376**	0.502**	1	
	显著性（双侧）	0.185	0.007	0.000		
量表总分	Pearson 相关性	0.530**	0.688**	0.791**	0.729**	1
	显著性（双侧）	0.000	0.000	0.000	0.000	

（5）情感性承诺各题项与总分的相关性分析。

由情感性承诺量表的相关系数（见表 4-32）得知，五个题项与量表总分的相关系数及 P 值分别为 0.445（0.001）、0.675（0.000）、0.671（0.000）、0.586（0.000）、0.579（0.000），由于相关系数均大于 0.4，且 P 值均小于 0.05 的显著水平。说明各题项与量表总分显著相关，量表通过同质性检验。

表 4-32　情感性承诺各题项与总分的相关性分析

		AC1	AC2	AC3	AC4	AC5	量表总分
AC1	Pearson 相关性	1					
	显著性（双侧）						
AC2	Pearson 相关性	0.029	1				
	显著性（双侧）	0.840					
AC3	Pearson 相关性	0.315*	0.403**	1			
	显著性（双侧）	0.026	0.004				
AC4	Pearson 相关性	0.126	0.271	0.042	1		
	显著性（双侧）	0.385	0.057	0.773			
AC5	Pearson 相关性	-0.058	0.243	0.169	0.330*	1	
	显著性（双侧）	0.889	0.089	0.241	0.016		
量表总分	Pearson 相关性	0.445**	0.675**	0.671**	0.586**	0.579*	1
	显著性（双侧）	0.001	0.000	0.000	0.000	0.000	

（6）合同治理各题项与总分的相关性分析。

由合同治理量表的相关系数（见表 4-33）得知，四个题项与量表总分的相关系数及 P 值分别为 0.785（0.000）、0.842（0.000）、0.725（0.000）、0.435（0.002），由于相关系数均大于 0.4，且 P 值均小于 0.05 的显著水平。说明各题项与量表总分显著相关，量表通过同质性检验。

表 4-33 合同治理各题项与总分的相关性分析

		CG1	CG2	CG3	CG4	量表总分
CG1	Pearson 相关性	1				
	显著性（双侧）					
CG2	Pearson 相关性	0.641**	1			
	显著性（双侧）	0.000				
CG3	Pearson 相关性	0.352*	0.573**	1		
	显著性（双侧）	0.012	0.000			
CG4	Pearson 相关性	0.111	0.112	0.106	1	
	显著性（双侧）	0.441	0.439	0.464		
量表总分	Pearson 相关性	0.785**	0.842**	0.725**	0.435**	1
	显著性（双侧）	0.000	0.000	0.000	0.002	

（7）关系治理各题项与总分的相关性分析。

由关系治理量表的相关系数（见表 4-34）得知，题项 RG1、题项 RG3、题项 RG4、题项 RG5、题项 RG6、题项 RG7 分别与量表总分的相关系数为 0.758（0.000）、0.626（0.000）、0.437（0.002）、0.549（0.000）、0.419（0.002）、0.634（0.000），由于相关系数均在 0.40 以上，且 P 值均小于 0.05 的显著水平，说明以上各题项与量表总分显著相关。题项 RG2、题项 RG8 与量表总分的相关系数的显著性概率为 0.010、0.014，均小于显著水平 0.05，但是题项 RG2 和题项 RG8 与量表总分的相关系数分别为 0.363、

表 4-34 关系治理各题项与总分的相关性分析

		1	2	3	4	5	6	7	8	总分
RG1	Pearson 相关性	1								
	显著性（双侧）									
RG2	Pearson 相关性	0.203	1							
	显著性（双侧）	0.158								

续表

		1	2	3	4	5	6	7	8	总分
RG3	Pearson 相关性	0.457**	-0.145	1						
	显著性（双侧）	0.001	0.315							
RG4	Pearson 相关性	0.115	-0.087	0.401**	1					
	显著性（双侧）	0.426	0.547	0.004						
RG5	Pearson 相关性	0.451**	-0.031	0.285*	0.223	1				
	显著性（双侧）	0.001	0.832	0.045	0.120					
RG6	Pearson 相关性	0.325*	0.293*	0.025	0.068	0.066	1			
	显著性（双侧）	0.021	0.039	0.863	0.637	0.650				
RG7	Pearson 相关性	0.426**	0.192	0.385**	0.078	0.239	0.156	1		
	显著性（双侧）	0.002	0.182	0.006	0.591	0.094	0.280			
RG8	Pearson 相关性	0.135	0.083	0.157	0.054	0.040	-0.193	0.135	1	
	显著性（双侧）	0.350	0.569	0.277	0.711	0.782	0.180	0.351		
总分	Pearson 相关性	0.758**	0.363**	0.626**	0.437**	0.549**	0.419**	0.634**	0.346*	1
	显著性（双侧）	0.000	0.010	0.000	0.002	0.000	0.002	0.000	0.014	

0.346，均小于 0.40 的标准，因此应考虑删除题项 RG2 和题项 RG8。

（8）机会主义行为各题项与总分的相关性分析。

由表 4-35 可知，机会主义行为量表各题项均与量表总分显著相关，相关系数均大于 0.4，且在 0.05 的水平上显著。因此该量表通过同质性检验。

表 4-35 机会主义各题项与总分的相关性分析

		O1	O2	O3	O4	O5	量表总分
O1	Pearson 相关性	1					
	显著性（双侧）						
O2	Pearson 相关性	0.031	1				
	显著性（双侧）	0.830					
O3	Pearson 相关性	-0.021	0.292*	1			
	显著性（双侧）	0.887	0.040				
O4	Pearson 相关性	0.157	0.213	0.443**	1		
	显著性（双侧）	0.277	0.137	0.001			
O5	Pearson 相关性	0.093	-0.040	0.651**	0.595**	1	
	显著性（双侧）	0.520	0.782	0.000	0.000		
量表总分	Pearson 相关性	0.535**	0.579**	0.658**	0.716**	0.515**	1
	显著性（双侧）	0.000	0.000	0.000	0.000	0.000	

通过对八个变量的相关性分析，应考察删除题项 E1、题项 E4、题项 RG2 及题项 RG8 四个题项。

3. 同质性检验二——信度检验

信度（reliability）用来衡量量表测项的一致性程度，包括整个量表的可靠性、删除某一题项后的 Cronbach's Alpha 值。

量表的可靠性通常采用 Cronbach's Alpha 值来衡量。Nunnally（1978）和 Joseph 等（1987）认为，如果 Cronbach α 系数大于 0.7，表明信度相当高；如果 α 系数介于 0.35~0.7，表明信度尚可接受；如果 α 系数低于 0.35，则属于低信度，拒绝接受。

“项已删除的 Cronbach's Alpha”，表示删除某一题项后，整体量表信度系数的变化情况。若量表的信度系数明显高于原先的信度系数，则表示该题项与其余题项的同质性不高，可考虑将此题项删除。

“校正的项总计相关性”表示该题项与其余 3 个题项加总后的积差相关，若该栏数值小于 0.400，表示该题项与其余题项的相关度较低，该题项与其余题项所要测量的心理或潜在特质同质性不高。

（1）工具性帮忙关系量表信度检验。

由表 4-36 可知，工具性帮忙关系量表 4 个题项内部一致性 α 系数，其数值为 0.541，表示工具性帮忙关系量表 4 个题项的内部一致性良好。除了题项 I1 栏系数为 0.430，达到 0.400 的要求外，其余 3 个题项均小于 0.400 的标准。删除题项 I4 后 Cronbach's Alpha 值为 0.544>0.541，因此可考虑删除该题项。

表 4-36　工具性帮忙关系量表信度检验

	项已删除的刻度均值	项已删除的刻度方差	校正的项总计相关性	项已删除的 Cronbach's Alpha 值	可靠性统计量
I1	14.16	7.484	0.430	0.369	
I2	13.20	9.796	0.297	0.493	
I3	13.18	8.885	0.356	0.445	
I4	12.86	9.837	0.234	0.544	
分量表					0.541

注：根据本书实证结果整理而成。

（2）情感性帮忙关系量表信度检验。

由表 4-37 可知，情感性帮忙关系量表 4 个题项内部一致性 α 系数，其数值为 0.122，表示情感性帮忙关系量表 4 个题项的内部一致性不好。删除题项 E4 后 Cronbach's Alpha 值为 0.569>0.122，因此可考虑删除该题项。

表 4-37　情感性帮忙关系量表信度检验

	项已删除的刻度均值	项已删除的刻度方差	校正的项总计相关性	项已删除的 Cronbach's Alpha 值	可靠性统计量
E1	14.10	9.480	-0.011	0.174	
E2	13.96	6.162	0.289	-0.317	
E3	14.00	5.959	0.380	-0.453	
E4	15.90	10.622	-0.248	0.569	
分量表					0.122

注：根据本书实证结果整理而成。

（3）寻租关系量表信度检验。

由表 4-38 可知，寻租关系量表 4 个题项内部一致性 α 系数，其数值为 0.715，表示寻租关系量表 4 个题项的内部一致性良好。"校正的项总计相关性"一栏中，4 个题项的系数均大于 0.400 的要求，表明同质性高。由于删除任何一个题项后 Cronbach's Alpha 值为均小于 0.715，因此建议保留所有题项。

表 4-38　寻租关系量表信度检验

	项已删除的刻度均值	项已删除的刻度方差	校正的项总计相关性	项已删除的 Cronbach's Alpha 值	可靠性统计量
R1	13.62	13.138	0.431	0.694	
R2	13.06	10.344	0.529	0.638	
R3	12.92	11.177	0.589	0.603	
R4	12.48	11.071	0.479	0.669	
分量表					0.715

注：根据本书实证结果整理而成。

（4）算计性承诺量表信度检验。

由表 4-39 可知，算计性承诺量表 4 个题项内部一致性 α 系数，其数值为 0.613，表示算计性承诺量表 4 个题项的内部一致性良好。"权正项总计相关性”一栏中除了题项 CC1 栏系数为 0.164，未达到 0.400 的要求外，其余 3 个题项均大于 0.400 的标准。同时发现，删除题项 CC1 后 Cronbach's Alpha 值为 0.711>0.613，因此可考虑删除题项 CC1。

表 4-39　算计性承诺量表信度检验

	项已删除的刻度均值	项已删除的刻度方差	校正的项总计相关性	项已删除的 Cronbach's Alpha 值	可靠性统计量
CC1	12.50	14.296	0.164	0.711	
CC2	13.46	12.172	0.402	0.536	
CC3	13.56	10.456	0.553	0.410	
CC4	13.58	12.249	0.510	0.467	
分量表					0.613

注：根据本书实证结果整理而成。

（5）情感性承诺量表信度检验。

由表 4-40 可知，情感性承诺量表 4 个题项内部一致性 α 系数，其数值为 0.544，表示情感性承诺量表 4 个题项的内部一致性良好。在“校正的项目总计相关性”系数一栏中，除了题项 AC2 栏系数为 0.405 达到了 0.400 的要求外，其余 3 个题项均小于 0.400 的标准。删除题项 AC1 后 Cronbach's Alpha 值为 0.563>0.544，因此可考虑删除题项 AC1。

表 4-40　情感性承诺量表信度检验

	项已删除的刻度均值	项已删除的刻度方差	校正的项总计相关性	项已删除的 Cronbach's Alpha 值	可靠性统计量
AC1	19.64	18.766	0.161	0.563	
AC2	19.86	14.817	0.405	0.426	
AC3	19.64	14.643	0.381	0.440	
AC4	19.40	16.531	0.308	0.488	
AC5	19.30	16.459	0.281	0.504	
情感承诺量表					0.544

注：根据本书实证结果整理而成。

（6）合同治理量表信度检验。

由表 4-41 可知，合同治理量表 4 个题项内部一致性 α 系数，其数值为 0.660，表示合同治理量表 4 个题项的内部一致性良好。“校正的项总计相关性”系数一栏中，除了题项 CG4 栏系数为 0.133，未达到 0.400 的要求外，其余 3 个题项均大于 0.400 的标准。同时删除题项 CG4 后 Cronbach’s Alpha 值为 0.761>0.660，因此可考虑删除该题项。

表 4-41　合同治理量表信度检验

	项已删除的刻度均值	项已删除的刻度方差	校正的项总计相关性	项已删除的 Cronbach’s Alpha 值	可靠性统计量
CG1	13.02	10.020	0.524	0.531	
CG2	12.50	10.133	0.676	0.423	
CG3	11.96	11.631	0.478	0.567	
CG4	11.60	15.633	0.133	0.761	
分量表					0.660

注：根据本书实证结果整理而成。

（7）关系治理量表信度检验。

由表 4-42 可知，关系治理量表 8 个题项内部一致性 α 系数，其数值为 0.610，表示关系治理量表 8 个题项的内部一致性良好。除了题项 RG1、题项 RG3、题项 RG7 栏系数达到 0.400 的要求外，其余 4 个题项均小于 0.400 的标准。删除题项 RG8 后 Cronbach’s Alpha 值为 0.635>0.610，因此可考虑删除该题项。

表 4-42　关系治理量表信度检验

	项已删除的刻度均值	项已删除的刻度方差	校正的项总计相关性	项已删除的 Cronbach’s Alpha 值	可靠性统计量
RG1	33.18	25.375	0.6174	0.478	
RG2	33.36	22.684	0.131	0.627	
RG3	33.74	27.707	0.433	0.539	
RG4	33.42	31.555	0.227	0.600	
RG5	33.78	29.400	0.347	0.566	
RG6	33.10	31.684	0.193	0.610	
RG7	33.26	27.870	0.453	0.534	
RG8	33.28	32.940	0.106	0.635	
分量表					0.610

注：根据本书实证结果整理而成。

（8）机会主义行为量表信度检验。

由表 4-43 可知，机会主义行为量表 5 个题项内部一致性 α 系数，其数值为 0.603，表示机会主义行为量表 5 个题项的内部一致性良好。"校正的项总计相关性"系数一栏中，除了题项 O3、题项 O4 和题项 O5 栏系数达到 0.400 的要求外，其余 2 个题项均小于 0.400 的标准。同时发现，删除题项 O1 后 Cronbach's Alpha 值为 0.697>0.603，因此可考虑删除题项 O1。

表 4-43　机会主义行为量表信度检验

题号	项已删除的刻度均值	项已删除的刻度方差	校正的项总计相关性	项已删除的 Cronbach's Alpha 值	可靠性统计量
O1	15.12	19.536	0.092	0.697	
O2	17.00	20.163	0.165	0.635	
O3	16.22	15.685	0.542	0.453	
O4	15.88	15.210	0.577	0.431	
O5	15.70	14.622	0.515	0.454	
分量表					0.603

注：根据本书实证结果整理而成。

根据以上对 8 个分量表的信度检验结果，可考虑删除题项 I4、题项 E4、题项 CC1、题项 AC1、题项 CG4、题项 RG8、题项 O1。

4. 同质性检验三——共同性与因子载荷量

共同性表示题项能解释共同特质或属性的变异值，共同性越低的题项与量表的同质性越低。因子载荷量是题项与共同因素关系的程度，题项在共同因素的因子载荷量越高，表示题项与共同因素（总量表）的关系越密切，同质性也越高。

根据最后共同性提取值的大小，可以了解题项所欲测量共同特质（因素）的高低，反映的是共同因素对各题项的解释变异量，相当于回归分析中的 R^2。一般而言，共同性值若低于 0.20（此时因素负荷量小于 0.45），表示题项与共同因素间的关系不密切，此时，此题项可考虑删除。

成分矩阵中的成分为因素负荷量，相当于回归分析中的回归权数，因素负荷量越大，表示题项与共同因素间的关系越密切。在进行项目分析时，若是题项的因素负荷量小于 0.45，可考虑将之删除。

（1）工具性帮忙关系量表因子载荷和解释总方差分析结果。

由表 4–44 可知，公因子方差表显示，4 个题项的共同性提取值分别为 0.653、0.435、0.383、0.225，均大于 0.20 的标准，表示各题项与共同因素密切相关。由解释的总方差表可知，共同因素的特征值为 1.695，可以解释量表变量的 42.363%。由成分矩阵表可知，4 个题项的因素负荷量均大于 0.45 的标准，表明题项与共同因素间的关系密切。

表 4–44　工具性帮忙关系量表因子载荷和解释总方差分析结果

编号	因子载荷量	公因子方差	解释的总方差（%）
I1	0.808	0.653	42.363
I2	0.659	0.435	
I3	0.619	0.383	
I4	0.474	0.225	

注：本表根据实证检验结果整理而成，提取方法为主成分分析法。

（2）情感性帮忙关系量表因子载荷和解释总方差分析结果。

实证分析结果如表 4–45 所示。公因子方差表显示，4 个题项的共同性提取值均大于 0.20 的标准，表示各题项与共同因素密切相关。由解释的总方差表可知，共同因素的特征值为 1.764，可以解释量表变量的 44.095%。成分矩阵表显示，4 个题项的因素负荷量均大于 0.45 的标准，表明题项与共同因素间的关系密切。

表 4–45　情感性帮忙关系量表因子载荷和解释总方差分析结果

编号	因子载荷量	公因子方差	解释的总方差（%）
E1	0.712	0.507	44.095
E2	0.609	0.371	
E3	0.766	0.586	
E4	0.547	0.299	

注：本表根据实证检验结果整理而成，提取方法为主成分分析法。

（3）寻租关系量表的载荷和解释总方差分析结果。

实证检验结果如表 4–46 所示。由公因子方差表结果可知，4 个题项的共同性提取值分别为：0.448、0.574、0.646、0.507，均远远大于 0.20 的标准，表示各题项与共同因素密切相关。由解释的总方差表可知，共同因素的特征值为 2.174，可以解释量表变量的 54.345%。由成分矩阵表可知，4 个题项的因素负荷量分别为 0.669、0.757、0.803、0.712，均远远大于 0.45 的标准，表明题项与共同因素间的关系密切。

表 4-46 寻租关系量表因子载荷和解释总方差分析结果

编号	因子载荷量	公因子方差	解释的总方差（%）
R1	0.669	0.448	54.345
R2	0.757	0.574	
R3	0.803	0.646	
R4	0.712	0.507	

注：本表根据实证检验结果整理而成，提取方法为主成分分析法。

（4）算计性承诺量表因子载荷和解释总方差分析结果。

实证检验结果如表 4-47 所示。由公因子方差表结果可知，4 个题项的共同性提取值分别为：0.110、0.538、0.696、0.619，除了题项 CC1 提取值小于 0.20 的标准外，其余 4 个题项均远远大于 0.20 的标准，表示各题项与共同因素密切相关。由解释的总方差表可知，共同因素的特征值为 1.963，可以解释量表变量的 49.068%。由成分矩阵表可知，4 个题项的因素负荷量分别为 0.332、0.733、0.834、0.787，除了题项 CC1 的因素负荷量小于 0.45 的标准外，其余 3 个题项均远远大于 0.45 的标准，表明题项与共同因素间的关系密切。因此，建议将题项 CC1 删除。

表 4-47 算计性承诺量表因子载荷和解释总方差分析结果

测项	因子载荷量	公因子方差	解释的总方差（%）
CC1	0.332	0.110	49.068
CC2	0.733	0.538	
CC3	0.834	0.696	
CC4	0.787	0.619	

注：本表根据实证检验结果整理而成，提取方法为主成分分析法。

（5）情感性承诺量表因子载荷和解释总方差分析结果。

实证检验结果如表 4-48 所示。由公因子方差表结果可知，5 个题项的共同性提取值分别为：0.116、0.537、0.440、0.350、0.352，除了题项 AC1

提取值小于 0.20 的标准外，其余 4 个题项均大于 0.20 的标准，表示各题项与共同因素密切相关。由解释的总方差表可知，共同因素的特征值为 1.795，可以解释量表变量的 35.890%。由成分矩阵表可知，5 个题项的因素负荷量分别为 0.340、0.733、0.664、0.592、0.593，除了题项 AC1 因素负荷量小于 0.45 的标准外，其余 4 个题项均远远大于 0.45 的标准，表明题项与共同因素间的关系密切。由此，建议将题项 AC1 删除。

表 4-48　情感性承诺量表因子载荷和解释总方差分析结果

测项	因子载荷量	公因子方差	解释的总方差（%）
AC1	0.340	0.116	35.890
AC2	0.733	0.537	
AC3	0.664	0.440	
AC4	0.592	0.350	
AC5	0.593	0.352	

注：本表根据实证检验结果整理而成，提取方法为主成分分析法。

（6）合同治理量表因子载荷和解释总方差分析结果。

实证检验如表 4-49 所示。由公因子方差表结果可知，4 个题项的共同性提取值分别为：0.642、0.807、0.575、0.062，除了题项 CG4 提取值小于 0.20 的标准外，其余 3 个题项均远远大于 0.20 的标准，表示各题项与共同因素密切相关。由解释的总方差表可知，共同因素的特征值为 2.086，可以解释量表变量的 52.153%。由成分矩阵表可知，4 个题项的因素负荷量分别为 0.801、0.899、0.758、0.249，除了题项 CG4 的因素负荷量小于 0.45 的标准外，其余 3 个题项均远远大于 0.45 的标准，表明题项与共同因素间的关系密切。由此，建议将题项 CG4 删除。

表 4-49　合同治理量表因子载荷和解释总方差分析结果

测项	因子载荷量	公因子方差	解释的总方差（%）
CG1	0.801	0.642	52.153
CG2	0.899	0.807	
CG3	0.758	0.575	
CG4	0.249	0.062	

注：本表根据实证检验结果整理而成，提取方法为主成分分析法。

(7) 关系治理量表因子载荷和解释总方差分析结果。

实证检验结果如表 4-50 所示。由公因子方差表结果可知，题项 RG1、题项 RG3、题项 RG5、题项 RG7 的共同性提取值分别为：0.656、0.517、0.380、0.446，均大于 0.20 的标准，表示各题项与共同因素密切相关；题项 RG2、题项 RG4、题项 RG6、题项 RG8 的共同性提取值分别为 0.033、0.183、0.114、0.051，均小于 0.20 的标准，表明各题项与共同因素关系不密切，应考虑将其删除。由解释的总方差表可知，共同因素的特征值为 2.379，可以解释量表变量的 29.740%。由成分矩阵表可知，题项 RG1、题项 RG3、题项 RG5、题项 RG7 的因素负荷量分别为 0.810、0.719、0.617、0.668，均远远大于 0.45 的标准，表明题项与共同因素间的关系密切；题项 RG2、题项 RG4、题项 RG6、题项 RG8 的因素负荷量均小于 0.45 的标准，表明题项与共同因素间的关系不密切，应考虑将其删除。

表 4-50 关系治理量表因子载荷和解释总方差分析结果

测项	因子载荷量	公因子方差	解释的总方差（%）
RG1	0.810	0.656	29.740
RG2	0.181	0.033	
RG3	0.719	0.517	
RG4	0.428	0.183	
RG5	0.617	0.380	
RG6	0.337	0.114	
RG7	0.668	0.446	
RG8	0.225	0.051	

注：本表根据实证检验结果整理而成，提取方法为主成分分析法。

(8) 机会主义行为量表因子载荷和解释总方差分析结果。

实证检验结果如表 4-51 所示。由公因子方差表结果可知，题项 O3、题项 O4、题项 O5 的共同性提取值分别为：0.695、0.651、0.727 均大于 0.20 的标准，表示各题项与共同因素密切相关；题项 O1、题项 O2 的共同性提取值分别为 0.027、0.103。均小于 0.20 的标准，表明各题项与共同因素关系不密切，应考虑将其删除。由解释的总方差表可知，共同因素的特征值为 2.203，可以解释量表变量的 44.070%。由成分矩阵表可知，题项

O3、题项 O4、题项 O5 的因素负荷量分别为 0.834、0.807、0.853，均远远大于 0.45 的标准，表明题项与共同因素间的关系密切；题项 O1、题项 O2 的因素负荷量均小于 0.45 的标准，表明题项与共同因素间的关系不密切，应考虑将其删除。

表 4-51 机会主义行为量表因子载荷和解释总方差分析结果

<table>
<tr><th>测项</th><th>因子载荷量</th><th>公因子方差</th><th>解释的总方差（%）</th></tr>
<tr><td>O1</td><td>0.165</td><td>0.027</td><td rowspan="5">44.070</td></tr>
<tr><td>O2</td><td>0.321</td><td>0.103</td></tr>
<tr><td>O3</td><td>0.834</td><td>0.695</td></tr>
<tr><td>O4</td><td>0.807</td><td>0.651</td></tr>
<tr><td>O5</td><td>0.853</td><td>0.727</td></tr>
</table>

注：本表根据实证检验结果整理而成，提取方法为主成分分析法。

根据以上检验结果，可考虑删除题项 CC1、题项 CG4、题项 RG2、题项 RG4、题项 RG6、题项 RG8、题项 O1、题项 O2。

根据以上的项目分析结果删除不符合条件的题项，剩余各变量的测项如表 4-52 所示。

表 4-52 问卷各变量测项

变量名称	测项
工具性帮忙关系	I1、I2、I3
情感性帮忙关系	E2、E3
寻租关系	R1、R2、R3、R4
情感性承诺	AC2、AC3、AC4、AC5
算计性承诺	CC2、CC3、CC4
机会主义	O3、O4、O5
合同治理	CG1、CG2、CG3
关系治理	RG1、RG3、RG5、RG7

注：本表是剔除不合格题项后的各分量表题项。

（二）信度检验

信度（Rcliability）指如果进行重复测量，一个量表产生一致性结果的程度，主要衡量项目的可靠性和稳定性。Cronbach's Alpha 是衡量量表内部一致性非常有效的指标，并得到广泛运用与认可（Churchill，1979）。α 系数值越高，表示分量表的内部一致性越高，分量表的信度越佳。吴明隆（2003）指出：总量表的信度系数在 0.80 以上，说明该量表或问卷具有很好的信度，当然在 0.7<a<0.8 时也是可以接受的；分量表的信度系数应高于 0.7，但是在 0.6<a<0.7 时也是可以接受的。Nunnlly（1967，1978）和 Joseph 等（1987）认为，如果 α 系数大于 0.7，表明信度相当高；如果 α 系数介于 0.35~0.7，表明信度尚可接受；如果 α 系数低于 0.35，则属于低信度，拒绝接受。在组织行为及社会科学领域中，分量表的信度指标一般要达到 0.6，0.5~0.6 也是可以接受的范围，低于 0.5 则认为信度指标欠佳，应考虑重新修改题项。Raine-Eudy（2000）认为信度系数在 0.50 以上即可。综合考虑以上学者的观点，本书采用 0.50 作为分量表的最低检验标准。

通过对各变量分量以及总量表的信度进行检验分析发现（见表 4-53），总量表的 Cronbach's Alpha 以及基于标准化项的 Cronbach's Alpha 系数分别为 0.706、0.712，均大于 0.7，说明本书的总量表具有良好的内部一致性。分量表中除了工具性帮忙关系、情感性帮忙关系以及情感性承诺量表的 Cronbach's Alpha 系数略小于 0.7 外（但均大于 0.5 的最低标准），其余变量的 α 系数均大于 0.7，表明各分量表具有良好的内部一致性。因此，本书通过了信度检验。

表 4-53　量表信度检验结果

变量 名称	Cronbach's Alpha	基于标准化项的 Cronbach's Alpha
工具性帮忙关系	0.544	0.533
情感性帮忙关系	0.622	0.623
寻租关系	0.715	0.718
算计性承诺	0.711	0.712
情感性承诺	0.563	0.564
合同治理	0.761	0.766
关系治理	0.706	0.705
机会主义行为	0.796	0.795
总量表	0.706	0.712

注：根据实证结果整理而成。

（三）效度检验

1. 探索性因子分析

在信度分析达到要求的基础上，进一步进行探索性因子分析，以探索测量题项的因子构成。在进行因子分析之前，首先检验因子分析的适宜性，一般采用 KMO 和 Bartlett 球形检验。

KMO（Kaiser–Meyer–Olkin）值介于 0~1。KMO 值越接近 1，表示变量间的共同因素越多，越适合做因子分析。Kaiser（1974）指出，KMO 值至少要大于等于 0.5，否则将不适宜进行因子分析。Bartlett 近似卡方值较大，则说明变量之间存在相关性，适合做因子分析，一般选用 0.05 的显著水平，当概率小于 0.05 时，则表明适合进行因子分析。

本书采用 SPSS17.0 对预调研的 50 份有效样本进行探索性因子分析，因子分析检验结果如表 4–54 所示。

表 4–54　关系取向量表的 KMO 和 Bartlett 的检验

取样足够度的 Kaiser–Meyer–Olkin 度量	0.553
Bartlett 的球形度检验近似卡方	130.723
df	36
Sig.	0.000

表 4–54 的检验结果表明，Bartlett 球形检验的概率值远远小于 0.05，KMO 值大于 0.5，适合做因子分析。此外，累积解释总方差 66.6%，提取了三个因子。

表 4–55 的检验结果表明，Bartlett 球形检验的概率值远远小于 0.05，KMO 值为 0.541，大于 0.5。因此，无论是从 KMO 值还是 Bartlett 球形检验，均适合做因子分析。关系承诺两个分量表的累积解释总方差为 68.943%。

表 4–55　关系承诺量表的 KMO 和 Bartlett 检验

取样足够度的 Kaiser–Meyer–Olkin 度量	0.541
Bartlett 的球形度检验近似卡方	59.452
df	21
Sig.	0.000

表 4–56 的检验结果表明，KMO 值为 0.605，大于 0.5 的标准，Bartlett 球形检验的概率为 0.000，小于 0.05。因此，无论是从 KMO 值还是 Bartlett 球形检验，均适合做因子分析。合同治理分量表的累积解释总方差为 68.430%。

表 4–56 合同治理量表的 KMO 和 Bartlett 检验

取样足够度的 Kaiser–Meyer–Olkin 度量	0.605
Bartlett 的球形度检验近似卡方	43.754
df	3
Sig.	0.000

表 4–57 的检验结果表明，KMO 值为 0.716，远远大于 0.5 的标注，Bartlett 球形检验的概率为 0.000，小于 0.05。因此，无论是从 KMO 值还是 Bartlett 球形检验，均适合做因子分析。关系治理分量表的累积解释总方差为 53.316%。

表 4–57 关系治理量表的 KMO 和 Bartlett 检验

取样足够度的 Kaiser–Meyer–Olkin 度量	0.716
Bartlett 的球形度检验近似卡方	34.223
df	6
Sig.	0.000

表 4–58 的检验结果表明，KMO 值为 0.660，大于 0.5 的标准，Bartlett 球形检验的概率为 0.000，小于 0.05，适合做因子分析。此外，机会主义行为分量表的累积解释总方差为 71.030%。

表 4–58 机会主义量表的 KMO 和 Bartlett 检验

取样足够度的 Kaiser–Meyer–Olkin 度量	0.660
Bartlett 的球形度检验近似卡方	47.077
df	3
Sig.	0.000

2. 聚合效度检验（收敛效度）

本书主要通过测项的因子载荷和平均方差提取（Average Variance Extracted，AVE）来验证量表的聚合效度，CR（组合信度）一般要高于0.70，AVE的标准是大于0.5（Fornell & Larcker，1981）。

表4-59的结果显示：各变量的AVE值均大于0.5的标准，说明各变量具有较好的聚合效度。除了工具性帮忙关系量表的CR约为0.69，略低于0.7外，其余变量的CR值均高于0.70，表示该潜变量具有较好的建构信度。由于CR和AVE都达到标准，说明本书各量表聚合效度较好。

表4-59　变量对应的CR值和AVE值

Construct	Composite Reliability	AVE
工具性帮忙关系	0.692667	0.571796
情感性帮忙关系	0.839595	0.723896
寻租关系	0.82044	0.535851
算计性承诺	0.8379	0.633817
情感性承诺	0.761383	0.516837
机会主义行为	0.879496	0.709300

注：根据实证结果整理而成。

3. 判别效度检验

判别效度是指各变量之间存在的内涵以及实证方面的差异。当各变量的AVE的平方根大于变量之间的相关系数时，表明变量具有良好的判别效度（Fornell & Larker，1981）。表4-60是本书的判别效度检验表，矩阵对角线为对应变量AVE的平方根，对角线下面部分为变量间的相关系数，并

表4-60　判别效度检验表

	I	E	R	CC	AC	O
I	0.75617					
E	-0.16	0.8508				
R	0.258	-0.337	0.7320			
CC	0.209	-0.313	0.489	0.7961		
AC	-0.488	-0.364	0.017	-0.024	0.7189	
O	-0.01	-0.197	0.371	0.289	-0.252	0.8422

注：根据实证结果整理而成。

且对角线上的数值（AVE 值的平方根）均高于相关系数。这说明本书的量表通过了判别效度检验。

通过以上对预调研样本数据进行探索性因子分析、信度检验和效度检验，检验结果表明，本书的各测量模型所使用的量表具有良好的内部一致性、聚合效度和判别效度。

第五节 问卷调查数据分析方法

本书主要采取定量的研究方法对研究问题的理论推导进行实证检验，并使用 SPSS 17.0 和 VisualPLS1.04b1 统计分析软件来分析问卷样本数据，具体的统计分析方法有：描述性统计分析、信度和效度检验以及结构方程建模等。

一、描述性统计分析

本书采用频数分布及百分比对问卷填答者的基本特征及样本企业的基本特征进行描述与分析。统计分析包括问卷填答者的性别、年龄、学历、职务和工作年限，样本企业所属行业、所有权性质、员工人数以及样本企业与供应商的合作年数等。同时，运用均值、标准差及相关系数等对各变量的测量题项进行了描述性统计分析。

二、信度、效度检验

（一）信度检验

信度又叫可靠性，调查问卷的信度是指问卷调查结果的可信程度，主要考察测验结果的一致性或稳定性的程度（曾五一、黄炳艺，2006）。信度检验常用 Cronbach's α 系数作为检测指标，主要用来测量项目的内部一致性程度（Flynn et al.，1990；Kline，1993）。

（二）效度检验

效度反映了测量工作或测量手段能够准确测出所要测量变量的程度

（风笑天，2005），主要包括内容效度（Content Validity）和建构效度（Construct Validity）（Flynn et al.，1990）。

内容效度用来检验测量目标与所测量内容的适合度以及逻辑的相符度（风笑天，2005）。可以认定本书中对各项变量的衡量具有良好的内容效度，原因在于：第一，本书中各变量的测项均基于国内外相关研究及成熟量表。第二，本书量表经过相关领域专家指导和修改。第三，本书的量表基于预调研的结果修改而成。

建构效度主要用来检验问卷能够测量理论概念的程度（Flynn et al.，1990），一般通过验证性因子分析进行检验（Bollen & Long，1993）。在社会科学中，因子载荷量的绝对值大于 0.4 就被认为是有效的，说明各因子对于相应潜变量具有较强的解释力，具有较好的建构效度，问卷质量较好，可以进行进一步研究（张旭梅、陈伟，2012）。

三、结构方程建模

结构方程模型（Structural Equation Modeling，SEM）是一种综合运用验证性因子分析、多元回归分析及路径分析方法的统计数据分析工具（李怀祖，2004）。在管理学研究领域中，SEM 可以很好地分析涉及潜变量和多个自变量、因变量的复杂关系（侯杰泰等，2004）。在运算时，结构方程模型主要基于两大类估计技术：一种是基于最大似然估计（Maximum Likelihood，ML）的协方差结构分析方法；另一种是基于偏最小二乘法（Partial Least Squares，PLS）的方差分析方法（王永贵等，2004）。

本书采用偏最小二乘法（PLS）对结构方程模型进行估计，原因如下：

第一，PLS 方法适用于因果预测的研究，并且支撑模型中因果关系的理论知识相对较匮乏。本书中各潜变量间的关系并不明确，缺少充足的理论及文献支持。第二，PLS 方法可以同时实现多元线性回归、主成分分析以及变量之间的相关性分析，是分析技术上的一个飞跃。同时，在数据偏态分布的情况下，PLS 的非参数推断方法也能得到相对稳健的估计，可以避免 LISREL 模型与 AMOS 模型要求观测变量必须独立并且服从且正态分布的假设。此外，PLS 方法还可以弥补基于 ML 方法中多重共线性、样本数量等缺陷。第三，PLS 方法可以更加有效地检验调节效应，与传统的调节效应检验方法如方差分析和分层多元回归方法相比，PLS 方法即使是在存在测度误差的情况下也可以检测互动效应（Interaction Effects）（Chin et al., 2003；王永贵等，2008）。

综合考虑以上偏最小二乘法（PLS）的特点和优势，本书选择 PLS 作为数据统计分析的技术，通过结构方程建模对关系取向、关系承诺、机会主义行为及治理策略之间的关系进行研究，对所提出的假设进行验证。

本章小结

本章对问卷调查研究方法进行了系统的描述，包括问卷设计、变量的测量、数据收集、预调研数据分析以及正式问卷数据分析方法。

首先，为了保证问卷质量，尽量避免因设计不当引起的调查误差，本书严格遵从了问卷的设计原则及设计过程。其次，介绍了本书中所有变量的操作性定义及测量题项的来源。再次，确定了本书的调研对象，并介绍了数据收集与发放情况。接着，对预调研样本数据进行了项目分析、信度、效度检验，为正式问卷的确定提供依据。最后，对正式问卷数据的分析方法做了简要介绍。

第五章　理论模型的实证检验

本章主要检验供应商关系取向对分销商机会主义行为的影响机制，以及两种治理策略的调节作用。本章选择 PLS 路径建模方法作为实证检验方法。PLS 模型通常由外部模型或测量模型（Measurement Model）和内部模型或称结构模型（Construct Model）两个模型构成。外部模型可以检验潜变量与观测变量之间的关系，内部模型检验的是各潜变量之间的线性方程关系（陈永昶，2012）。

本章首先对测量模型的效果进行了评价，检验了模型的信度和效度，在确定测量模型的质量达到要求的情况下，其次对潜变量之间的假设关系进行评估。在检验结构模型时，本书在评价了模型的预测能力的基础上，对变量之间的主效应和调节效应进行了探讨。

第一节　正式调研样本描述

一、调研对象基本情况的描述性统计

问卷填答者的基本信息如表 5-1 所示。在 235 份有效调研问卷中，男性调查对象 141 名，占被试总数的 60%，女性调查对象 94 名，占被试总数的 40%；年龄为 25~35 岁的调查对象人数最多，占被试总数的 46.81%，其次是 36~45 岁的调查对象，占被试总数的 42.55%，24 岁以下的调查对象占被试总数的 2.98%，46 岁以上的调查对象占 7.66%。从以上数据可以看出，本书问卷填答者中的男性偏高于女性，其年龄主要集中在 25~45

岁，占到了被试总数的 89.36%。

表 5-1　235 份有效样本的统计特征描述

统计内容	内容分类	频次	百分比（%）	累积百分比（%）
性别	男	141	60.00	60.00
	女	94	40.00	100.00
年龄	24 岁及以下	7	2.98	2.98
	25~35 岁	110	46.81	49.79
	36~45 岁	100	42.55	92.34
	46 岁及以上	18	7.66	100.00
学历	硕士及以上	10	4.25	4.25
	本科	92	39.15	43.40
	大专	79	33.62	77.02
	中专、高中及以下	54	22.98	100.00
职位	总经理	28	11.91	11.91
	部门经理	72	30.64	42.55
	主管	84	35.74	78.29
	业务员	51	21.70	99.99
从事该工作年限	1 年以内	38	16.17	16.17
	1~3 年	74	31.49	47.66
	3 年以上	123	52.34	100.00

注：根据本书统计结果整理而成。

问卷填答者教育程度的统计结果显示，拥有本科学历的人数最多，占被试总数的 39.15%；其次是大专，占被试总数的 33.62%，高中或中专及研究生分别为 22.98%和 4.25%。从统计结果可以看出，本书问卷填答者的学历多数在大专以上，说明具有良好的教育经历和知识水平，这有助于保证问卷填答者正确理解和填答测项进而提高问卷的填答质量。问卷填答者涵盖多个职务，包括总经理（11.91%）、部门经理（30.64%）、主管（35.74%）以及业务员（21.70%）。总经理和部门经理占被试总数的 42.55%。说明从问卷填答者的教育程度以及职务上看，本书的填答者对企业情况相对熟悉，因此选择合理。

表 5-2 为正式调研样本企业基本资料统计结果。统计资料显示，本书的样本企业主要经销食品、饮料及烟草制品（31.49%）、医药及医疗器械材料（25.11%）和家用电器及电子产品（17.02%）。民营企业占有效样本

数的 78.72%，国有企业、合资企业及外资企业分别占有效样本数的 8.94%、7.66%及 4.68%。统计结果显示，样本企业员工人数在 100 人以下的占 45.11%，说明样本企业均为中小企业。

表 5-2 样本企业基本资料统计

企业特征	分类	频次	百分比（%）	累积百分比（%）
企业员工人数	100 人以下	106	45.11	45.11
	100~499 人	56	23.83	68.94
	500~999 人	50	21.28	90.22
	1000 人及以上	23	9.78	100.00
企业性质	国有企业	21	8.94	8.94
	民营企业	185	78.72	87.66
	合资企业	18	7.66	95.32
	外资企业	11	4.68	100.00
经销产品	食品、饮料和烟草制品	74	31.49	31.49
	纺织、服装及日用品	20	8.51	40.00
	矿产品、建材、化工产品	8	3.40	43.40
	五金、家具及室内装修材料	22	9.36	52.76
	医药及医疗器械材料	59	25.11	77.87
	家用电器及电子产品	40	17.02	94.89
	汽车、摩托车、燃料及零配件	12	5.11	100.00

注：根据本书统计结果整理而成。

二、样本中各条款的描述性统计分析

本书采用 SPSS 17.0 对正式问卷中各测量题项进行描述性统计分析（见表 5-3），主要包括测量题项的均值、标准差、偏度和峰度值。均值主要用来反映各测量题项平均得分情况；用来反映测量题项得分的离散程度的指标是标准差；采用偏度和峰度值来判断调研数据的正态分布情况。一般认为，样本数据的 S_k（峰度）=0，K_u（偏度）=0 时，表示该变量的数据呈正态分布。Ghiselli 等（1981）和纪春礼（2011）则认为：样本数据的偏度小于 2，同时峰度小于 5，即可认为样本数据属于正态分布。根据以上学者关于正态分布的判断标准，本书各测量条款样本数据的偏度和峰度值均在要求的范围之内，可以认为服从正态分布。

表 5-3　正式调研各测量条款数据的描述性统计分析

编号	N	均值	标准差	偏度		峰度值	
	统计量	统计量	统计量	统计量	标准误	统计量	标准误
I1	235	4.95	1.620	−0.665	0.159	−0.473	0.316
I2	235	5.06	1.390	−0.889	0.159	0.556	0.316
E1	235	5.11	1.390	−0.516	0.159	−0.256	0.316
E2	235	5.23	1.306	−0.565	0.159	0.181	0.316
R1	235	4.77	1.575	−0.535	0.159	−0.234	0.316
R2	235	5.09	1.470	−1.009	0.159	0.690	0.316
R3	235	5.01	1.357	−1.068	0.159	1.173	0.316
R4	235	5.28	1.466	−1.088	0.159	1.133	0.316
CC1	235	5.04	1.744	−0.685	0.159	−0.435	0.316
CC2	235	4.85	1.903	−0.478	0.159	−0.936	0.316
CC3	235	4.33	1.499	−0.205	0.159	−0.3799	0.316
AC1	235	4.67	1.591	−0.529	0.159	−0.302	0.316
AC2	235	4.97	1.493	−0.360	0.159	−0.744	0.316
AC3	235	5.09	1.324	−0.369	0.159	−0.104	0.316
CG1	235	5.15	2.025	−0.709	0.159	−0.795	0.316
CG2	235	5.53	1.720	−0.789	0.159	−0.679	0.316
CG3	235	5.53	1.430	−1.020	0.159	0.696	0.316
RG1	235	5.50	1.238	−1.071	0.159	0.887	0.316
RG2	235	5.12	1.634	−0.413	0.159	−0.724	0.316
RG3	235	4.94	1.327	−0.657	0.159	0.287	0.316
RG4	235	5.33	1.298	−0.542	0.159	−0.266	0.316
O1	235	4.22	1.690	−0.400	0.159	−0.871	0.316
O2	235	4.52	1.668	−0.725	0.159	−0.185	0.316
O3	235	4.54	1.713	−0.770	0.159	−0.448	0.316

注：I 代表工具性帮忙关系；E 代表情感性帮忙关系；R 代表寻租关系；CC 代表算计性承诺；AC 代表情感性承诺；CG 代表合同治理；RG 代表关系治理；O 代表机会主义行为。

三、共同方法偏差检验

由于数据来源相同、测量环境、题项语境以及题项本身的特征等原因，造成预测变量与效标变量之间共变现象，这种现象称为共同方法偏差（Common Method Bias，CMB）（Podsakoff & Organ，1986）。

在实际分析中，通常采用单因子检验来检验共同方法偏差问题，即把所有的变量进行探索性因子分析，检验未旋转的因子分析结果。如果未旋转前的第一个因子的解释方差超过建议值 50%（Dobbins，1997），则表明存在严重的共同方法偏差。

在本书中，将问卷 24 个测项全部放在一起进行探索性因子分析，运用主成分分析，未旋转，提取特征值大于 1 的因子，输出结果表明，第一个因子的方差解释率为 25.955%，未超过建议值 50%。因此可以认为本书不存在严重的共同方法偏差，不会对本书的数据效果造成影响。

四、数据偏差分析

本书采用两种不同的方式来收集问卷数据，获取数据的方式不同可能导致收集的数据存在偏差，需要对数据进行独立样本 t 检验，结果显示各测量问项的显著性概率都大于 0.1，表明无显著差异（P>0.05）。由此可以认定不同调研方式下的样本数据并无明显差别，可以合并在一起进行分析（云乐鑫、胡宝玲，2012）。

第二节　测量模型的信度与效度检验

因子载荷量与路径系数可以通过 PLS 路径建模的方法同时获得（陈永昶，2012），也可以根据 Hulland（1999）建议的两步法来对结构方程模型进行评估。本书采取后者，第一步用信度、效度分析来检验量表所测量变量的充分性与适当性；然后对结构模型进行评估。因此，在本节中，将运用 Visual PLS 1.04 b1 统计分析软件对 235 份有效的正式调研数据进行验证性因子分析，探讨测量模型的内部一致性、内敛效度和判别效度。

一、测量模型的效度检验

本书主要以测量变量的因子载荷量（Loading）和平均方差提取率（AVE）作为外部模型效果的评价指标。

PLS 中通常应用 Bootstrap 方法对模型中的因子载荷量进行显著性检验，

Bootstrap 检验主要用来评价参数估计的显著性，是一种重复抽样的自展方法。因此，本书设定再抽样的样本数与初始样本数相等，即在抽样的次数设定为 235 次。Ashill 和 Jobber（2010）指出，因子载荷量大于 0.6 就说明测量问项能够较好地反映潜变量的方差变异；若因子载荷量达到 0.7 以上，则说明测量题项可以很好地反映潜变量的方差变异。黄海等（2001）和吴明隆（2010）则认为，因子载荷量只要大于 0.5 就可以接受，否则应考虑删除。

由于本书原始量表中工具性帮忙关系分量表中题项 I2 和情感性承诺量表中题项 AC3 的因子载荷小于 0.5，因此将其删除。删除后对各分量表重新编码得到各潜变量的因子载荷量如表 5-4 所示，从表中可以看出，本书各变量的因子载荷量几乎在 0.7 以上，说明测量模型的聚合效度良好。

表 5-4　外部模型效果评价

潜变量	观测变量	因子载荷量	AVE
工具性帮忙关系	I1	0.8735	0.7343
	I2	0.84	
情感性帮忙关系	E1	0.9304	0.777005
	E2	0.8297	
寻租关系	R1	0.8374	0.66865
	R2	0.811	
	R3	0.8443	
	R4	0.7764	
算计性承诺	CC1	0.8656	0.740858
	CC2	0.917	
	CC3	0.7952	
情感性承诺	AC1	0.713	0.509252
	AC2	0.761	
	AC3	0.664	
机会主义行为	O1	0.8903	0.779338
	O2	0.8448	
	O3	0.912	
合同治理	CG1	0.9079	0.814911
	CG2	0.9466	
	CG3	0.8512	

续表

潜变量	观测变量	因子载荷量	AVE
关系治理	RG1	0.8263	0.564367
	RG2	0.7626	
	RG3	0.6349	
	RG4	0.7682	

Tenenhaus，Vinzi，Chatelin 等认为，模型中潜变量的 AVE 值不能低于 0.5 的标准，变量与变量之间的相关系数不能为 1；[①] 任意变量的 AVE 平方根值应大于对应变量间相关系数的绝对值（Fornell & Cha，1994）。如表 5-4 所示，本书各变量的 AVE 值，所有变量的 AVE 都大于 0.5。另外，将所有变量的 AVE 平方根值放入变量间相关系数矩阵进行比较（见表 5-5），AVE 的平方根均大于其所在行与列变量相关系数的绝对值，因此，测量模型的判别效度良好。

表 5-5　潜变量 AVE 平方根及潜变量间相关系数矩阵

变量	I	E	R	CC	AC	O	CG	RG
I	**0.8569**							
E	0.049	**0.8815**						
R	0.616	0.215	**0.8177**					
CC	0.284	0.358	0.532	**0.8607**				
AC	−0.028	0.171	−0.060	0.210	**0.7136**			
O	0.306	0.112	0.538	0.383	−0.125	**0.8828**		
CG	0.417	−0.026	0.322	0.308	0.172	−0.017	**0.9027**	
RG	0.246	0.304	0.262	0.204	0.318	0.02	0.48	**0.7512**

注：I 代表工具性帮忙关系；E 代表情感性帮忙关系；R 代表寻租关系；CC 代表算计性承诺；AC 代表情感性承诺；CG 代表合同治理；RG 代表关系治理；O 代表机会主义行为。

二、测量模型的信度检验

本书采用 Cronbach's α 系数以及组合信度（Composite Reliability，CR）

① Tenenhaus M.，Vinzi V. E.，Chatelin Y-M.，et al.. PLS Path Modeling [J]. Computational Statistics & Data Analysis，2005，48（1）：159-205.

检验模型的信度，从表 5-6 中可以看出，外部模型各潜变量的 Cronbach's α 系数均大于 0.6，各潜变量的组合信度 CR 值都在 0.6 以上，说明本书的各变量的测项具有良好的内部一致性，量表具有较高的信度（Bagozzi & Yi，1998）。

表 5-6　信度检验结果

潜变量	CR	Cronbach's α 系数
情感性帮忙关系	0.8746748	0.634008
工具性帮忙关系	0.874152	0.72304
寻租关系	0.889664	0.832867
情感性承诺	0.774739	0.658753
算计性承诺	0.895264	0.824805
机会主义行为	0.91368	0.858775
合同治理	0.929496	0.878729
关系治理	0.837059	0.732288

第三节　关系取向对机会主义行为影响机制的实证检验

上一节对测量模型的信度和效度检验，表明本书外部模型的预测能力较强。为了检验关系取向对分销商机会主义行为的影响机制，本节构建单独的结构方程模型，利用 PLS 统计分析软件估计各个变量之间的关系，并详细分析了计算结果的统计学和管理学含义。

一、结构模型的预测能力评价

为探讨并检验供应商的关系取向与分销商机会主义行为之间的关系及作用，本书构建了以情感帮忙关系、工具性帮忙关系和寻租关系作为前置影响因素，算计性承诺和情感性承诺作为中介变量，机会主义行为作为结果变量的直接效应模型（见图 5-1），运用正式调研获取的 235 份样本数据对该模型的拟合优度及变量间关系进行了检验。

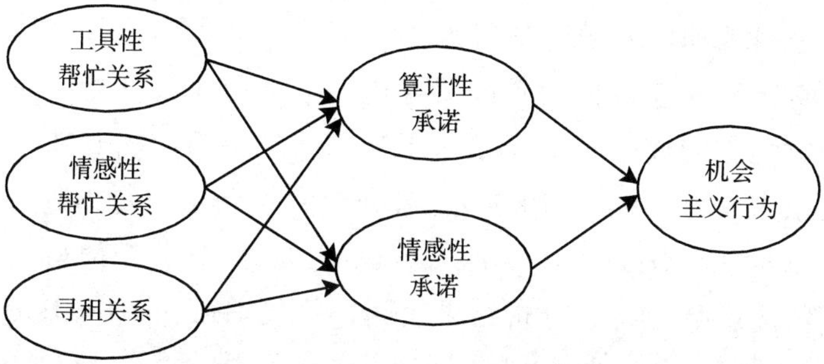

图 5–1　关系取向对机会主义行为影响机制的直接效应模型

本书对结构模型的验证主要通过以下两个步骤：首先，分析结构模型的解释力度。PLS 通常采用 Rsq 来解释内生变量和路径系数的显著性以检验结构模型的预测效果（Chin，1998），Rsq 值反映了内生潜变量能够被外生潜变量解释的程度。一般来讲，R^2 值至少要达到 0.1 才能保证模型有足够的解释力（Falk & Miller，1992）。Cohen（1998）认为，当 Rsq=0.02 时，表明路径关系很弱；当 Rsq=0.13 时，表明路径系数中等；当 Rsq=0.26 时，表明路径关系很强。

从表 5–7 中可以看出，模型中内生潜变量——算计性承诺和机会主义行为变量的 Rsq 值分别为：0.362、0.355，均大于 0.35 的标准，表明模型具有很好的拟合效果。但是情感承诺变量的 Rsq 值为 0.145，略大于 0.13 的标准，说明模型具有中等的拟合效果。

表 5–7　直接效应模型的拟合效果

模型中的内生潜在变量	Rsq
情感性承诺	0.145
算计性承诺	0.362
机会主义行为	0.355

其次，检验对各假设关系的支持力度（Lages，Silva & Styles，2009），PLS 通常应用 Bootstrap 检验来评价参数估计的显著性。

二、实证分析与假设检验

(一) 关系取向与机会主义行为

供应商的工具性帮忙关系以及寻租关系对分销商机会主义行为的影响程度和影响方向如表 5-8 所示，工具性帮忙关系（β=0.290，t=5.229）和寻租关系（β=0.519，t=10.049）对分销商机会主义行为具有显著正向影响。情感性帮忙关系（β=-0.272，t=-3.983）对分销商机会主义行为具有显著负向影响。统计分析结果表明，假设 H1a、H1b、H1c 都得到了验证。

表 5-8 关系取向与机会主义行为关系的验证结果

假设	关系	路径系数	T值	结论
H1a	情感性帮忙关系→机会主义行为	-0.272	-3.983	支持
H1b	工具性帮忙关系→机会主义行为	0.290	5.229	支持
H1c	寻租关系→机会主义行为	0.519	10.049	支持

注：根据实证检验结果整理而成。

(二) 关系取向与关系承诺

情感性帮忙关系、工具性帮忙关系以及寻租关系与算计性承诺和情感性承诺的路径关系如表 5-9 所示。情感性帮忙关系对情感性承诺具有显著正向影响作用（β=0.248，t=3.214），对算计性承诺具有显著正向影响作用（β=0.236，t=5.2491）；工具性帮忙关系对情感性承诺具有显著负向影响作用（β=-0.321，t=-3.7298），对算计性承诺有显著正向影响

表 5-9 关系取向对关系承诺作用的验证结果

假设	关系	路径系数	T值	结论
H2a	情感性帮忙关系→情感性承诺	0.248	3.214	得到支持
H2b	情感性帮忙关系→算计性承诺	0.236	5.2491	未得到支持
H2c	工具性帮忙关系→情感性承诺	-0.321	-3.7298	得到支持
H2d	工具性帮忙关系→算计性承诺	0.350	7.236	得到支持
H2e	寻租关系→情感性承诺	-0.128	-2.525	得到支持
H2f	寻租关系→算计性承诺	0.542	8.8345	得到支持

注：根据实证检验结果整理而成。

作用（β=0.350，t=7.236）；寻租关系对情感性承诺有显著负向影响作用（β=-0.128，t=-2.525），而对算计性承诺具有显著正向影响作用（β=0.542，t=8.8345）。因此，根据统计分析结果，H2a、H2c、H2d、H2e 及 H2f 全部得到验证，假设 H2b 未得到支持。未得到支持的原因会在实证结果讨论中予以说明。

（三）关系承诺与机会主义

表 5-10 说明了分销商的关系承诺对其机会主义行为的影响程度和影响方向。情感性承诺对机会主义行为影响具有显著负向影响（β=-0.187，t=-2.8683），算计性承诺对机会主义行为具有显著正向影响（β=0.194，t=2.9196）。因此，根据统计分析结果可知，H3a、H3b 得到验证。

表 5-10　关系承诺对机会主义行为作用的验证结果

假设	关系	路径系数	T 值	结论
H3a	情感性承诺→机会主义行为	-0.187	-2.8683	得到支持
H3b	算计性承诺→机会主义行为	0.194	2.9196	得到支持

注：根据实证检验结果整理而成。

（四）关系取向对机会主义行为影响机制的实证结果讨论

本书通过对 235 份样本数据进行实证研究，检验了情感性帮忙关系、工具性帮忙关系、寻租关系、情感性承诺、算计性承诺和机会主义行为之间的因素关系及作用路径。实证检验的验证结果如表 5-11 所示。

表 5-11　相关假设的验证情况

研究假设	实证检验结果
H1a：情感性帮忙关系对机会主义行为有负向影响	验证
H1b：工具性帮忙关系对机会主义行为有正向影响	验证
H1c：寻租关系对机会主义行为有正向影响	验证
H2a：情感性帮忙关系取向正向影响情感性承诺	验证
H2b：情感性帮忙关系取向负向影响算计性承诺	未验证
H2c：工具性帮忙关系取向负向影响情感性承诺	验证
H2d：工具性帮忙关系取向正向影响算计承诺	验证
H2e：寻租关系取向负向影响情感性承诺	验证

续表

研究假设	实证检验结果
H2f：寻租关系取向正向影响算计性承诺	验证
H3a：情感性承诺负向影响其机会主义行为	验证
H3b：算计性承诺正向影响其机会主义行为	验证

注：根据实证结果整理而成。

1. 关系取向与机会主义行为的关系分析

关系取向与机会主义行为之间关系共有三个假设，三个假设全部得到了支持，显示出关系取向对机会主义行为的重要影响。即情感性帮忙关系对机会主义行为有显著的抑制作用，而工具性帮忙关系和寻租关系则对机会主义行为产生促进作用。以上研究结论说明，情感性帮忙关系取向、工具性帮忙关系取向和寻租关系取向对机会主义行为的影响呈现出不同的特点，不同的关系取向在对机会主义行为的影响方面的作用和功能有所差异。这一方面说明分销商机会主义行为产生的原因是多元化的，另一方面也说明，厂商不同的关系取向对分销商机会主义行为会产生抑制或促进的效果。

首先，情感帮忙性关系取向对机会主义行为有显著负向影响，这说明，持帮忙关系取向的供应商为分销商提供帮忙或给予恩惠，就会抑制分销商的机会主义行为。这是因为，在中国的商业活动，受中国传统文化的影响，只要是合作伙伴曾有助于或有恩于自己，必定会"滴水之恩涌泉相报"，而不会"落井下石"或者"恩将仇报"。因此，渠道成员的情感性帮忙关系取向必定会抑制合作伙伴的机会主义行为。

其次，供应商工具性帮忙关系和寻租关系取向则会诱发分销商的机会主义行为。若供应商持工具性帮忙关系取向，分销商会感知到在供应商与自己的合作关系建立利益的基础上，只有有利可图，供应商才会给分销商提供帮忙或支持。同样地，面对寻租关系取向的供应商，分销商会感知到供应商与自己合作仅仅是一种短期的利益关系，而并非想要建立长久稳定的合作关系。因此，供应商的工具性帮忙关系取向和寻租关系取向会增加分销商对供应商长期合作意愿的不信任感知，为了减少供应商可能会给自己带来的伤害，分销商往往更容易"先发制人"，做出对自己有利的行为。

同时，在中国文化背景下，一方的态度或行为决定了另一方的态度或行为，即“以其人之道还治其人之身”。因此，供应商的工具性帮忙关系取向和寻租关系取向水平越高，分销商的不信任感就越强，进而越容易诱发分销商的机会主义行为。

2. 关系取向与关系承诺的关系分析

实证结果显示，关系取向与关系承诺之间关系的 6 个假设中除了 H2b 外，其余 5 个假设均得到支持。

在供应商关系取向对分销商情感性承诺的影响方面，情感性帮忙关系对情感性承诺具有显著正向影响；工具性帮忙关系对情感性承诺具有显著负向影响；同样地，寻租关系取向对情感性承诺具有显著的负向影响。这说明，供应商的不同关系取向会对分销商情感性承诺具有不同的影响效果。即供应商的关系取向决定了分销商的承诺类型。要想提高分销商的情感性承诺、降低算计性承诺，供应商就应该提高其情感性帮忙关系取向水平，并尽量杜绝或降低工具性帮忙关系和寻租关系取向。

在供应商关系取向对分销商算计性承诺的影响方面，情感性帮忙关系、工具性帮忙关系以及寻租关系取向均对算计性承诺具有显著的正向影响。值得注意的是供应商的情感性帮忙关系水平越高，其分销商做出算计性承诺的可能性也越高，这是因为，对于算计性承诺的分销商来说，其与供应商交易关系的发展过程中，分销商会反复计算投入收益比，而这种计算正是其决定是否延续现有交易关系的经济动力（Backhaus & Büschken，1999）。面对情感性帮忙关系取向的供应商，分销商感知到供应商愿意建立长期友好的合作关系，对己方的帮忙或支持完全是出于情感或责任。基于以上判断，分销商会计算做出承诺的成本和未来收益的比值。因此，面对情感性帮忙关系取向的供应商，其分销商做出算计性承诺的可能性也越高。

3. 关系承诺与机会主义行为关系分析

在分销商关系承诺与其机会主义行为之间关系方面，情感性承诺对机会主义行为具有显著的负向影响，算计性承诺对机会主义行为具有显著的正向影响，两个假设（H3a、H3b）均得到支持。以上实证检验结果表明，分销商对供应商做出情感性承诺意味着愿意与厂商建立长期友好互信互利的合作关系，因而一般不会因为一己私利而做出有损双方合作关系的行为；分销商对厂商做出算计性承诺意味着分销商与厂商建立或维持关系是建立在利益计算的基础上，凡事以最大化己方的利益为目标，因此很容易发生机会主义行为。

第四节　中介效应实证检验

一、关系承诺的中介效应检验

结构方程模型中的中介效应一般从直接效应、间接效应和总效应三个方面着手分析。直接效应是指原因变量（内生变量）对结果变量的直接影响，一般用两者间的路径系数来衡量。间接效应是指原因变量通过影响一个或多个中介变量而对结果变量的间接影响，用各个分路径的系数乘积衡量。总效应是直接效应与间接效应的和。本书通过结果方程模型的中介效应分解，进一步验证了本书概念模型中的关系取向、关系承诺与机会主义行为之间的关联性。

在上一节的主效应分析中，无法验证关系承诺的中介效应是否显著。为了检验关系承诺是否存在中介效应，本书根据温忠麟等（2005）、Edwards 和 Lambert（2007）的研究，在有中介变量和无中介变量两种情况下，通过采用 PLS 方法计算变量间的路径系数和标准误，来对其进行检验。

关系承诺在工具性帮忙关系与机会主义行为间的中介效应检验如表 5-12 所示，相关路径系数的计算结果显示，总效应（c=0.290，T=5.763）显著，a（a1=-0.265，T=-4.507；a2=0.290，T=5.074）、b（b1=-0.194，T=-2.798；b2=0.390，T=6.504）系数均显著，说明中介效应存在。在不考虑其他影响因素的前提下，工具性帮忙关系通过情感性承诺这一中介效应路径影响了机会主义行为，即存在中介效应（a1×b1 =0.0514）。在不考虑其他因素的前提下，工具性帮忙关系通过算计性承诺这一中介效应路径影响了机会主义行为，即存在中介效应（a2×b2=0.1131）。

此外，由结构方程 PLS 模型验证结果显示，直接效应 c′=0.122（T=

表 5-12 关系承诺在工具性帮忙关系与机会主义行为之间的中介效应检验

路径	中介效应参数		
	路径系数	T 值	Rsq
工具性帮忙关系->机会主义（c）	0.290	5.763	0.084
工具性帮忙关系->情感性承诺（a1）	-0.265	-4.507	0.070
工具性帮忙关系->算计性承诺（a2）	0.290	5.074	0.084
情感性承诺->机会主义（b1）	-0.194	-2.798	0.225
算计性承诺->机会主义（b2）	0.390	6.504	
工具性帮忙关系->机会主义（c′）	0.122	1.859	

注：根据实证检验结果整理而成。

1.859>1.65）显著，说明情感性承诺和算计性承诺在工具性帮忙关系与机会主义行为之间起到部分中介的作用。由此，H4c、H4d 得到支持，即工具性帮忙关系通过算计性承诺和情感性承诺两条路径来影响机会主义行为。

关系承诺在情感性帮忙关系与机会主义行为间的中介效应检验如表 5-13 所示，相关路径系数的计算结果显示，总效应（c=-0.272，T=-3.983）显著，系数 a（a1=0.272，T=3.605；a2=0.319，T=5.472）、b（b1=-0.232，T=-3.684；b2=0.465，T=8.271）均显著，说明存在中介效应。在情感性帮忙关系与机会主义行为之间，在不考虑其他影响因素的前提下，情感性帮忙关系通过情感承诺这一中介效应路径影响了机会主义行为，即存在中介效应（$a1 \times b1 = 0.0631$）。在情感性帮忙关系与机会主义行为之间，在不考虑其他因素的前提下，情感性帮忙关系通过算计性承诺这一中介效应路径

表 5-13 关系承诺在情感性帮忙关系与机会主义行为之间的中介效应检验

路径	中介效应参数		
	路径系数	T 值	Rsq
情感性帮忙关系->机会主义（c）	-0.272	-3.983	0.074
情感性帮忙关系->情感性承诺（a1）	0.272	3.605	0.074
情感性帮忙关系->算计性承诺（a2）	0.319	5.472	0.102
情感性承诺->机会主义（b1）	-0.232	-3.684	0.220
算计性承诺->机会主义（b2）	0.465	8.271	
情感性帮忙关系->机会主义（c′）	-0.073	-1.326	

注：根据实证检验结果整理而成。

影响了机会主义行为，即存在中介效应（a2×b2=0.1483）。

然而直接效应不显著，c′=-0.073（T=-1.326<1.65）说明算计性承诺和情感性承诺在情感性帮忙关系与机会主义行为之间起到完全中介的作用，由此，H4a 和 H4b 得到支持，即情感性帮忙关系通过情感性承诺影响机会主义行为。

关系承诺在寻租关系与机会主义行为间的中介效应检验如表 5-14 所示，由结构方程 PLS 模型验证结果显示，在情感性承诺作为中介变量时，直接效应及总效应均显著。因此，情感性承诺在寻租关系与机会主义行为的关系中起到中介作用。相关路径系数的计算结果显示，在不考虑其他因素的前提下，寻租关系通过情感性承诺这一中介效应路径影响了机会主义行为，即存在中介效应，为 a1×b1=0.0182。直接效应 c′为 0.395（T=6.117）显著，因此，情感性承诺在寻租关系和机会主义行为之间起到部分中介的作用，故假设 H4e 得到验证。

表 5-14　关系承诺在寻租关系与机会主义行为之间的中介效应检验

路径	中介效应参数		
	路径系数	T 值	Rsq
寻租关系->机会主义（c）	0.519	10.049	0.270
寻租关系->情感性承诺（a1）	-0.113	-1.837	0.013
寻租关系->算计性承诺（a2）	0.554	12.479	0.307
情感性承诺->机会主义（b1）	-0.161	-2.175	0.312
算计性承诺->机会主义（b2）	0.193	2.678	
寻租关系->机会主义（c′）	0.395	6.117	

注：根据实证检验结果整理而成。

在算计性承诺作为中介变量时，直接效应及总效应均显著，所以确定算计性承诺在寻租关系与机会主义行为起到中介的作用。相关路径系数的计算结果显示，在不考虑其他因素的前提下，寻租关系通过算计性承诺这一中介效应路径影响了机会主义行为，即存在中介效应（a2×b2=0.1701），并且直接效应 c′=0.395（T=6.117）显著，因此，算计性承诺在寻租关系与机会主义行为之间起到部分中介的作用，假设 H4f 得到支持。

二、关系承诺中介作用的实证结果讨论

本书对关系承诺中介作用的检验结果如表 5-15 所示，渠道成员不同的关系取向通过不同的路径来影响合作伙伴的机会主义行为。

表 5-15 相关假设的验证情况

研究假设	实证检验结果
H4a：情感性帮忙关系通过情感性承诺影响机会主义行为	得到支持
H4b：情感性帮忙关系通过算计性承诺影响机会主义行为	得到支持
H4c：工具性帮忙关系通过情感性承诺影响机会主义行为	得到支持
H4d：工具性帮忙关系通过算计性承诺影响机会主义行为	得到支持
H4e：寻租关系通过情感性承诺影响机会主义行为	得到支持
H4f：寻租关系通过算计性承诺影响机会主义行为	得到支持

注：根据实证结果整理而成。

1. 情感性承诺的中介作用

通过本书的实证检验证明，情感性承诺在情感性帮忙关系与机会主义行为之间起中介作用。也就是说，渠道成员的情感性帮忙关系越高，渠道合作伙伴越容易做出情感性承诺，进而降低自己的机会主义行为。在工具性帮忙关系与机会主义行为之间的关系中，情感性承诺在起着中介作用。这说明渠道成员的工具性帮忙关系越高，渠道合作伙伴越不容易做出情感性承诺，进而提高自己机会主义行为发生的可能性。从模型路径的显著性来看，情感性承诺起到部分中介的作用。情感性承诺在寻租关系与机会主义行为之间的中介作用在 0.1 的水平上显著，即寻租关系通过情感性承诺来影响机会主义行为。即渠道一方的寻租关系取向越高，其合作伙伴越不容易做出情感性承诺，进而增加机会主义行为的发生。

通过以上情感性承诺的中介作用的结论得知，帮忙关系取向（情感性帮忙关系、工具性帮忙关系）通过情感性承诺作用于机会主义行为，这一点印证了中国 Guanxi 的承诺类型是情感性承诺（陈明，2013）的观点。

2. 算计性承诺的中介作用

本书的实证检验结果证明，算计性承诺在关系取向（情感性帮忙关系、工具性帮忙关系和寻租关系）与机会主义行为的关系中起到中介作

用。即渠道成员的关系取向通过其伙伴的算计性承诺影响机会主义行为。这意味着，渠道成员的情感性帮忙关系取向水平越高，会提高其合作伙伴的算计性承诺，进而影响其机会主义行为；工具性帮忙关系取向水平越高，其合作伙伴做出算计性承诺的可能性也越高，进而影响机会主义行为；寻租关系取向水平越高，其合作伙伴越容易做出算计性承诺，进而提高机会主义发生的可能性。此外，从模型路径的显著性来看，算计性承诺在关系取向与机会主义行为之间起到部分中介的作用。

第五节　治理策略调节效应的实证检验

调节变量用来解释因果关系成立的条件或适用范围，即主要探讨一些关系在不同的条件下是否会发生变化以及产生怎样的变化（陈永昶，2012）。模型中调节变量的引入有助于拓展现有的理论研究，同时有助于对变量之间的关系做出更为精细的解释，获得更为深入的理解。

一、互动模型的建构及路径关系检验

温忠麟、侯杰泰和张雷（2005）认为调节效应与交互效应大同小异，从统计分析的角度理解，二者几近相同。PLS 方法通过变量之间的互动关系来表现和衡量调节效应。

本书对调节效应的检验分为两部分来完成。第一部分是检验合同治理、关系治理两种治理策略——对关系取向与机会主义行为之间关系的调节作用；第二部分是检验合同治理、关系治理对关系承诺与机会主义行为之间关系的调节效应。在每一部分中，本书对互动模型的构建与路径关系的检验分别采用两步来进行。

第一步，本书分别在第一部分和第二部分中构建了合同治理、关系治理对机会主义行为关系的主效应模型（Main Effects Model）。在第一部分中，情感性帮忙关系、工具性帮忙关系、寻租关系、机会主义行为、合同治理和关系治理被纳入结构方程模型中，分别构建了治理策略对机会主义

行为进行调节的6个模型（见图5-2）（见表5-16中的第一阶段）；在第二部分中，关系承诺、机会主义行为、合同治理和关系治理被纳入结构方程模型中，分别构建了治理策略对关系承诺与机会主义行为之间的关系进行调节的两个模型（见图5-3及表5-17中的第一阶段）。

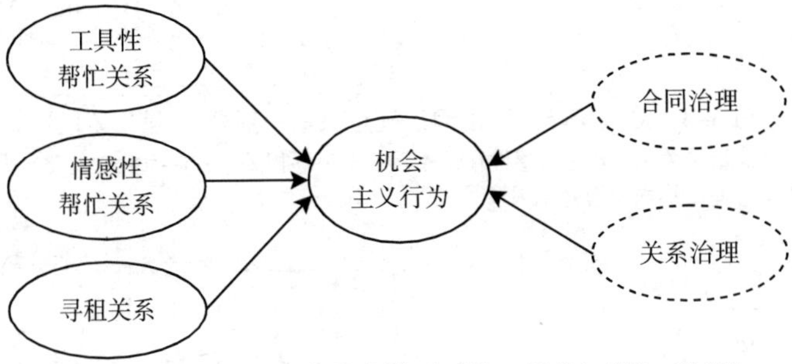

图5-2 治理策略的主效应模型（第一部分）（第一阶段）

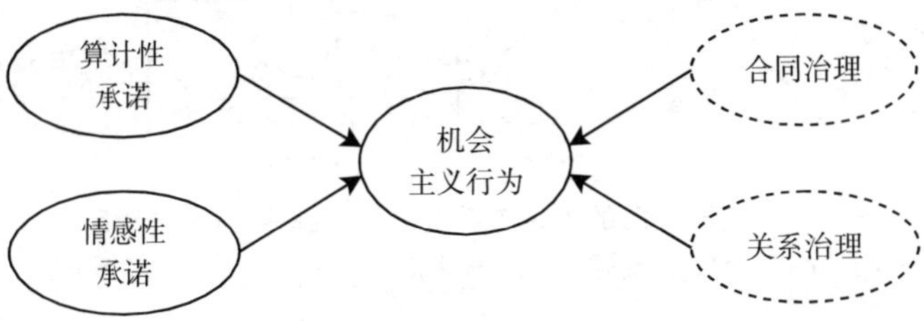

图5-3 治理策略的主效应模型（第二部分）（第一阶段）

第二步，在第一步的基础上，构建互动模型（Interaction Model）（见图5-4和图5-5）。这一部分主要是在主效应模型的基础上加入互动因子构建成互动模型，其中互动因子是通过预测变量与调节变量相乘而得到的。值得注意的是，在主效应模型中加入互动因子前，应对各项指标进行标准化处理。[①]标准化各项指标后，分别将合同治理与关系治理与情感性帮忙关系、工具性帮忙关系和寻租关系构成的互动因子（第一部分）及其与情

① Chin W. W., Marcolin B. L., Newsted P. R.. A Partial Least Squares Latent Variable Modeling Approach for Measuring Interaction Effects: Results from a Monte Carlo Simulation Study and Voice Mail Emotion/Adoption Study [J]. Internation Systems Research, 2003, 14 (1): 189-217.

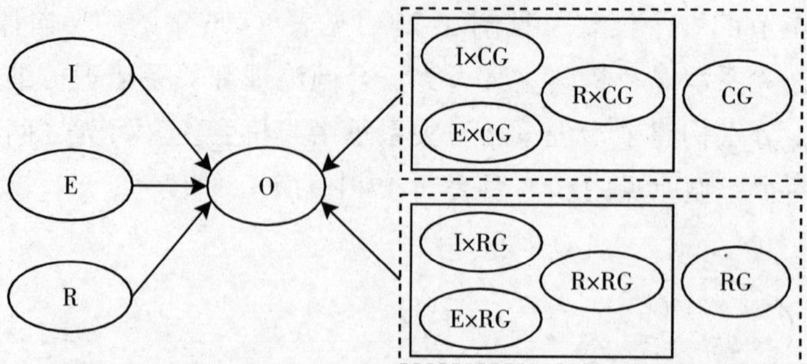

图 5-4　治理策略的互动因子模型（第一部分）（第二阶段）

注：I 为工具性帮忙关系；E 为情感性帮忙关系；R 为寻租关系；O 为机会主义行为；CG 为合同治理；RG 为关系治理；乘积项为互动因子。

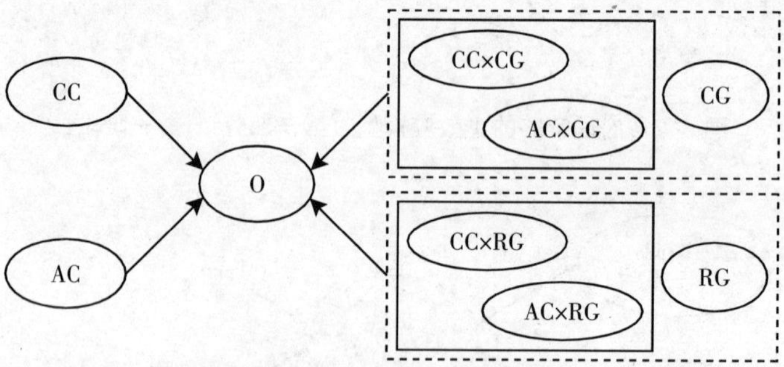

图 5-5　治理策略的主效应模型（第二部分）（第二阶段）

注：CC 为算计性承诺；AC 为情感性承诺；O 为机会主义行为；CG 为合同治理；RG 为关系治理；乘积项为互动因子。

感性承诺和算计性承诺构成的互动因子（第二部分）依次放入模型中进行分析（见表 5-16 中的第二阶段与表 5-17 中的第二阶段）。

（一）治理策略对关系取向与机会主义行为关系的调节作用

治理策略对关系取向与机会主义行为的调节作用主要通过两个阶段来实现，第一阶段构建合同治理、关系治理对关系取向与机会主义行为关系的主效应模型。在这一阶段将情感性帮忙关系、工具性帮忙关系、寻租关系、合同治理和关系治理都纳入结构方程模型中，分别建立了治理策略对机会主义行为形成路径进行调节的 6 个模型。第二阶段主要是在第一阶段的基础上，构建互动模型，即在主效应模型的基础上加入互动因子便构建成互动模型，其中互动因子是通过预测变量与调节变量相乘得到。表 5-16 和表 5-17 中数字的含义为路径系数，括号中数值为路径系数的 T 值。

表 5–16（1）显示了工具性帮忙关系与合同治理和关系治理构成的互动因子与机会主义行为之间作用的路径系数。检验结果显示，在机会主义行为作为内生变量、治理策略作为调节变量的情况下，工具性帮忙关系与关系治理和合同治理的互动因子均具有统计显著性，标准化路径系数及 T 值分别为：0.391（8.638）；–0.227（–3.064），因此，H5d、H5b 得到支持。即关系治理强化了工具性帮忙关系对机会主义行为的促进作用，合同治理弱化了工具性帮忙关系对机会主义行为的促进作用。这说明，面对工具性帮忙关系取向的供应商，合同治理的采用能够削弱分销商的机会主义行为。

表 5–16（1） 主效应与治理效应分析结果（第一部分）

外生变量	内生变量			
	机会主义行为			
	第一阶段		第二阶段	
I	0.286（4.682）	0.267（3.790）	0.209（3843）	0.284（3.839）
RG	0.019（0.397）		0.068（1.312）	
I×RG			0.391（8.638）	
CG		–0.193（–1.809）		–0.173（–3.143）
I×CG				–0.227（–3.064）
Rsq	0.085	0.119	0.225	0.172

注：I：工具性帮忙关系；RG：关系治理；I×RG：工具性帮忙关系与关系治理的交互项；CG：合同治理；I×CG：工具性帮忙关系与合同治理的交互项。

表 5–16（2）显示了情感性帮忙关系与合同治理和关系治理构成的互动因子与机会主义行为之间作用的路径系数。检验结果显示，在机会主义行为作为内生变量、治理策略作为调节变量的情况下，情感性帮忙关系与合同治理和关系治理的互动因子均具有统计显著性，标准化路径系数及 T 值分别为：–0.232（–3.873）；0.430（7.280），因此，H5a、H5c 得到支持。即合同治理负向调节情感性帮忙关系对机会主义行为的负向影响，而关系治理则正向调节情感性帮忙关系对机会主义行为的负向影响。这说明，合同治理水平越高，会减弱情感性帮忙关系对机会主义行为的抑制作用，而随着关系治理水平的提高，情感性帮忙关系对机会主义行为的抑制作用也会随之加强。鉴于此，对于情感性帮忙关系取向的供应商来说，要想抑制

其分销商的机会主义行为，应采取关系治理。若采用合同治理，会增强合作双方的逆反心理，从而促进机会主义行为的发生。综上，对于情感性帮忙关系取向的供应商降低分销商的机会主义行为来说，关系治理的效果要好于合同治理的效果。

表 5-16（2） 主效应与治理效应分析结果（第一部分）

外生变量	内生变量			
	机会主义行为			
	第一阶段		第二阶段	
E	0.139（2.161）	–0.156（–2.785）	0.080（1.562）	0.117（1.935）
RG	0.110（1.517）		0.115（1.663）	
E×RG			0.430（7.280）	
CG		0.154（2.851）		–0.203（–3.902）
E×CG				–0.232（–3.873）
Rsq	0.032	0.051	0.194	0.125

注：E：情感性帮忙关系；RG：关系治理；E×RG：情感性帮忙关系与关系治理的交互项；CG：合同治理；E×CG：情感性帮忙关系与合同治理的交互项。

表 5-16（3）显示了寻租关系取向与合同治理和关系治理构成的互动因子与机会主义行为之间作用的路径系数。检验结果显示，在机会主义行为作为内生变量、治理策略作为调节变量的情况下，寻租关系与合同治理和关系治理的互动因子均具有统计显著性。路径系数与 T 值分别为：0.221（4.347）、0.145（2.460），说明合同治理强化了寻租关系取向对机会主义行

表 5-16（3） 主效应与治理效应分析结果（第一部分）

外生变量	内生变量			
	机会主义行为			
	第一阶段		第二阶段	
R	0.609（9.569）	0.550（8.661）	0.539（7.176）	0.469（6.938）
RG	–0.162（–2.541）		–0.123（–2.277）	
R×RG			0.145（2.460）	
CG		–0.226（–2.043）		–0.204（–2.232）
R×CG				0.221（4.347）
Rsq	0.318	0.347	0.335	0.388

注：R：寻租关系；RG：关系治理；R×RG：寻租关系与关系治理的交互项；CG：合同治理；R×CG：寻租关系与合同治理的交互项。

为的正向影响，这与原假设“合同治理负向调节寻租关系取向与机会主义行为的关系”完全相反，因此H5e未得到支持，其原因将在结果讨论中给出合理解释。同时关系治理强化了寻租关系对机会主义行为的正向影响，由此H5f得到支持。

（二）治理策略对情感承诺与机会主义行为关系的调节作用

表5-17（1）显示了关系治理与关系承诺的互动因子对机会主义行为的作用路径系数。结果表明，在机会主义行为作为内生变量、关系治理作为调节变量的情况下，情感性承诺与关系治理构成的互动因子具有统计显著性，标准化路径系数及T值分别为0.369（6.784）。检验结果说明，关系治理强化了情感性承诺对机会主义行为的抑制作用，与原假设H6c一致，因此假设得到支持。当合同治理作为调节变量时，情感性承诺与合同治理的互动因子具有显著统计性，标准化路径系数为-0.203，T值为-4.015，说明合同治理弱化了情感性承诺对机会主义行为的抑制作用，假设H6a得到验证。

表5-17（1） 主效应与治理调节效应分析结果（第二部分）

外生变量	内生变量			
	机会主义行为			
	第一阶段		第二阶段	
AC	-0.291（-3.789）	-0.158（-2.820）	-0.209（-2.821）	-0.172（-2.856）
RG	0.484（8.700）		0.379（7.921）	
AC×RG			0.369（6.784）	
CG		-0.161（-2.811）		-0.127（-4.015）
AC×CG				-0.203（-4.015）
Rsq	0.254	0.057	0.372	0.097

注：AC：情感性承诺；RG：关系治理；AC×RG：情感性承诺与关系治理的交互项；CG：合同治理；AC×CG：情感性承诺与合同治理的交互项。

表5-17（2）显示了算计性承诺与合同治理、关系治理的互动因子对机会主义的作用路径系数及T值。检验结果表明，在机会主义行为作为内生变量，合同治理和关系治理作为调节变量的情况下，算计性承诺与合同治理和关系治理构成的互动因子均具有统计显著性。算计性承诺与合同治理互动因子的路径系数为-0.167，T值为-3.026，证明合同治理强化了算计性承诺对机会主义行为的促进作用，这与原假设H6b一致，因而假设H6b

得到验证。由算计性承诺与关系治理互动因子的路径系数（0.246）和T值（4.691）得知，关系治理强化了算计性承诺对机会主义行为的促进作用，这与原假设H6d一致，因而假设H6d得到支持。

表5-17（2） 主效应与治理调节效应分析结果（第二部分）

外生变量	内生变量			
	机会主义行为			
	第一阶段		第二阶段	
CC	0.255（3.724）	0.376（6.406）	0.175（0.290）	0.350（6.209）
RG	0.298（4.256）		0.290（4.257）	-1.182（-2.382）
CC×RG			0.246（4.691）	
CG		-0.179（-1.825）		
CC×CG				-0.167（-3.026）
Rsq	0.223	0.189	0.277	0.216

注：CC：算计性承诺；RG：关系治理；CC×RG：算计性承诺与关系治理的交互项；CG：合同治理；CC×CG：算计性承诺与合同治理的交互项。

二、治理策略调节作用的实证结果讨论

本书在文献梳理的基础上认为，在中国文化背景下，针对渠道成员机会主义行为主要采取合同和关系两种治理策略。这两种治理策略对不同关系取向的渠道成员产生不同的影响效果。合同治理与关系治理对于解决渠道成员的机会主义行为发挥着至关重要的作用。因此，本书构建了以合同治理和关系治理为调节变量的关系取向对机会主义行为的作用机制模型。

本书对治理策略调节效应的检验，主要关注的是治理策略对机会主义行为的调节作用，即关注合同治理和关系治理在什么情境下能够降低渠道成员的机会主义行为。

实证研究结果表明，从总体上来说：

1. 对于情感性帮忙关系取向的渠道成员，对抑制合作伙伴的机会主义行为方面，关系治理要优于合同治理

由实证检验结果可知：关系治理强化了情感性帮忙关系对机会主义行

为的抑制作用，而合同治理却弱化了情感性帮忙关系对机会主义行为的抑制作用。这说明，在中国关系的文化背景下，对于情感性帮忙关系取向的渠道成员不适宜采用合同治理策略。合同治理策略的采用会弱化情感承诺对机会主义行为的负向影响。中国是一个讲究情感、注重承诺的国度，人与人之间乃至企业与企业之间往往以情感交往为基础。若对双方关系采用白纸黑字的方式进行限定，会让彼此产生对方不信任自己的感觉，因此极易引发机会主义行为来报复对方的这种不信任行为。

2. 对于工具性帮忙关系取向的渠道成员，在抑制合作伙伴的机会主义行为方面，合同治理要优于关系治理

实证研究证明，合同治理弱化了工具性帮忙关系取向对机会主义行为的促进作用。合同治理策略的采用对工具性帮忙关系取向渠道成员的行为起到约束作用，也会降低合作伙伴的机会主义行为。

关系治理强化了工具性帮忙关系对机会主义行为的促进作用。关系治理策略的采用，一方面，会加强合作双方的情感互动。随着合作双方情感的加深，合作双方会放松警惕，进而给机会主义行为提供了空间；另一方面，由于关系规范的非强制性及模糊性，合作双方更有可能从对自身有利的角度理解并使用关系规范，进而发生机会主义行为。

由检验结果看出，针对渠道一方是工具性关系取向的渠道关系，与关系治理相比，合同治理对机会主义行为的抑制效果更胜一筹。

3. 对于寻租关系取向的渠道成员，无论采用合同治理策略还是关系治理策略，均会强化合作伙伴的机会主义行为

合同治理的采用并不是总能降低渠道合作伙伴的机会主义行为（Achrol et al.，1999；Wuyts et al.，2005）。一方面，因为企业是有限理性，而非无限理性，合同不可能包含所有可能发生的情况（Wuyts et al.，2005；何自力，2007；Williamson，1975），因此并不能有效抑制机会主义行为。另一方面，正式合同常常被认为是对交易伙伴的不信任的表现，容易使交易伙伴产生逆反心理，进而容易诱发机会主义（Cannon，2000；Williamson，1975；Ghoshal et al.，1996；Cavusgil et al.，2004）。

对于寻租关系取向的供应商，其本质就是运用手中的权力或资源来为自己谋取利益。即使合作双方采用合同治理，合同条款的制定权大多数掌

握在拥有权力和资源一方的手中。因此，寻租关系取向的供应商会利用手中的权力或资源来制定对自己有利的合同条款。对此，会增强其合作伙伴不公平感知，而不公平感知会诱发其反抗心理，进而促进机会主义行为的发生（Stephen，Robert & Palmatier，2011）。因此，合同治理的采用会强化寻租关系对机会主义行为的促进作用。

此外，关系治理对强化寻租关系对机会主义行为的正向影响具有显著作用。关系治理具有隐含性，不会将关系规范像合同那样进行明确且具有法律效力，主要靠自我监督自我约束。寻租关系取向的渠道成员事事以最大化自己的利益为目标，面对利益的诱惑，就越有可能将合作双方的关系规范抛之脑后。若合作伙伴对渠道成员形成以上印象，为了保护自己利益不受渠道成员的侵害，会先发制人，利用一切可能的机会投机。因此，关系治理会强化寻租关系取向对机会主义行为的促进作用。

4. 对于倾向于做出情感性承诺的渠道成员，在抑制其机会主义行为方面，关系治理的效果要优于合同治理

实证检验结果显示，关系治理会强化情感性承诺对机会主义行为的抑制作用，而合同治理的采用弱化情感性承诺对机会主义行为的抑制作用。

倾向于做出情感性承诺的渠道成员，表达了一种愿意维持长期合作关系的愿望。关系治理强调用合作双方认同的关系规范来约束合作双方行为，并达到建立并维持长期合作关系的效果，因此，关系治理的采用会强化情感性承诺对机会主义行为的影响。

然而，合同条款中往往详细规定了合作双方的义务与责任，这对于情感性承诺的渠道成员来讲，会让其感知到合同条款束缚了自己的行为，同时会增强自己不被信任的感知。根据抗拒心理和逆反心理，当渠道成员的行为受到束缚，会强化机会主义行为的发生。即合同治理弱化了情感性承诺对机会主义行为的负向影响。

5. 对于倾向于做出算计性承诺的渠道成员，在抑制其机会主义行为方面，合同治理要优于关系治理

合同治理弱化了算计性承诺对机会主义行为的促进作用。合同条款一般会详尽描述合作双方的责任与义务，并且规定了违背合同条款的惩罚措施，这些条款对合作双方的行为起到约束与警示作用，因此会抑制算计性

承诺，进而抑制机会主义行为。

关系治理对强化算计性承诺对机会主义行的正向影响具有显著影响。关系治理主要通过参与方内在的自我约束与自我监督达到对行为的引导和控制，而不依赖外部的强制力量（Heide，1994）。此外，关系治理中的关系规范具有隐蔽性，通常不以明确的书面方式表述（Haugland，1999）。由此，对关系规范的理解不同的渠道成员可能会存在差异，如果渠道成员从对自身有利的角度去解读关系规范，则容易诱发机会主义行为（Achrol & Gundlach，1999）。因此，关系治理会强化算计性承诺对机会主义行为的促进作用。

第六节　实证分析结果汇总及模型验证结果

本节根据实证验证结果将假设检验结果汇总至表 5-18。

表 5-18　模型假设检验汇总

编号	内容	检验结果
H1a	情感性帮忙关系取向负向影响机会主义行为	支持
H1b	工具性帮忙关系取向正向影响机会主义行为	支持
H1c	寻租关系取向正向影响机会主义行为	支持
H2a	情感性帮忙关系取向正向影响情感性承诺	支持
H2b	情感性帮忙关系取向负向影响算计性承诺	未支持
H2c	工具性帮忙关系取向负向影响情感性承诺	支持
H2d	工具性帮忙关系取向正向影响算计性承诺	支持
H2e	寻租关系取向负向影响情感性承诺	支持
H2f	寻租关系取向正向影响算计性承诺	支持
H3a	情感性承诺负向影响其机会主义行为	支持
H3b	算计性承诺正向影响其机会主义行为	支持
H4a	情感性帮忙关系取向通过情感性承诺影响机会主义行为	支持
H4b	情感性帮忙关系取向通过算计性承诺影响机会主义行为	支持
H4c	工具性帮忙关系取向通过情感性承诺影响机会主义行为	支持
H4d	工具性帮忙关系取向通过算计性承诺影响机会主义行为	支持

续表

编号	内容	检验结果
H4e	寻租关系取向通过情感性承诺影响机会主义行为	支持
H4f	寻租关系取向通过算计性承诺影响机会主义行为	支持
H5a	合同治理弱化了情感性帮忙关系取向对机会主义行为的抑制作用	支持
H5b	合同治理弱化了工具性帮忙关系取向对机会主义行为的促进作用	支持
H5c	关系治理强化了情感性帮忙关系取向对机会主义行为的抑制作用	支持
H5d	关系治理强化了工具性帮忙关系取向对机会主义行为的促进作用	支持
H5e	合同治理弱化了寻租关系取向对机会主义行为的促进作用	未支持
H5f	关系治理强化了寻租关系取向对机会主义行为的促进作用	支持
H6a	合同治理弱化了情感性承诺对机会主义行为的抑制作用	支持
H6b	合同治理弱化了算计性承诺对机会主义行为的促进作用	支持
H6c	关系治理强化了情感性承诺对机会主义行为的抑制作用	支持
H6d	关系治理强化了算计性承诺对机会主义行为的促进作用	支持

本章小结

首先，本章对235份正式问卷样本数据的基本特征做了简要分析。主要包括问卷填答者基本情况以及被试企业的基本情况。此外，本章还对数据进行了偏差分析。

其次，本章运用Visual PLS 1.04统计分析软件对235份有效的正式调研数据进行验证性因子分析，探讨测量模型的内部一致性、内敛效度和判别效度。结果显示各变量的测量均满足信度和效度要求。此外，还对变量的正态分布情况进行了分析，结果显示变量也符合正态分布。

最后，本章构建了单独的结构方程模型，利用PLS统计分析软件估计了各个变量之间的关系，并详细分析了计算结果的统计学和管理学含义。主要包括结构模型预测能力评价、主效应检验、中介效应检验以及调节效应检验，并对实证检验结果进行了讨论说明。

第六章　研究结论及管理启示

本书对渠道成员的关系取向、关系承诺对机会主义行为的影响进行了系统全面的理论分析、问卷调查数据分析，并对研究假设进行了理论分析与实证验证。本章将在前面章节研究的基础上，总结本书结论，阐明管理启示，指出研究局限，展望未来研究方向。

第一节　主要结论

本书主要以中国的分销商（主要是白酒行业、家具行业、医药行业、电子产品行业等）为研究对象，通过对关系取向、关系承诺以及机会主义行为之间的关系进行理论与实证研究，得到以下主要研究结论。

（一）渠道成员的关系取向是影响其合作伙伴机会主义行为的重要因素，不同类型的关系取向对机会主义行为的影响有所不同

帮忙关系取向（情感性帮忙关系、工具性帮忙关系）和寻租关系取向对机会主义行为的影响呈现出不同的特点，表明不同的关系取向在对机会主义行为的影响方面的作用和功能有所差异。情感性帮忙关系对机会主义行为有负向影响，而工具性帮忙关系与寻租关系对机会主义行为有正向影响。这一研究结论将关系取向应用到了渠道成员行为领域，拓展了机会主义行为研究视角，并且对关系取向维度做了更细致的划分，深化和扩展了 Su 和 Littlefield（2001）对关系取向维度的划分。

本书揭示了在中国营销渠道背景下，关系取向对机会主义行为的影响。研究结果表明，情感性帮忙关系与工具性帮忙关系和寻租关系相比，对机会主义行为能够起到抑制作用。表明供应商要想抑制分销商的机会主义行为，就应该努力让分销商感知到供应商的情感性帮忙关系取向。

本书的研究结论与以往研究有所不同。庄贵军等（2008）研究了关系营销导向与投机行为之间的关系，研究证明关系营销导向对制造商代表所感知的经销商之投机行为无显著影响。该研究中的关系营销导向（relationship marketing orientation）与帮忙关系取向概念相似，是企业所拥有的一种营销理念（庄贵军等，2005），也是一种独特的组织文化或价值观（Yau et al.，2000；Sin，Leo，Tse Alan，Yau & Lee，2005）。它强调企业要与其交易伙伴以及其他重要的相关群体建立一种互惠互利、相互信赖、长期稳定、共同成长的合作关系（庄贵军等，2008）。同时认为情感性人际关系和工具性人际关系对投机行为有显著影响，且一正一负，情感性关系对投机行为具有负向影响，工具性关系对投机行为具有正向影响（庄贵军等，2008）。这一点结论虽与本书结论相同，但是有所不同的是，在庄贵军等（2008）的研究中，工具性关系和情感性关系是跨组织的人际关系，而本书中是将帮忙关系划分为工具性帮忙关系和情感性帮忙关系，这正好能解释关系营销导向与投机行为之间关系不显著的原因。

（二）关系取向是影响关系承诺的重要因素，不同类型的关系取向对不同类型关系承诺的影响存在差异

本书的研究结果表明，关系取向对关系承诺产生重要影响，情感性帮忙关系对情感性承诺和算计性承诺具有显著的正向影响；工具性帮忙关系和寻租显著正向影响算计性承诺，显著负向影响情感性承诺。可见，要想分销商对供应商做出情感性承诺，供应商就应该想方设法提高分销商的情感性帮忙关系感知，并努力降低分销商的工具性帮忙关系取向感知及寻租关系取向感知。

本书与以往有关关系承诺的前因研究有所不同。以往有关关系承诺前因的研究，大多认为信任（Inge Geyskens et al.，1996；Eastlick，Lotz & Warrington，2006；Kingshott，2006；Lai et al.，2007）和权力（戚译、王颢越，2005；Huo，2007）是影响关系承诺的主要因素。本书则是从关系取向的角度来考察其对关系承诺的影响，指出不同的关系取向对不同类型的关系承诺产生不同的影响。

（三）关系承诺是影响机会主义行为的重要因素，不同类型的关系承诺对机会主义行为的影响存在差异

本书的研究结果表明，情感性承诺负向影响机会主义行为，算计性承诺正向影响机会主义行为，相比算计性承诺，情感性承诺改善或降低机会主义行为方面显得更重要。

Morgan 和 Hunt（1994）指出，机会主义行为是影响承诺的重要因素之一，机会主义行为负向影响承诺；本书则指出承诺是机会主义行为的重要影响因素之一。对此，本书认为渠道成员之间的关系与行为是一个循环往复的过程。在某一阶段渠道成员的机会主义行为会降低其承诺，而承诺的降低又会导致其机会主义行为的发生。

尽管承诺与机会主义行为之间的关系已经被一些研究所证实，但是，这些研究并未深入地探讨承诺的不同维度与机会主义行为之间的关系（刘益等，2008）。如刘益等（2008）针对态度性承诺的两个维度，分析并验证了算计性承诺和忠诚承诺与机会主义行为的关系。与本书有所不同的是，刘益等（2008）研究的是供应商的承诺和制造商的机会主义行为之间的关系；本书则研究分销商的承诺与自身的机会主义行为。

（四）关系取向通过关系承诺的中介作用来影响机会主义行为

实证研究发现，关系承诺在关系取向与机会主义行为的关系中扮演着中介作用，即关系取向通过关系承诺对机会主义行为产生影响。然而，不同类型的关系取向类型对机会主义行为的影响路径有所不同。

第一，情感性帮忙关系通过两条路径来影响机会主义行为。一条路径为，情感性帮忙关系通过增加情感性承诺来抑制机会主义行为；另一条路径为，情感性帮忙关系通过增加算计性承诺进而促进机会主义行为。两种不同的作用路径，导致对机会主义行为产生不同的影响。由此可知，对于情感性帮忙关系取向的渠道成员，只有通过情感性承诺才能达到对机会主义行为的抑制作用。

第二，工具性帮忙关系通过影响两种承诺，进而影响机会主义行为。即工具性帮忙关系通过增加算计性承诺来促进机会主义行为的产生；工具性帮忙关系通过降低情感性承诺进而增加机会主义行为发生的可能性。由此可知，对于工具性帮忙关系取向的渠道成员，无论通过哪种路径，均会增加合作伙伴机会主义行为发生的可能性。

第三，寻租关系通过增加算计性承诺进而影响机会主义行为，通过减少情感性承诺来增加机会主义行为的发生。渠道成员的寻租关系取向会导致合作伙伴对其做出算计性承诺，而算计性承诺又会引发机会主义行为。

（五）不同的治理策略在抑制机会主义行为效果方面存在差异

研究结论指出，针对渠道成员关系取向的不同类型采取相匹配的治理策略，才能有效管理机会主义行为。

本书对治理策略调节效应的检验主要是治理策略对关系承诺与机会主义行为关系的调节效应，关注的是如何降低渠道成员的算计性承诺，提高情感性承诺，以及降低渠道成员的机会主义行为。

1. 对于情感性帮忙关系取向和情感性承诺的渠道成员，在抑制机会主义行为方面，关系治理要优于合同治理

由实证检验结果可知：关系治理强化了情感性帮忙关系和情感性承诺对机会主义行为的抑制作用，而合同治理却弱化了情感性帮忙关系和情感性承诺对机会主义行为的抑制作用。这说明，在中国关系的文化背景下，对于情感性帮忙关系取向以及做出情感性承诺的渠道成员不适宜采用合同治理策略。合同治理策略的采用会弱化情感性帮忙关系和情感性承诺对机会主义行为的负向影响。对此，本书给出的解释是：中国是一个讲究情感、注重承诺的国度，人与人之间乃至企业与企业之间的交往以情感为基础。若对双方关系采用白纸黑字的方式进行限定，会让彼此产生对方不信任自己的感觉，因此极易引发机会主义行为来报复对方的这种不信任行为。

2. 对于工具性帮忙关系取向的渠道成员，在抑制合作伙伴机会主义行为方面，合同治理要优于关系治理

实证研究证明：合同治理的采用对工具性帮忙关系与机会主义行为之间的正向关系起到弱化的作用。合同治理策略的采用对工具性帮忙关系取向渠道成员的行为起到约束作用，也会降低合作伙伴的机会主义行为。由于关系治理中关系规范的非强制性和模糊性，合作双方均有可能从对自己有利的角度去理解并运用关系规范，进而促进机会主义行为的发生。可见，针对工具性帮忙关系取向的渠道成员，采用合同治理才能更有效地管

理合作伙伴的机会主义行为。

3. 对于寻租关系取向的渠道成员，无论采用合同治理还是关系治理策略，均会强化合作伙伴的机会主义行为

学者（Achrol et al.，1999；Wuyts et al.，2005）指出合同不能降低渠道合作双方的机会主义。一方面，因为企业是有限理性，而非无限理性，合同不可能包含所有可能发生的情况（Wuyts et al.，2005；何自力，2007；Williamson，1975），因此并不能有效抑制机会主义行为。另一方面，正式合同常常被认为是对交易伙伴的不信任的表现，容易使交易伙伴产生逆反心理，进而容易诱发机会主义（Cannon，2000；Williamson，1975；Ghoshal et al.，1996；Cavusgil et al.，2004）。若分销商感知其供应商是寻租关系取向，为了使自己利益最大化，分销商采取机会主义行为的可能性就越大。在此情况下，渠道合作双方采用合同来指导、管理、约束合作双方的交易行为和交易规则，一方面，由于寻租关系取向本就是制度不完善背景下的产物，合同又不可能包含所有可能发生的情况，因此也就不可避免地造成了合同的漏洞，给渠道成员发生机会主义提供了条件；另一方面，由于正式合同常常被认为是不信任的表现，容易使合作双方产生逆反心理，加之供应商是寻租关系取向的组织，为了免受可能的损失，分销商发生机会主义行为的可能性就越高。此外，在中国一般的商业关系中，合作伙伴间是和谐的，而“白纸黑字”的合同属于破坏和谐的行为，是彼此间疏远和冲突的象征和原因（严全兴等，2011）。因此，合同治理会强化寻租关系取向对机会主义行为的促进作用。

此外，关系治理对强化寻租关系对机会主义行为的正向影响具有显著作用。关系治理具有隐含性，不会将关系规范像合同那样进行明确且具有法律效力，主要靠自我监督和自我约束。寻租关系取向的渠道成员事事以最大化自己的利益为目标，面对利益的诱惑，就越有可能将合作双方的关系规范抛之脑后。若合作伙伴对渠道成员形成以上印象，为了保护自己利益不受渠道成员的侵害，会先发制人，利用一切可能的机会投机。因此，关系治理会强化寻租关系取向对机会主义行为的促进作用。

4. 针对倾向于做出情感性承诺的渠道成员，在抑制其机会主义行为方面，关系治理优于合同治理

对于倾向于做出情感性承诺的渠道成员，表达了一种愿意维持长期合作关系的愿望。关系治理强调用合作双方认同的关系规范来约束合作双方行为，并达到建立并维持长期合作关系的效果，因此，关系治理的采用会强化情感性承诺对机会主义行为的影响。

然而，合同条款中往往详细规定了合作双方的义务与责任，这对于情感性承诺的渠道成员来讲，会让其感知到合同条款束缚了自己的行为，同时会增强自己不被信任的感觉。根据抗拒心理和逆反心理，当渠道成员的行为受到束缚，会强化机会主义行为的发生。即合同治理弱化了情感性承诺对机会主义行为的负向影响。

5. 对于倾向于做出算计性承诺的渠道成员，在抑制其机会主义行为方面，合同治理要优于关系治理

合同治理弱化了算计性承诺对机会主义行为的促进作用。合同条款一般会详尽描述合作双方的责任与义务，并且规定违背合同条款的惩罚措施，这些条款对合作双方的行为起到约束与警示作用，因此会抑制算计性承诺进而抑制机会主义行为。

关系治理对强化算计性承诺对机会主义行为的正向影响具有显著影响。关系治理主要通过参与方内在的自我约束与自我监督达到对行为引导和控制，而不依赖外部的强制力量（Heide，1994）。此外，关系治理中的关系规范具有隐蔽性，通常不以明确的书面方式表述（Haugland，1999）。由此，对关系规范理解的角度不同，渠道成员的行为可能会存在差异，如果渠道成员从对自身有利的角度去解读关系规范，则容易诱发机会主义行为（Achrol & Gundlach，1999）。因此，关系治理会强化算计性承诺对机会主义行为的促进作用。

第二节　管理启示

本书对渠道成员的关系取向、关系承诺、机会主义行为以及治理机制之间关系进行了理论研究与实证分析，得到了一些有价值的结论，为供应商理解关系取向如何通过分销商的算计性承诺和情感性承诺影响机会主义行为提供借鉴，并为供应商改变其关系取向来减少所遭受的机会主义行为侵害提供了有益的指导。因此，根据本书结论，得到如下几方面的管理启示。

启示一：构建综合性渠道成员机会主义行为防治机制，全面遏制机会主义行为的产生与发展。

本书的实证研究结果表明，分销商机会主义行为问题的成因是多方面的，供应商的关系取向以及分销商自己的承诺类型都可能导致分销商机会主义行为的发生。因此，要想有效防止分销商的机会主义行为问题，就必须全面考虑各种可能导致其机会主义行为的因素，构建综合性的渠道机会主义行为预防机制。结合本书对分销商机会主义行为的机理分析，指出机会主义行为防治机制的构建应当做到：正确辨别渠道成员的关系取向，积极培育渠道成员的情感性帮忙关系取向。

本书的实证研究结果表明，分销商机会主义行为问题的成因是对供应商关系取向的感知。分销商对供应商不同关系取向的感知对其机会主义行为产生抑制或促进作用。为了遏制或降低分销商机会主义行为对供应商的伤害，供应商应积极培育情感性帮忙关系取向，尽量降低或杜绝工具性帮忙关系和寻租关系取向。

宝洁中国公司的案例给本书提供了很好的启示。宝洁中国公司于 1999 年退出了“宝洁分销商 2005 计划”，指明了分销商的发展定位及未来方向。宝洁的战略是建设有战略客户群构成的分销商网络，分销商必须将宝洁的生意置于优先发展的地位，“战略一致”是分销商与宝洁公司共同发展的关键。在保证战略一致性的基础上，宝洁公司投资大量资金，用于分销商车辆配置和信息系统建设，逐步实现分销商运作现代化、实现分销商及下游交易伙伴电子商务化。此外，宝洁公司向分销商提供全面的专业化指导，提高分销商的运作效率、管理水平以及竞争力。宝洁公司把分销商当成朋友或伙伴，而不仅是简单的客户关系，这一切都使分销商感知到宝洁公司与其维持长期友好合作关系的意愿，因此能够有效抑制分销商的机会主义行为。

启示二：针对不同关系取向的供应商，应从分销商的承诺方面进行管理以抑制其机会主义行为，积极培育渠道成员的情感性承诺，努力降低其算计性承诺。

本书表明，分销商做出情感性承诺的水平越高，发生机会主义行为的可能性就越低；做出算计性承诺的水平越高，发生机会主义行为的可能性就越高。本书关于供应商的关系取向、分销商的关系承诺以及机会主义行为之间关系的研究结论为供应商通过分销商的承诺来减少分销商的机会主义行为提供了有益的理论指导。因此，本书的研究结论启示供应商的管理者：在治理与分销商的交易关系时，要克制算计性承诺因供应商的关系取向而上升的倾向，同时关注增加分销商的情感性承诺，以达到避免遭受分销商机会主义行为损害的目的。鉴于此，应积极培育渠道成员的情感性承诺，并尽量降低其算计性承诺，以达到抑制机会主义行为的效果。

启示三：构建多层次营销渠道治理机制体系，充分发挥不同类型治理策略在渠道成员机会主义行为治理方面的作用。

渠道成员的寻租关系取向和工具性帮忙关系，以及算计性承诺是不可能被完全消除的，只能是尽量降低其存在的程度，因此通过合理的治理策略以降低寻租关系取向和算计性承诺对机会主义行为的影响就显得格外重要。前文已经述及，本书所讲的治理策略包括合同治理和关系治理。不同的治理策略各自发挥着不同的作用。结合本书的研究结果，得出以下两方面的重要启示：

（1）针对情感性关系取向及情感承诺的渠道成员，要采取关系治理策略，不适宜采用合同治理策略，以抑制机会主义行为。在中国文化背景下，"白纸黑字"的合同属于破坏和谐关系的行为，是彼此间疏远和冲突的象征和原因（严全兴等，2011）。合同的存在使得企业间合作是理性行为而非情感，给渠道成员造成逆反心理，从而诱发机会主义行为。在中国文化背景下，受传统文化的影响与熏陶，渠道成员之间，尤其是持情感性关系取向的渠道成员以及做出情感承诺的渠道成员，应该采用关系治理策略来指导、约束与管理渠道成员的行为及关系。渠道成员之间可以定期举行工作交流会、联谊等活动，加强彼此间的情感交流，促进彼此间的情谊。渠道成员间通过交流，彼此间不仅是合作伙伴关系，而且还是朋友关系，这样一来，在合作中即使出现问题，双方也可以很容易地将问题解决。这对于企业的管理启示是：加强供应商与分销商以及分销商之间的情感交流，让合作伙伴关系演变成商业友谊甚至是家人般关系。随着合作伙伴间交流与互动次数的增多，社会交换因素，如义务、情感会不知不觉地融入到交换活动中（封展旗、邹本国，2009）。讲究“面子”是中国商业文化的特征之一，在商业活动中，合作双方都注意保护自己的面子以及合作伙伴的面子，进而增加和谐、减少内部冲突，因而会降低机会主义行为的发生。

（2）针对工具性帮忙关系取向和算计性承诺的渠道成员，适宜采用合同治理抑制机会主义行为。由于完备的合同条款引导并约束渠道成员的行为，能够起到抑制机会主义行为的效果。这告诉我们，在中国关系背景下，应大力普及法律知识，努力提高企业的法律意识，使得企业遵纪守法并会用法律武器保护自己的合法权益。

娃哈哈集团的例子给本书提供了很好的启示。该集团为了抑制渠道分销商的窜货行为，采取了保证金制度。这种措施的采用犹如本书中提到的合同治理，对机会主义行为起到了抑制作用。

（3）对于寻租关系取向的渠道成员不适宜采用关系治理。关系治理不具有强制性，主要靠自我约束，因此对于寻租关系取向的渠道成员来说，关系治理不仅不会约束其行为，相反还为其投机取巧的行为提供了可能。因此，不适宜采用关系治理策略。

第三节 研究局限与未来展望

尽管本书对学术界和管理界有一定的贡献，但仍存在一些局限为未来研究提供了方向。

（一）数据收集方面

首先，本书通过问卷调查的方式收集到的数据属于静态截面数据，仅考察了某一时点上关系取向、关系承诺与机会主义行为之间的关系。Morgan 和 Hunt（1994）指出，纵向研究对于因果关系能提供更有用的结论。因此，本书结论可以进一步运用时间序列数据的方法来验证，或许会提供更有价值的结论和见解。

其次，本书为了获取数据的便利性，只从渠道一方取得数据，即从分销商处获取数据。将来可以从双方进行配对收集数据。双方收集数据的研究方法更科学、更严谨。

最后，今后研究可考虑从分销商的高层、中层及一线员工三个层次中均收集数据，用三个层次的数据聚合成该分销商的数据，代表性应该更强一些。

（二）研究内容方面

第一，供应商与分销商之间关系发展的不同阶段，关系取向、承诺可能具有不同的特点，对机会主义行为的影响也可能会有所不同。因此，未来研究可以考察双方关系发展的不同阶段关系取向、承诺与机会主义行为之间的关系。

第二，本书只从一方考虑对另一方关系取向的感知，而未同时考虑合作双方的关系取向。因此，未来研究应考虑渠道成员双方的关系取向是否匹配；在匹配的情况下会如何影响承诺、机会主义行为；在不匹配的情况下又会出现什么样的结果。

在最近的 TCE 研究领域中，伙伴特征对机会主义行为的影响已经引起关注。特别是，伙伴背景（partner background）、伙伴感知（partner perceptions）以及伙伴行为（partner behavior）这三个特征在经济交换中对机会主义行为的影响（Rindfleisch et al.，2010）。以前有关伙伴背景影响的研究通常关注于交易伙伴的相似程度。例如，Deeds 和 ills（1999）发现：如果伙伴研究领域（应用研究 VS 基础研究）相似，则企业很难察觉到对方的机会主义。同样地，Luo（2007）发现文化不相似导致企业对伙伴有更大的机会主义。因此，渠道伙伴的相似性程度与机会主义行为存在负相关关系。即如果渠道成员感知到对方是帮忙关系取向，而自己也持这种关系取向，那么会抑制自己的机会主义行为；同样地，渠道成员感知到对方是寻租关系取向，而自己也是寻租取向，那么会更加激发机会主义行为。进一步地，如果渠道成员感知到对方是帮忙关系取向，而自己持寻租关系取向，那么会更加激发机会主义行为的发生；当渠道成员感知到对方是寻租关系取向，而自己持帮忙关系取向时，会降低自己的机会主义行为。

本章小结

本章首先结合第五章的实证分析结果，总结本书结论如下：第一，分销商对供应商关系取向的感知是影响其机会主义行为的重要因素；第二，承诺是联结关系取向与机会主义行为之间的重要桥梁；第三，合同治理和关系治理在抑制机会主义行为方面存在差异。其次，在结合研究结论的基础上，为供应商理解并管理其分销商的机会主义行为提供了有益指导。最后，本书在数据收集方面以及研究内容方面，指出了本书的研究局限并指明未来研究的方向。

参考文献

[1] Achrol R. S., Gundlach G. T.. Legal and Social Safeguards Against Opportunism in Exchange [J]. Journal of Retailing, 1999, 75 (1): 107-124.

[2] Akerlof G. A.. The Market for "Lemons": Quality Uncertainty and the Market Mechanism [J]. The Quarterly Journal of Economics, 1970, 84 (3): 488-500.

[3] Allen N. J., Meyer J. P.. The Measurement and Antecedents of Affective, Continuance and Normative Commitment to the Organization [J]. Journal of Occupational Psychology, 1990, 63 (1): 1-18.

[4] Anderson E., Weitz B.. The Use of Pledges to Build and Sustain Commitment in Distribution Channels [J]. Journal of Marketing Research, 1992, 29 (1): 18-34.

[5] Anderson J. C., Gerbing D. W.. Structural Equation Modeling in Practice: A Review and Recommended Two-Step Approach [J]. Psychological Bulletin, 1988, 103 (3): 411-423.

[6] Anderson J. C., Narus J. A.. A Model of Distributor Firm and Manufacturer Firm Working Partnerships [J]. Journal of Marketing, 1990, 54 (1): 42-58.

[7] Ang S. H., Leong S. M.. Out of The Mouths of Babes: Business Ethics and Youths in Asia [J]. Journal of Business Ethics, 2000, 28 (2): 129-144.

[8] Antia K. D., Frazier G.L.. The Severity of Contract Enforcement in Interfirm Channel Relationships [J]. Journal of Marketing, 2001, 65 (4): 67-81.

[9] Ashill N. J., Jobber D.. Measuring State, Effect, and Response Uncertainty: Theoretical Construct Development and Empirical Validation [J]. Journal of Management, 2010, 36 (5): 1278-1308.

[10] Backhaus K., Büschken J.. The Paradox of Unsatisfying But Stable Relationships -A Look at German Car Suppliers [J]. Journal of Business Research, 1999, 46 (3): 245-257.

[11] Bagozzi R. P., Yi Y.. On the Evaluation of Structural Equation Models [J]. Journal of the Academy of Marketing Science, 1988, 16 (1): 74-94.

[12] Bagozzi R. P.. Evaluating Structural Equation Models with Unobservable Variables and Measurement Error: A Comment [J]. Journal of Marketing Research, 1981, 18 (3): 375-381.

[13] Barnes B. R., Yen D., Zhou L.. Investigating Guanxi Dimensions and Relationship Outcomes: Insights from Sino-Anglo Business Relationships [J]. Industrial Marketing Management, 2011, 40 (4): 510-521.

[14] Barney J.B.. The Debate between Traditional Management Theory and Organizational Economics: Substantive Differences or Intergroup Conflict? [J]. Academy of Management Review, 1990, 15 (3): 382-393.

[15] Benton W. C., Maloni M.. The Influence of Power Driven Buyer/Seller Relationships on Supply Chain Satisfaction [J]. Journal of Operations Management, 2005, 23 (1): 1-22.

[16] Bergen M., Dutta S., Walker Jr. O.C.. Agency Relationships in Marketing: A Review of the Implications and Applications of Agency and Related Theories [J]. The Journal of Marketing, 1992, 56 (3): 1-24.

[17] Bian Y.. Bringing Strong Ties Back in: Indirect Ties, Network Bridges, and Job Searches in China [J]. American Sociological Review, 1997, 62 (3): 366-385.

[18] Bianchi C. C., Saleh M.A.. Antecedents of Importer Relationship Performance in Latin America [J]. Journal of Business Research, 2011, 64 (3): 258-265.

[19] Blau P. M.. Exchange and Power in Social Life [M]. New Brunswick, NJ: Transaction Publishers, 1964.

[20] Bollen K. A., Long J.S.. Testing Structural Equation Models [M]. Newbury Park CA: Sage, 1993.

[21] Bradach J. L., Eccles R.G.. Price, Authority, and Trust: From Ideal Types to Plural Forms [J]. Annual Review of Sociology, 1989, 15 (8): 97-118.

[22] Brown J. R., Crosno J. L., Dev C. S.. The Effects of Transaction-specific Investments in Marketing Channels: The Moderating Role of Relational Norms [J]. The Journal of Marketing Theory and Practice, 2009, 17 (4): 317-334.

[23] Brown J. R., Crosno J. L., Dev C.S.. The Effects of Transaction-Specific Investments in Marketing Channels: The Moderating Role of Relational Norms [J]. Journal of Marketing Theory and Practice, 2009, 17 (4): 317-334.

[24] Brown J. R., Lusch R. F., Nicholson C. Y.. Power and Relationship Commitment: Their Impact on Marketing Channel Member Performance [J]. Journal of Retailing, 1996, 71 (4): 363-392.

[25] Brown J. R., Lusch R. F., Nicholson C.Y.. Power and Relationship Commitment: Their Impact on Marketing Channel Member Performance [J]. Journal of Retailing, 1995, 71 (4): 363-392.

[26] Brown R.. Social Identity Theory: Past Achievements, Current Problems and Future Challenges [J]. European Journal of Social Psychology, 2000, 30 (6): 745-778.

[27] Caniëls M. C. J., Gelderman C.J.. The Safeguarding Effect of Governance Mechanisms in Inter-Firm Exchange: The Decisive Role of Mutual Opportunism [J]. British Journal of Management, 2010, 21 (1): 239-254.

[28] Cannon J. P., Achrol R. S., Gundlach G. T.. Contracts, Norms, and Plural Form Governance [J]. Journal of the Academy of Marketing Science, 2000, 28 (2): 180-194.

[29] Carson S. J., Madhok A., Wu T.. Uncertainty, Opportunism, and

Governance: The Effects of Volatility and Ambiguity on Formal and Relational Contracting [J]. Academy of Management Journal, 2006, 49 (5): 1058-1077.

[30] Cavusgil S. T., Deligonul S., Zhang C.. Curbing Foreign Distributor Opportunism: An Examination of Trust, Contracts, and the Legal Environment in International Channel Relationships [J]. Journal of International Marketing, 2004, 12 (2): 7-27.

[31] Chai S. K., Rhee M.. Confucian Capitalism and the Paradox of Closure and Structural Holes in East Asian Firms [J]. Management and Organization Review, 2010, 6 (1): 5-29.

[32] Chen C. C., Peng M. W., Saparito P. A.. Individualism, Collectivism, and Opportunism: A Cultural Perspective on Transaction Cost Economics [J]. Journal of Management, 2002, 28 (4): 567-583.

[33] Chen X. P., Chen C.C.. On the Intricacies of the Chinese Guanxi: A Process Model of Guanxi Development [J]. Asia Pacific Journal of Mana-gement, 2004, 21 (3): 305-324.

[34] Cheng E. W. L., Li H., Love P. E. D., et al.. Strategic Alliances: A Model for Establishing Long-term Commitment to Inter-organizational Relations in Construction [J]. Building and Environment, 2004, 39 (4): 459-468.

[35] Chin W. W., Marcolin B. L., Newsted P. R.. A Partial Least Squares Latent Variable Modeling Approach for Measuring Interaction Effects: Results from a Monte Carlo Simulation Study and an Electronic-mail Emotion/adoption Study [J]. Information Systems Research, 2003, 14 (2): 189-217.

[36] Churchill Jr G. A.. A Paradigm for Developing Better Measures of Marketing Constructs [J]. Journal of Marketing Research (JMR), 1979, 16 (1): 64-73.

[37] Claro D. P., Hagelaar G., OmtaO.. The Determinants of Relational Governance and Performance: How to Manage Business Relationships? [J]. Industrial Marketing Management, 2003, 32 (8): 703-716.

[38] Cohen J.. Statistical Power Analysis for the Behavioral Sciences [M]. Lawrence Erlbaum Associates, Inc, Hillsdale, NJ, 1977.

[39] Coleman J. S.. Foundations of Social Theory [M]. Cambridge, MA: Harvard University Press, 1990.

[40] Cropanzano R., Mitchell M. S.. Social Exchange Theory: An Inter-disciplinary Review [J]. Journal of Management, 2005, 31 (6): 874-900.

[41] Crosno J. L., Dahlstrom R.. A Meta-analytic Review of Opportunism in Exchange Relationships [J]. Journal of the Academy of Marketing Science, 2008, 36 (2): 191-201.

[42] Cullen J. B., Johnson J. L., Sakano T.. Success Through Commitment and Trust: The Soft Side of Strategic Alliance Management [J]. Journal of World Business, 2000, 35 (3): 223-240.

[43] Das T. K., Rahman N.. Determinants of Partner Opportunism in Strategic Alliances: A Conceptual Framework [J]. Journal of Business and Psychology, 2010, 25 (1): 55-74.

[44] Davies H., Leung T. K. P., Luk S. T. K., et al.. The Benefits of "Guanxi": The Value of Relationships in Developing the Chinese Market [J]. Industrial Marketing Management, 1995, 24 (3): 207-214.

[45] De Ruyter K., SemeijnJ.. Forging Buyer-Seller Relationships for Total Quality Management on International Business: The Case of the European Cement Industry [J]. Total Quality Management, 2002, 13 (3): 403-417.

[46] Dillman D A. Mail And Telephone Surveys [M]. New Jersey: Wiley Interscience, 1978.

[47] Donaldson L.. The Ethereal Hand: Organizational Economics and Management Theory [J]. Academy of Management Review, 1990, 15 (3): 369-381.

[48] Dwyer F. R., Schurr P. H., Oh S.. Developing Buyer-Seller Relationships [J]. The Journal of Marketing, 1987, 51 (2): 11-27.

[49] Dyer J. H., Singh H.. The Relational View: Cooperative Strategy and Sources of Interorganizational Competitive Advantage [J]. Academy of Manage-ment Review, 1998, 23 (4): 660-679.

[50] Eastlick M. A., Lotz S. L., Warrington P.. Understanding Online

B-To-C Relationships: An Integrated Model of Privacy Concerns, Trust, and Commitment [J]. Journal of Business Research, 2006, 59 (8): 877-886.

[51] Edwards J. R., Lambert L. S.. Methods for Integrating Moderation and Mediation: A General Analytical Framework Using Moderated Path Analysis [J]. Psychological Methods, 2007, 12 (1): 1-22.

[52] Eric T. G. Wang, Hsiao-Lan Wei. Interorganizational Governance Value Creation: Coordinating for Information Visibility And Flexibility in Supply Chains [J]. Decision Sciences, 2007, 38 (4): 647-674.

[53] Ewin R. E.. Corporate Loyalty: Its Objects and Its Grounds [J]. Journal of Business Ethics, 1993, 12 (5): 387-396.

[54] Falk R. F., Miller N.B.. A Primer for Soft Modeling [M]. Akron: Universityof Akron Press, 1992.

[55] Fan Y. H., Woodbine G., Scully G.. Guanxi and Its Influence on the Judgments of Chinese Auditors [J]. Asia Pacific Business Review, 2012, 18 (1): 83-97.

[56] Fan Y.. Questioning Guanxi: Definition, Classification and Implic-ations [J]. International Business Review, 2002, 11 (5): 543-561.

[57] Farrell D., Rusbult C.E.. Exchange Variables as Predictors of Job Satisfaction, Job Commitment, and Turnover: The Impact of Rewards, Costs, Alternatives, and Investments [J]. Organizational Behavior and Human Perfor-mance, 1981, 28 (1): 78-95.

[58] Fazio R. H., Zanna M.P.. On the Predictive Validity of Attitudes: The Roles of Direct Experience and Confidence [J]. Journal of Personality, 1978, 46 (2): 228-243.

[59] Ferber R.. Research By Convenience [J]. Journal of Consumer Research, 1977, 4 (1): 57-58.

[60] Flynn B. B., Sakakibara S., Schroeder R. G., et al.. Empirical Research Methods in Operations Management [J]. Journal of Operations Mana-gement, 1990, 9 (2): 250-284.

[61] Fombrun C. J., Van Riel C. B. M.. Fame & Fortune: How

Successful Companies Build Winning Reputations [M]. New Jersey: FT Press, 2004.

[62] Fornell C., Larcker D.F.. Structural Equation Models with Unobservable Variables and Measurement Error: Algebra and Statistics [J]. Journal of Marketing Research, 1981: 382-388.

[63] Foweler F. J.. Survey Research Methods [M]. Newbury Park, CA: Sage, 1988.

[64] Fukuyama F.. Trust: The Social Virtues and the Creation of Prosperity [M]. New York: Free Press, 1995.

[65] Fullerton G.. How Commitment Both Enables and Undermines Marketing Relationships [J]. European Journal of Marketing, 2005, 39 (11/12): 1372-1388.

[66] Fynes B., Voss C.. The Moderating Effect of Buyer-Supplier Relationships on Quality Practices and Performance [J]. International Journal of Operations & Production Management, 2002, 22 (6): 589-613.

[67] GençtÜRk E. F., Aulakh P.S.. Norms-and Control-Based Governance of International Manufacturer-Distributor Relational Exchanges [J]. Journal of International Marketing, 2007, 15 (1): 92-126.

[68] Geyskens I., Steenkamp J. B. E. M., Kumar N.. Make, Buy, or Ally: A Transaction Cost Theory Meta-Analysis [J]. Academy of Management Journal, 2006, 49 (3): 519-543.

[69] Geyskens I., Steenkamp J. B. E. M., Scheer L. K., et al. The Effects of Trust and Interdependence on Relationship Commitment: A Trans-Atlantic Study [J]. International Journal of Research in Marketing, 1996, 13 (4): 303-317.

[70] Ghiselli E. E., Campbell J. P., ZedeckS.. Measurement Theory for the Behavioral Sciences [M]. London: W.H. Freeman, 1981.

[71] Ghoshal S., Moran P.. Bad for Practice: A Critique of the Transaction Cost Theory [J]. Academy of Management Review, 1996, 21 (1): 13-47.

［72］ Gibb B. E.， Andover M. S.， Beach S. R. H.. Suicidal Ideation and Attitudes Toward Suicide［J］. Suicide and Life-Threatening Behavior，2006，36（1）：12-18.

［73］ Gibbs Jack P.. Norms，Deviance and Social Control：Conceptua Matters［M］. New York：Elsevier，1981.

［74］ Gilliland D. I.， Bello D. C.. Two Sides to Attitudinal Commitment：the Effect of Calculative and Loyalty Commitment on Enforcement Mechanisms in Distribution Channels［J］. Journal of the Academy of Marketing Science，2002，30（1）：24-43.

［75］ Goffman E.. The Presentation of Self in Everyday Life［M］. Harmondsworth，1959.

［76］ Granovetter M.. Economic Action and Social Structure：The Problem of Embeddedness［J］. American Journal of Sociology，1985，91（3）：481-510.

［77］ Gruen T. W.， Shah R.H.. Determinants and Outcomes of Plan Objectivity and Implementation in Category Management Relationships［J］. Journal of Retailing，2000，76（4）：483-510.

［78］ Gruen T. W.， Summers J. O.， Acito F.. Relationship Marketing Activities，Commitment，and Membership Behaviors in Professional Associations［J］. Journal of Marketing，2000，64（3）：34-49.

［79］ GuG.，Zhang J.，Lee W.. Bot Sniffer：Detecting Botnet Command and Control Channels in Network Traffic［R］. In：Proc. NDSS '08，2008.

［80］ Gundlach G. T.， Achrol R. S.， Mentzer J. T.. The Structure of Commitment in Exchange［J］. Journal of Marketing，1995，59（1）：78-92.

［81］ Gustafsson A.， Johnson M. D.， Roos I.. The Effects of Customer Satisfaction，Relationship Commitment Dimensions，and Triggers on Customer Retention［J］. Journal of Marketing，2005，69（4）：210-218.

［82］ Guthrie D.. The Declining Significance of Guanxi in China's Economic Transition［J］. The China Quarterly，1998（154）：254-282.

［83］ Hackett R. D.， Bycio P.， Hausdorf P.A.. Further Assessments of Meyer and Allen's（1991）Three-component Model of Organizational Commitment [J]. Journal of Applied Psychology, 1994, 79 (1): 15.

[84] Hakansson H., Ford D.. How Should Companies Interact in Business Networks? [J]. Journal of Business Research, 2002, 55 (2): 133-139.

[85] Haugland S.A.. Factors Influencing the Duration of International Buyer-Seller Relationships [J]. Journal of Business Research, 1999, 46 (3): 273-280.

[86] Hawkins T. G., Lewin J. E., Amos C.. The Influence of Leader Opportunism in B2B Exchange [J]. Journal of Business Research, 2012, 65 (8): 1112-1118.

[87] Hawkins T. G., Wittmann C. M., Beyerlein M. M.. Antecedents and Consequences of Opportunism in Buyer-supplier Relations: Research Synthesis and New Frontiers [J]. Industrial Marketing Management, 2008, 37 (8): 895-909.

[88] Hawkins T., Knipper M. G., Strutton D.. Opportunism in Buyer-supplier Relations: New Insights from Quantitative Synthesis [J]. Journal of Marketing Channels, 2009, 16 (1): 43-75.

[89] Heide J. B., John G.. Do Norms Matter in Marketing Relationships? [J]. The Journal of Marketing, 1992: 32-44.

[90] Heide J. B., John G.. The Role of Dependence Balancing in Safeguarding Transaction-Specific Assets in Conventional Channels [J]. The Journal of Marketing, 1988, 52 (1): 20-35.

[91] Heide J.B..Interorganizational Governance in Marketing Channels [J]. The Journal of Marketing, 1994, 58 (1): 71-85.

[92] Hewett K., Money R. B., Sharma S.. An Exploration of the Moderating Role of Buyer Corporate Culture in Industrial Buyer-seller Relationships [J]. Journal of the Academy of Marketing Science, 2002, 30 (3): 229-239.

[93] Homans G.C.. Social Behavior as Exchange [J]. American Journal of Sociology, 1958, 63 (6): 597-606.

[94] Homburg C., Cannon J. P., Krohmer H., et al.. Governance of

International Business Relationships: A Cross-cultural Study on Alternative Governance Modes [J]. Journal of International Marketing, 2009, 17 (3): 1-20.

[95] Horng C.. Cultural Differences, Trust and Their Relationships to Business Strategy and Control [J]. Advances in International Comparative Management, 1993 (8): 175-197.

[96] Hoskisson R. E., Eden L., Lau C. M., et al.. Strategy in Emerging Economies [J]. Academy of Management Journal, 2000, 43 (3): 249-267.

[97] Hulland J.. Use of Partial Least Squares (PLS) in Strategic Management Research: A Review of Four Recent Studies [J]. Strategic Management Journal, 1999, 20 (2): 195-204.

[98] Huo B.. An Exploratory Study of Power, Relationship Commitment, Supply Chain Integration and Performance [M]. Ann Arbor: ProQuest, 2007.

[99] Hwang K.. Face and Favor: The Chinese Power Game [J]. American Journal of Sociology, 1987, 92 (4): 35-41.

[100] Jap S. D., Anderson E.. Safeguarding Interorganizational Performance and Continuity Under Ex Post Opportunism [J]. Management Science, 2003, 49 (12): 1684-1701.

[101] Jap S. D., Ganesan S.. Control Mechanisms and the Relationship Life Cycle: Implications for Safeguarding Specific Investments and Developing Commitment [J]. Journal of Marketing Research, 2000, 37 (2): 227-245.

[102] Jap S. D., Manolis C., Weitz B.A.. Relationship Quality and Buyer-Seller Interactions in Channels of Distribution [J]. Journal of Business Research, 1999, 46 (3): 303-313.

[103] Jaros S. J., Jermier J. M., Koehler J. W., et al.. Effects of Continuance, Affective, and Moral Commitment on the Withdrawal Process: An Evaluation of Eight Structural Equation Models [J]. Academy of Management Journal, 1993, 36 (5): 951-995.

[104] Jiang X., Li S.. The Formation Mechanism of Business-to-Business Relationship Commitment and Its Effects on Alliance Performance in Supply

Chain [R]. Service Systems and Service Management, 2009. ICSSSM'09. 6th International Conference on. IEEE, 2009: 141-146.

[105] John G., Weitz B.A.. Forward Integration into Distribution: An Empirical Test of Transaction Cost Analysis [J]. Journal of Law, Economics, & Organization, 1988, 4 (2): 337-355.

[106] John G.. An Empirical Investigation of Some Antecedents of Opportunism in a Marketing Channel [J]. Journal of Marketing Research, 1984 (8): 278-289.

[107] Johnson J. L., Cullen J. B., Sakano T.. Opportunistic Tendencies in IJVs with the Japanese: The Effects of Culture, Shared Decision Making, and Relationship Age [J]. The International Executive, 1996, 38 (1): 79-94.

[108] Joshi A. W., Stump R.L.. Determinants of Commitment and Opportunism: Integrating and Extending Insights from Transaction Cost Analysis and Relational Exchange Theory [J]. Canadian Journal of Administrative Sciences/Revue Canadienne Des Sciences De l'Administration, 1999, 16 (4): 334-352.

[109] Joshi A. W., Stump R.L.. The Contingent Effect of Specific Asset Investments on Joint Action in Manufacturer -supplier Relationships: An Empirical Test of the Moderating Role of Reciprocal Asset Investments, Uncertainty, and Trust [J]. Journal of the Academy of Marketing Science, 1999, 27 (3): 291-305.

[110] Kaiser H. F., Rice J..Little Jiffy, Mark IV [J]. Educational and Psychological Measurement, 1974 (34): 111-117.

[111] Kale S. H., McIntyre R. P.. Distribution Channel Relationships in Diverse Cultures [J]. International Marketing Review, 1991, 8 (3): 31-45.

[112] Kalleberg A. L., Reve T.. The Organization of Employment Relations: Integrating Sociological and Economic Approaches [J]. Scandinavian Journal of Management, 1992, 8 (4): 301-318.

[113] Kanter R. M.. Commitment and Community: Communes and Utopias in Sociological Perspective [M]. Boston: Harvard University Press, 1972.

[114] Kashyap V., Antia K. D., Frazier G.L.. Contracts, Extracontractual Incentives, and Ex Post Behavior in Franchise Channel Relationships [J]. Journal of Marketing Research, 2012, 49 (2): 260-276.

[115] Kingshott R. P. J., Pecotich A.. The Impact of Psychological Contracts on Trust and Commitment in Supplier-Distributor Relationships [J]. European Journal of Marketing, 2007, 41 (9/10): 1053-1072.

[116] Kingshott R. P.J.. The Impact of Psychological Contracts upon Trust and Commitment within Supplier-Buyer Relationships: A Social Exchange View [J]. Industrial Marketing Management, 2006, 35 (6): 724-739.

[117] Klein Woolthuis R. J. A., Hillebrand B., NooteboomB.. Trust, Contract and Relationship Development [J]. Organization Studies, 2005, 26 (6): 813-840.

[118] Kline R. B.. Principles and Practices of Structural Equation Modeling [M]. Newbury Park CA: Sage, 1993.

[119] Kumar N., Hibbard J. D., Stern L. W.. The Nature end Consequences of Marketing Channel Intermediary Commitment [R]. Working Paper Senies. Report Marketing Science Institute, Cambridge MA, 1994: 94-115.

[120] Lafferty B. A., Goldsmith R.E.. Corporate Credibility's Role in Consumers'Attitudes and Purchase Intentions When a High Versus a Low Credibility Endorser is Used in the Ad [J]. Journal of Business Research, 1999, 44 (2): 109-116.

[121] Lages L. F., Silva G., Styles C.. Relationship Capabilities, Quality, and Innovation as Determinants of Export Performance [J]. Journal of International Marketing, 2009, 17 (4): 47-70.

[122] Lai F., Tian Y., Huo B.. Relational Governance and Opportunism in Logistics Outsourcing Relationships: Empirical Evidence from China [J]. International Journal of Production Research, 2012, 50 (9): 2501-2514.

[123] Lai F., Tian Y., Huo B.. Relational Governance and Opportunism in Logistics Outsourcing Relationships: Empirical Evidence from China [J]. International Journal of Production Research, 2012, 50 (9): 2501-2514.

[124] Lai K., Bao Y., Li X.. Channel Relationship and Business Uncertainty: Evidence from the Hong Kong Market [J]. Industrial Marketing Management, 2008, 37 (6): 713-724.

[125] Lee D. Y., Dawes P. L.. Guanxi, Trust, and Long-Term Orientation in Chinese Business Markets [J]. Journal of International Marketing, 2005, 13 (2): 28-56.

[126] Leung K., Bhagat R. S., Buchan N. R., et al.. Culture and International Business: Recent Advances and Their Implications for Future Research [J]. Journal of International Business Studies, 2005, 36 (4): 357-378.

[127] Li J., Wright P. C.. The Issue of Guanxi: Discrepancies, Reality and Implications [M]. Hong Kong: Business Research Centre, School of Business, Hong Kong Baptist University, 1999.

[128] Locke L. F., Silverman S. J., Spirduso W. W.. Reading and Understanding Research [M]. Thousand Oaks, CA: Sage Publications, 1998.

[129] Lohtia R., Brooks C. M., Krapfel R.E.. What Constitutes A Transaction-Specific Asset?: An Examination of the Dimensions and Types [J]. Journal of Business Research, 1994, 30 (3): 261-270.

[130] Lovett S., Simmons L. C., Kali R..GuanxiVersus the Market: Ethics and Efficiency [J]. Journal of International Business Studies, 1999, 30 (2): 231-247.

[131] Luo Y., Huang Y., Wang S. L.. Guanxi and Organizational Performance: A Meta-Analysis [J]. Management and Organization Review, 2012, 8 (1): 139-172.

[132] Luo Y., Huang Y., Wang S.L..Guanxi and Organizational Performance: A Meta-Analysis [J]. Management and Organization Review, 2012, 8 (1): 139-172.

[133] Luo Y., Tung R.L.. International Expansion of Emerging Market Enterprises: A Springboard Perspective [J]. Journal of International Business Studies, 2007, 38 (4): 481-498.

[134] Luo Y.. Guanxi and Performance of Foreign-Invested Enterprises in

China: An Empirical Inquiry [J]. MIR: Management International Review, 1997 (37): 51-70.

[135] Luo Y.. Opportunism in Inter-Firm Exchanges in Emerging Markets [J]. Management and Organization Review, 2006, 2 (1): 121-147.

[136] Luo Y.. Partnering with Foreign Firms: How do Chinese Managers View the Governance and Importance of Contracts? [J]. Asia Pacific Journal of Management, 2002, 19 (1): 127-151.

[137] Macher J. T., Richman B.D.. Transaction Cost Economics: An Assessment of Empirical Research in the Social Sciences [J]. Business And Politics, 2008, 10 (1): 1-92.

[138] Macneil I.R.. Relational Contract Theory As Sociology: A Reply to Professors Lindenbergand De Vos [J]. Journal of Institutional and Theoretical Economics (JITE) /Zeitschrift FüR Die Gesamte Staatswissenschaft, 1987, 143 (2): 272-290.

[139] Manev I. M., Stevenson W. B.. Nationality, Cultural Distance, and Expatriate Status: Effects on the Managerial Network in a Multinational Enterprise [J]. Journal of International Business Studies, 2001 (32): 285-303.

[140] Mathieu J. E., Zajac D. M.. A Review and Meta-Analysis of the Antecedents, Correlates, and Consequences of Organizational Commitment [J]. Psychological Bulletin, 1990, 108 (2): 171-194.

[141] Mesquita L. F., Anand J., Brush T.H..Comparing the Resource-Based and Relational Views: Knowledge Transfer and Spillover In Vertical Alliances [J]. Strategic Management Journal, 2008, 29 (9): 913-941.

[142] Meyer J. P., Allen N. J., Smith C. A.. Commitment to Organizations and Occupations: Extension and Test of A Three-Component Conceptualization [J]. Journal of Applied Psychology, 1993, 78 (4): 538.

[143] Milgrom P. R., North D.C.. The Role of Institutions In The Revival of Trade: The Law Merchant, Private Judges, and The Champagne Fairs [J]. Economics & Politics, 1990, 2 (1): 1-23.

[144] Molm L. D., Takahashi N., Peterson G.. Risk and Trust in Social

Exchange: An Experimental Test of a Classical Proposition [J]. American Journal of Sociology, 2000, 105 (5): 1396-1427.

[145] Moon J.. Factors Influencing A Manufacturer's Opportunism towards Small-and Medium-Sized Suppliers [J]. Journal of Global Scholars of Marketing Science, 2012, 22 (2): 131-144.

[146] Morgan R. M., Hunt S. D.. The Commitment-Trust Theory of Relationship Marketing [J]. Journal of Marketing, 1994, 58 (3): 20-38.

[147] Mowday R. T., Porter L. W., Steers R.. Organizational Linkage: The Psychology of Commitment, Absenteeism and Turnover [J]. New York: Academic Press, NHS Information Centre (2008). Statistics/Data Collections-Prescriptions, available from www. ic. nhs. uk. Accessed, 1982, 10 (3): 2008.

[148] Murry Jr. J. P., Heide J.B.. Managing Promotion Program Participation within Manufacturer-Retailer Relationships [J]. The Journal of Marketing, 1998, 62 (1): 58-68.

[149] Muthusamy S. K., White M.A.. Learning and Knowledge Transfer in Strategic Alliances: A Social Exchange View [J]. Organization Studies, 2005, 26 (3): 415-441.

[150] Mysen T., Svensson G., Payan J. M.. The Key Role of Opportunism in Business Relationships [J]. Marketing Intelligence & Planning, 2011, 29 (4): 436-449.

[151] Narayandas D., Rangan V. K.. Building and Sustaining Buyer-seller Relationships in Mature Industrial Markets [J]. Journal of Marketing, 2004, 68 (3): 63-77.

[152] Newsted P. R., Huff S. L., Munro M. C.. Living Scholarship: Survey Instruments in Information Systems [J]. MIS Quarterly, 1998 (12): 553-554.

[153] Niesten E., Jolink A.. Incentives, Opportunism and Behavioral Uncertainty in Electricity Industries [J]. Journal of Business Research, 2012, 65 (7): 1031-1039.

[154] Noordewier T. G., John G., Nevin J.R.. Performance Outcomes of Purchasing Arrangements in Industrial Buyer-Vendor Relationships [J]. The Journal of Marketing, 1990, 54 (4): 80-93.

[155] Nunnally J. C..Psychometric Theory (2nd Ed.) [J]. New York: McGraw-Hill, 1978.

[156] Orbell J. M., Dawes R. M.. Social Welfare, Cooperators' Advantage, and the Option of Not Playing the Game [J]. American Sociological Review, 1993, 58 (6): 787-800.

[157] Ouchi W.G.. Markets, Bureaucracies, and Clans [J]. Administrative Science Quarterly, 1980, 25 (1): 129-141.

[158] Parameswaran R., Yaprak A.. A Cross-National Comparison of Consumer Research Measures [J]. Journal of International Business Studies, 1987 (18): 35-49.

[159] Park S. H., Luo Y..Guanxi and Organizational Dynamics: Organizational Networking in Chinese Firms [J]. Strategic Management Journal, 2001, 22 (5): 455-477.

[160] Pearce D.. A Comparative Evaluation of Collocation Extraction Techniques [C].LREC, 2002.

[161] Pearce J. A., Robinson R.B.. Cultivating Guanxi as a Foreign Investor Strategy [J]. Business Horizons, 2000, 43 (1): 31-38.

[162] Peng M. W., Heath P.S.. The Growth of the Firm in Planned Economies in Transition: Institutions, Organizations, and Strategic Choice [J]. Academy of Management Review, 1996, 21 (2): 492-528.

[163] Penley L. E., Gould S..Etzioni's Model of Organizational Involvement: A Perspective for Understanding Commitment to Organizations [J]. Journal of Organizational Behavior, 1988, 9 (1): 43-59.

[164] Ping R.A.. The Effects of Satisfaction and Structural Constraints on Retailer Exiting, Voice, Loyalty, Opportunism, and Neglect [J]. Journal of Retailing, 1993, 69 (3): 320-352.

[165] Podsakoff P. M., Organ D.W.. Self Reports in Organizational

Research: Problems and Prospects [J]. Journal of Management, 1986, 12 (4): 531-544.

[166] Poppo L., Zenger T.. Do Formal Contracts and Relational Governance Function as Substitutes or Complements? [J]. Strategic Management Journal, 2002, 23 (8): 707-725.

[167] Porter L. W., Steers R. M., Mowday R. T., et al.. Organizational Commitment, Job Satisfaction, and Turnover among Psychiatric Technicians [J]. Journal of Applied Psychology, 1974, 59 (5): 603.

[168] Price L. L., Arnould E. J.. Commercial Friendships: Service Provider-Client Relationships in Context [J]. The Journal of Marketing, 1999, 63 (10): 38-56.

[169] Pye L.. Chinese Commercial Negotiating Style [M]. New York: Quorum Books, Rand Corporation, 1982.

[170] Pye L.W.. The Spirit of Chinese Politics [M]. Boston: Harvard University Press, 1992.

[171] Pyle William. Collective Action and Post-Communist Enterprise: The Economic Logic of Russia's Business Associations [J]. William Davidson Institute Working Paper, 2005 (9): 1-41.

[172] Rademakers M. F.L.. Agents of Trust: Business Associations in Agri-Food Supply Systems [J]. The International Food and Agribusiness Management Review, 2000, 3 (2): 139-153.

[173] Rindfleisch A., Antia K., Bercovitz J., et al.. Transaction Costs, Opportunism, and Governance: Contextual Considerations and Future Research Opportunities [J]. Marketing Letters, 2010, 21 (3): 211-222.

[174] Rindfleisch A., Heide J.B.. Transaction Cost Analysis: Past, Present, and Future Applications [J]. The Journal of Marketing, 1997, 61 (4): 30-54.

[175] Ritter T.. A Framework for Analyzing Interconnectedness of Relationships [J]. Industrial Marketing Management, 2000, 29 (4): 317-326.

[176] Rokkan A. I., Heide J. B., Wathne K. H.. Specific Investments in

Marketing Relationships: Expropriation and Bonding Effects [J]. Journal of Marketing Research, 2003, 40 (2): 210-224.

[177] Ryu S., Jang W., Lee J., et al.. When Do Organizations Behave Opportunistically? The Effects of Collectivistic Organizational Culture [J]. Journal of Applied Business Research (JABR), 2012, 28 (6): 1305-1314.

[178] Söllner A.. Asymmetrical Commitment in Business Relationships [J]. Journal of Business Research, 1999, 46 (3): 219-233.

[179] Samaha S. A., Palmatier R. W., Dant R. P.. Poisoning Relationships: Perceived Unfairness in Channels of Distribution [J]. Journal of Marketing, 2011, 75 (3): 99-117.

[180] Scheer L. K., Stern L.W.. The Effect of Influence Type and Performance Outcomes on Attitude Toward the Influencer [J]. Journal of Marketing Research, 1992, 29 (1): 128-142.

[181] Schurr P. H., Ozanne J.L.. Influences on Exchange Processes: Buyers'Preconceptions of a Seller's Trustworthiness and Bargaining Toughness [J]. Journal of Consumer Research, 1985, 11 (4): 939-953.

[182] Scully G., Woodbine G., Fan Y. H.. Guanxi and Its Influence on the Judgements of Chinese Auditors [J]. Asia Pacific Business Review, 2012, 18 (1): 83-97.

[183] Settoon R. P., Bennett N., Liden R. C.. Social Exchange in Organizations: Perceived Organizational Support, Leader-Member Exchange, and Employee Reciprocity [J]. Journal of Applied Psychology, 1996, 81 (3): 219-227.

[184] Shore L. M., Shore T.H.. Perceived Organizational Support and Organizational Justice [J]. Organizational Politics, Justice, and Support: Managing the Social Climate of the Workplace, 1995: 149-164.

[185] Sin L. Y. M., Tse A. C. B., Yau O. H. M., et al. Market Orientation, Relationship Marketing Orientation, and Business Performance: The Moderating Effects of Economic Ideology and Industry Type [J]. Journal of International Marketing, 2005, 13 (1): 36-57.

[186] Skarmeas D., Katsikeas C. S., Schlegelmilch B.B.. Drivers of Commitment and Its Impact on Performance in Cross-Cultural Buyer-Seller Relationships: The Importer's Perspective [J]. Journal of International Business Studies, 2002, 33 (4): 757-783.

[187] Skarmeas D., Katsikeas C. S., Spyropoulou S., et al.. Market and Supplier Characteristics Driving Distributor Relationship Quality in International Marketing Channels of Industrial Products [J]. Industrial Marketing Management, 2008, 37 (1): 23-36.

[188] Sloof R., SonnemansJ.. The Interaction between Explicit and Relational Incentives: An Experiment [J]. Games and Economic Behavior, 2011, 73 (2): 573-594.

[189] Snell R. S.. Obedience to Authority and Ethical Dilemmas in Hong Kong Companies [J]. Business Ethics Quarterly, 1999, 9 (3): 507-526.

[190] Snell R., Tseng C. S.. Moral Atmosphere and Moral Influence under China's Network Capitalism [J]. Organization Studies, 2002, 23 (3): 449-478.

[191] Somers M.J.. Organizational Commitment, Turnover and Absenteeism: An Examination of Direct and Interaction Effects [J]. Journal of Organizational Behavior, 1995, 16 (1): 49-58.

[192] Standifird S. S., Marshall R. S.. The Transaction Cost Advantage of Guanxi-based Business Practices [J]. Journal of World Business, 2000, 35 (1): 21-42.

[193] Stanko M. A., Bonner J. M., Calantone R. J.. Building Commitment in Buyer-Seller Relationships: A Tie Strength Perspective [J]. Industrial Marketing Management, 2007, 36 (8): 1094-1103.

[194] Stewart G. T., Zacharia Z. G., Artis A. B.. Leveraging Relationship Orientation and Its Impact on Relationship Outcomes [J]. Journal of Business & Industrial Marketing, 2012, 27 (8): 644-658.

[195] Stump R. L., Heide J.B.. Controlling Supplier Opportunism in Industrial Relationships [J]. Journal of Marketing Research, 1996, 33 (4):

431–441.

[196] Su C., Littlefield J. E.. Entering Guanxi: A Business Ethical Dilemma in Mainland China? [J]. Journal of Business Ethics, 2001, 33 (3): 199–210.

[197] Su C., Sirgy M. J., Littlefield J.E.. Is Guanxi Orientation Bad, Ethically Speaking? A Study of Chinese Enterprises [J]. Journal of Business Ethics, 2003, 44 (4): 303–312.

[198] Szeto R., Wright P. C., Cheng E.. Business Networking in the Chinese Context: Its Role in the Formation of Guanxi, Social Capital and Ethical Foundations [J]. Management Research News, 2006, 29 (7): 425–438.

[199] Tabachnick B. G., Fidell L. S.. Using Multivariate Statistics [M]. New York: Harper Collins College Publishers, 1996.

[200] Tangpong C., Hung K. T., Ro Y.K.. The Interaction Effect of Relational Norms and Agent Cooperativeness on Opportunism in Buyer–Supplier Relationships [J]. Journal of Operations Management, 2010, 28 (5): 398–414.

[201] Teimoury E., Fesharaki M., BazyarA.. The Relationship Between Modes of Governance and Relational Tie in New Product Development Relati-onships [J]. Journal of Strategy and Management, 2010, 3 (4): 374–392.

[202] Tenenhaus M., Vinzi V. E., Chatelin Y. M., et al.. PLS Path Modeling [J]. Computational Statistics & Data Analysis, 2005, 48 (1): 159–205.

[203] Tsang E. W. K.. Can Guanxi be a Source of Sustained Competitive Advantage for Doing Business in China? [J]. The Academy of Management Executive, 1998, 12 (2): 64–73.

[204] Turner J. H., Turner P. R.. The Structure of Sociological Theory [M]. Belmont, CA: Wadsworth, 1991.

[205] Wang Q., Li J. J., Ross Jr W. T., et al.. The Interplay of Drivers and Deterrents of Opportunism in Buyer–Supplier Relationships [J]. Journal of the Academy of Marketing Science, 2013, 41 (1): 111–131.

[206] Wang X., Yang Z.. Inter-Firm Opportunism: A Meta-analytic Review and Assessment of Its Antecedents and Effect on Performance [J]. Journal of Business & Industrial Marketing, 2013, 28 (2): 137-146.

[207] Wathne K. H., Heide J. B.. Opportunism in Interfirm Relation-ships: Form, Outcomes, and Solutions [J]. Journal of Marketing, 2000, 64 (4): 36-51.

[208] Weitz B. A., Jap S.D.. Relationship Marketing and Distribution Channels [J]. Journal of The Academy of Marketing Science, 1995, 23 (4): 305-320.

[209] Wetzels M, De Ruyter K., Van Birgelen M.. Marketing Service Relationships: the Role of Commitment [J]. Journal of Business & Industrial Marketing, 1998, 13 (4/5): 406-423.

[210] Williamson O. E.. Markets and Hierarchies: Analysis and Antitrust Implications [M]. New York: Free Press, 1975.

[211] Williamson O. E.. The Economic Intstitutions of Capitalism [M]. New York: Simon and Schuster, 1985.

[212] Williamson O. E.. The Economics of Organization: The Transaction Cost Approach [J]. American Journal of Sociology, 1981, 87 (3): 548-577.

[213] Williamson O.E.. Comparative Economic Organization: The Analysis of Discrete Structural Alternatives [J]. Administrative Science Quarterly, 1991, 36 (2): 269-296.

[214] Wong Y. H., Chan R. Y. K., Leung T. K. P., et al.. Commitment and Vulnerability in B2B Relationship Selling in the Hong Kong Institutional Insurance Service Industry [J]. Journal of Services Marketing, 2008, 22 (2): 136-148.

[215] Wong Y. H., T. P. Leung.Guanxi: Relationship Marketing in a Chinese Context [M]. New York: International Business Press, 2001.

[216] Wuyts S., I. Geyskens.The Formation of Buyer-Supplier Relationship: Detailed Contract Drafting and Close Partner Selection [J]. Journal of Marketing, 2005, 69 (4): 103-117.

[217] Xin K. K., Pearce J. L.. Guanxi: Connections as Substitutes for Formal Institutional Support [J]. Academy of Management Journal, 1996, 39 (6): 1641-1658.

[218] Yang M. M.. Gifts, Favors, and Banquets: The Art of Social Relationships in China [M]. Cornell University Press, 1994.

[219] Yau O. H. M., Mcfetridge P. R., Chow R. P. M., et al.. Is Relationship Marketing for Everyone? [J]. European Journal of Marketing, 2000, 34 (9/10): 1111-1127.

[220] Yen D. A., Barnes B. R., Wang C. L.. The Measurement of Guanxi Introducing the GRX Scale [J]. Industrial Marketing Management, 2011, 40 (1): 97-108.

[221] Yeung I. Y. M., Tung R. L.. Achieving Business Success in Confucian Societies: The Importance of Guanxi (Connections) [J]. Organizational Dynamics, 1996, 25 (2): 54-65.

[222] Zaheer A., McEvily B., Perrone V.. Does Trust Matter? Exploring the Effects of Interorganizational and Interpersonal Trust on Performance [J]. Organization Science, 1998, 9 (2): 141-159.

[223] Zajac E. J., Olsen C. P.. From Transaction Cost to Transactional Value Analysis: Implications for the Study of Interorganizational Strategies [J]. Journal of Management Studies, 1993, 30 (1): 131-145.

[224] Zaltman, Moorman C., Zaltman G., Deshpande R.. Relationships between Providers and Users of Market Research: The Dynamics of Trust within and between Organizations [J]. Journal of Marketing Research, 1992, 29 (3): 314.

[225] Zand D.E..Trust and Managerial Problem Solving [J]. Administrative Science Quarterly, 1972, 17 (2): 229-239.

[226] Zhang C., Cavusgil S. T., Roath A.S.. Manufacturer Governance of Foreign Distributor Relationships: Do Relational Norms Enhance Competitiveness in the Export Market? [J]. Journal of International Business Studies, 2003, 34 (6): 550-566.

[227] Zhao X., Huo B., Flynn B. B., et al.. The Impact of Power and Relationship Commitment on the Integration Between Manufacturers and Customers in a Supply Chain [J]. Journal of Operations Management, 2008, 26 (3): 368-388.

[228] 宝贡敏，赵卓嘉. 冲突处理模式的维度划分与测量 [J]. 浙江大学学报（人文社会科学版），2008，38（4）：136-145.

[229] 蔡昊雯，史会斌，李垣. 程序公平和分配公平对联盟承诺的影响：基于中国医院联盟的实证研究 [J]. 管理评论，2012，24（3）：157-170.

[230] 陈东. PPP 语境下的合同治理与关系治理 [J]. 环球市场信息导报，2012（4）：20.

[231] 陈明. 不当督导度强制性公平行为影响机制及权变因素研究 [D]. 长春：吉林大学博士学位论文，2013.

[232] 陈永昶. 游客感知视角下旅游企业机会主义行为成因与影响研究 [D]. 天津：南开大学博士学位论文，2012.

[233] 陈正昌，程炳林，陈新丰等. 多变量分析方法：统计软件应用 [M]. 北京：中国税务出版社，2005.

[234] 代鹏，刘洪渭. 心理契约视角下母子公司财务协同研究 [J]. 山东社会科学，2013（8）：159-163.

[235] 董维维，庄贵军. 关系治理的本质解析及在相关研究中的应用 [J]. 软科学，2012，26（9）：133-137.

[236] 费孝通. 乡土中国生育制度 [M]. 北京：北京大学出版社，1998.

[237] 风笑天. 社会调查中的问卷设计 [M]. 天津：天津人民出版社，2001.

[238] 风笑天. 社会学研究方法 [M]. 北京：中国人民大学出版社，2005.

[239] 符加林. 企业声誉效应对联盟伙伴机会主义行为约束研究 [D]. 杭州：浙江大学管理学院博士学位论文，2007.

[240] 高维和，陈信康，江晓东. 声誉、心理契约与企业间关系：基于在华外资企业采购视角的研究 [J]. 管理世界，2009（8）：102-112.

［241］高维和，陈信康. 商业性朋友关系研究述评［J］. 外国经济与管理，2009（9）：8.

［242］高维和，黄沛，王震国. 资产专用性、渠道异质性与渠道投机行为：基于中国汽车企业的实证［J］. 财贸研究，2006（4）：102-109.

［243］高以成. 关系学习影响渠道绩效的机制：基于中国家电行业的实证研究［D］. 广州：华南理工大学博士学位论文，2011.

［244］韩小芸，汪纯孝. 服务性企业顾客满意感与忠诚感关系［M］. 北京：清华大学出版社，2003.

［245］何显富. 企业社会责任、道德型领导行为对员工、组织公民行为影响及其作用机理研究［D］. 成都：西南交通大学博士学位论文，2011.

［246］何友晖，陈淑娟，赵志裕. 关系取向：为中国社会心理方法论求答案［A］. 杨国枢，黄光国. 中国人的心理与行为（一九八九）［C］. 中国台北：桂冠图书公司，1991.

［247］何自力. 比较制度经济学［M］. 北京：高等教育出版社，2007.

［248］贺卫，伍山林. 制度经济学［M］. 北京：机械工业出版社，2003.

［249］侯杰泰，温忠麟，成子娟. 结构方程模型及其应用［M］. 北京：教育科学出版社，2004.

［250］侯玉波. 社会心理学［M］. 北京：北京大学出版社，2002.

［251］胡士强，彭纪生，周路路. 关系取向、面子需求与组织内知识共享——中国情境下知识共享意愿的探讨［J］. 上海管理科学，2010，32（4）：81-86.

［252］黄芳铭. 结构方程模式：理论及应用［M］. 北京：中国税务出版社，2005.

［253］黄光国，陈垣之，梁觉. 关系与面子：华人社会中的冲突化解模式［J］. 迈进中的华人心理学. 中国香港：香港中文大学出版社，2000.

［254］黄光国. 多元典范的研究取向：论社会心理学的本土化［A］. 面子——中国人的权力游戏［C］. 北京：中国人民大学出版社，2004.

［255］黄光国. 人情与面子：中国人的权力游戏［A］. 杨国枢. 中国人的心理［C］. 中国台北：桂冠图书股份有限公司，1988.

[256] 黄光国. 王者之道 [M]. 中国台北：台湾学术书局，1989.

[257] 霍宝锋，韩昭君，赵先德. 权力与关系承诺对供应商整合的影响 [J]. 管理科学学报，2013，16 (4)：33-50.

[258] 贾生华，吴波，王承哲. 资源依赖、关系质量对联盟绩效影响的实证研究 [J]. 科学学研究，2007，25 (2)：334-338.

[259] 姜定宇. 华人部属与主管关系、主管忠诚及其后续结果：一项两阶段研究 [D]. 中国台北：中国台湾大学博士学位论文，2005.

[260] 蒋晓荣，李随成. 企业间关系承诺对信息分享的影响研究 [J]. 科技管理研究，2011 (19)：113-116.

[261] 蒋晓荣，李随成. 制造商—供应商关系承诺形成及对合作行为影响 [J]. 经济管理，2012，34 (5)：153-162.

[262] 金杨华，吕福新. 关系取向与企业家伦理决策——基于"浙商"的实证研究 [J]. 管理世界，2008 (8)：100-106.

[263] 科斯. 社会成本问题 [A]. 财产权利与制度变迁 [C]. 上海：上海三联书店，1994.

[264] 乐国安，王晓霞，汪新建. 当前中国人际关系研究 [M]. 天津：南开大学出版社，2002.

[265] 李春苗. 人际关系协调与冲突解决 [M]. 广州：广东经济出版社，2001.

[266] 李怀祖. 管理学研究方法论 [M]. 西安：西安交通大学出版社，2004.

[267] 李宛真. 部署知觉上下关系对组建共鸣行为之影响——以权力距离为调节变量 [D]. 中国台北：铭传大学管理研究所硕士学位论文，2010.

[268] 李伟民. 论中国人社会行为的关系取向 [J]. 社会科学战线，1998 (2)：190-195.

[269] 李雪灵，马文杰，于晓宇，董保宝. 中国新企业社会关系的特征与演化：情感性关系和工具性关系 [J]. 吉林大学社会科学学报，2013，53 (1)：124-131.

[270] 梁建，王重鸣. 中国背景下的人际关系及其对组织绩效的影响

[J]. 心理学动态，2001，9（2）：173-178.

[271] 梁漱溟. 中国文化的要义［M］. 上海：学林出版社，1987.

[272] 刘婷，刘益. 交易专项投资对伙伴机会主义行为影响的实证研究［J］. 管理科学，2012（1）：66-75.

[273] 刘晓娜. 国际合资企业与外方母公司的关系嵌入对其绩效的影响研究［D］. 上海：复旦大学博士学位论文，2010.

[274] 刘艳菊. 非正式组织中个体间的关系对隐性知识共享影响的实证研究［D］. 西安：西安电子科技大学博士学位论文，2011.

[275] 刘益，曹英. 关系稳定性与零售商感知的机会主义行为［J］. 管理学报，2006，3（1）：64-69.

[276] 刘益，李纲. 态度性承诺、渠道冲突与市场知识转移——渠道关系情境下的一个整合的模型［J］. 管理评论，2008，20（7）：28-34.

[277] 刘益，刘婷，王俊. 算计性承诺与忠诚性承诺的互动——作为关系长度与机会主义行为的中介［J］. 管理工程学报，2008（2）：69-84.

[278] 刘宗玉. 生意场上忘亲情［J］. 经营者，1997（12）：53-53.

[279] 柳平平. 斩熟经济交往中的怪胎［J］. 广西市场与价格，1996（7）：19-20.

[280] 卢丽，范秀成. 商业友谊：关系影响研究的新视角［J］. 经济管理，2008，30（7）：56-59.

[281] 陆奇岸. 战略联盟中机会主义行为的成因及治理对策［J］. 现代管理科学，2005（3）：33-35.

[282] 吕晖，叶飞，强瑞. 供应链资源依赖、信任及关系承诺对信息协同的影响［J］. 工业工程与管理，2011，15（6）：7-15.

[283] 罗力. 信任和关系承诺对第三方物流整合与绩效的影响［D］. 广州：华南理工大学博士学位论文，2010.

[284] 罗胜强，姜嬿. 调节变量与中介变量［A］. 陈晓萍，徐淑英，樊景立. 组织与管理研究的实证方法［C］. 北京：北京大学出版社，2008.

[285] 潘文安，张红. 供应链伙伴间的信任承诺对合作绩效的影响［J］. 心理科学，2006，29（6）：1502-1506.

[286] 彭雷清，张丽娜. 专用资产，关系规范对渠道中机会主义行为

影响的实证研究［J］. 广东商学院学报，2008（6）：31-37.

［287］彭茜，庄贵军，周茵. 私人关系对营销人员灰色营销行为的影响作用：时机的调节作用［J］. 预测，2012，31（1）：8-13.

［288］彭泗清. 信任的建立机制：关系运作与法制手段［J］. 社会学研究，1999（2）：53-66.

［289］戚译，王颢越. 营销渠道中关系承诺的成因研究［J］. 北京工商大学学报（社会科学版），2005，20（5）：31-36.

［290］钱丽萍，任星耀. 渠道关系中专项投资不对等与机会主义行为间关系研究——正式化、参与与私人关系的调节作用［J］. 管理评论，2012，24（10）：73-84.

［291］任星耀，朱建宇，钱丽萍. 如何医治中毒的渠道关系——沟通与专项投资作用研究［J］. 经济管理，2012，34（6）：91-101.

［292］任星耀等. 渠道中不同机会主义的管理——合同的双维度与关系规范的作用研究［J］. 南开管理评论，2012，15（3）：12-21.

［293］沙振权，高以成，蒋雨薇. 成员间信息共享对渠道经销商的绩效影响［J］. 经济管理，2010，32（4）：102-108.

［294］史国辉. 基于关系阶段的网络商店关系承诺研究［D］. 大连：大连理工大学硕士学位论文，2008.

［295］史江涛. 员工关系、沟通对其知识共享与知识整合作用的机制研究［D］. 杭州：浙江大学博士学位论文，2007.

［296］寿志钢. 专有资产的非对称性和总量对关系绩效的影响——定制化合同和嵌入式关系的中介作用［J］. 经济管理，2012（8）：144-153.

［297］唐小飞. 客户关系赢回策略对客户行为和企业绩效影响的理论与实证研究［D］. 成都：西南交通大学博士学位论文，2007.

［298］陶蕾，刘益. 知识联盟中企业间信任对知识共享的影响研究［J］. 情报杂志，2008，27（2）：73-74.

［299］汪涛，郭锐. 商业友谊对关系品质和顾客忠诚的影响之研究［J］. 杭州：商业经济与管理，2006（9）：35-41.

［300］汪涛，秦红. 专用性投资对机会主义的影响——以汽车行业4S专营店为例［J］. 管理科学，2006，19（2）：22-32.

[301] 王国才，刘栋，王希凤. 营销渠道中双边专用性投资对合作创新绩效影响的实证研究 [J]. 南开管理评论，2011，14（6）：85-94.

[302] 王国才，许景，王希凤. 渠道成员间为什么需要“同舟共济”？——双边专用性投资的作用机理研究 [J]. 经济管理，2010，32（10）：86-95.

[303] 王星禹. 以信任—关系承诺理论探讨合作意愿及知识分享意图——以台湾金融产业为例 [D]. 中国台北：成功大学硕士学位论文，2010.

[304] 王永贵，邢金刚，李元. 战略柔性与竞争绩效：环境动荡性的调节效应 [J]. 管理科学学报，2004，7（6）：70-78.

[305] 王永贵，邢金刚，史有春，何健. 对市场导向、顾客资产导向与新产品开发绩效之间关系的探索性研究——基于中国背景的调节效应模型 [J]. 南开管理评论，2008，11（3）：12-19.

[306] 王勇. 经销商数量对企业绩效的影响 [J]. 经济师，2009（9）：231-232.

[307] 王泽华，虞晓君，李怀祖等. 营销渠道成员承诺关系价值研究 [J]. 商业研究，2003（9）：27-29.

[308] 王志江. 产品替代性程度与企业共谋合作关系的研究 [J]. 数学的实践与认识，2006，36（3）：91-95.

[309] 温飞，龙成志，何美贤. 关系信任对渠道分销商战略绩效的影响：关系协同的传导作用 [J]. 江苏商论，2011（5）：9-11.

[310] 温忠麟，侯杰泰，张雷. 调节效应与中介效应的比较和应用 [J]. 心理学报，2005，37（2）：268-274.

[311] 吴明隆. 统计应用实务 [M]. 北京：科学出版社，2003.

[312] 吴明隆. 问卷统计分析实务——SPSS 操作与应用 [M]. 重庆：重庆大学出版社，2010.

[313] 谢凤玲，刘召爽，黄梯云. 供应商关系管理中关系质量的关系承诺模型 [J]. 系统管理学报，2011，20（4）：490-495.

[314] 徐二明，徐凯. 资源互补对机会主义和战略联盟绩效的影响研究 [J]. 管理世界，2012（1）：93-100.

[315] 徐金发，龚杨达，刘志刚. 企业声誉对顾客忠诚的作用机制研

究［J］. 外国经济与管理，2005，27（7）：44-50.

［316］薛佳奇，刘益，张磊楠. 竞争关系下制造商专项投资对分销商机会主义行为的影响［J］. 管理评论，2011，23（9）：76-85.

［317］严兴全，周庭锐，李雁晨. 信任、承诺、关系行为与关系绩效：买方的视角［J］. 管理评论，2011（3）：71-81.

［318］杨国枢. 中国人的社会取向：社会互动的观点［A］. 杨国枢，余安邦. 中国人的心理与行为（一九九二）［C］. 中国台北：桂冠图书公司，1992.

［319］杨国枢. 中国人的心理与行为的本土化研究［M］. 北京：中国人民大学出版社，2004.

［320］杨中芳. 人际关系与人际情感的构念化［J］. 本土心理学研究，1999（12）：105-180.

［321］姚飞，李桂华. 关系取向对员工满意影响的实证研究［J］. 当代经济科学，2007，29（6）：52-59.

［322］叶飞，徐学军. 供应链伙伴关系间信任与关系承诺对信息共享与运营绩效的影响［J］. 系统工程理论与实践，2009，29（8）：36-49.

［323］叶飞，薛运普. 关系承诺对信息共享与运营绩效的影响研究［J］. 管理科学，2012，25（5）：41-51.

［324］于江，尹建华. 企业间网络中敲竹杠行为机理及对策研究［J］. 管理科学，2009（4）：50-55.

［325］喻卫斌. 网络组织的契约关系与机会主义行为的防范［J］. 山东社会科学，2007（7）：81-84.

［326］［美］约瑟夫·A.马克思威尔. 质的研究设计：一种互动的取向［M］. 朱光明译. 重庆：重庆大学出版社，2007.

［327］云虹. 主成分分析法在承诺评价模型中的应用［J］. 管理学报，2006，3（5）：538-542.

［328］云乐鑫，胡宝玲. 营销渠道沟通对关系绩效影响的实证研究——关系型治理的中介效应［J］. 营销科学学报，2012，8（1）：63-75.

［329］曾五一，黄炳艺. 调查问卷的可信度和有效度分析［J］. 统计与信息论坛，2006，20（6）：11-15.

［330］翟学伟. 中国人际关系的特质——本土的概念及其模式［J］. 社会学研究，1994（4）：74-83.

［331］张闯，张双俐. 契约治理机制与渠道投机行为：关系营销导向的作用［J］. 商业经济与管理，2014，268（2）：58-65.

［332］张其仔. 中国人的关系取向与中国企业的关系营销［J］. 经济管理，2004（22）：64-71.

［333］张文彤. SPSS 计分析高级教程［M］. 北京：高等教育出版社，2004.

［334］张旭梅，陈伟. 基于知识交易视角的供应链伙伴关系与创新绩效实证研究［J］. 商业经济与管理，2012（2）：34-43.

［335］张钰，刘益，杨伟. 供应商影响战略与分销商机会主义——分销商关系承诺的调节作用研究［J］. 2013，26（5）：50-62.

［336］赵蕙玲. 协力生产网络资源交换结构之特质——经济资源交换的"社会网络化"［A］. 郑伯埙. 差序格局与华人组织行为［C］，1993.

［337］赵菊，佐斌. 情境事件、关系取向与人际关系满意感的关系［J］. 心理学探新，2008，28（3）：88-92.

［338］赵向莉，贾志永. 行业协会对企业机会主义行为的治理模型及实证分析［J］. 学术探索，2012（1）：55-57.

［339］赵延昇，谢出本. 替代性选择对满意顾客的忠诚度影响——来自餐饮业的实证研究［J］. 西南交通大学学报（社会科学版），2009，10（4）：102-108.

［340］周俊，薛求知. 双元型组织构建研究前沿探析［J］. 外国经济与管理，2009，31（1）：50-57.

［341］周茵，庄贵军，崔晓明. 营销渠道中的渠道关系、权力使用与投机行为［J］. 商业经济与管理，2011（3）：91-97.

［342］朱瑞玲. 中国人的美善观念［A］. 杨国枢，余安邦. 中国人的心理与行为［C］. 中国台北：桂冠图书公司，1992.

［343］庄贵军，李柯，崔晓明. 关系营销导向与跨组织人际关系对企业关系型渠道治理的影响［J］. 管理世界，2008（7）：77-90.

［344］庄贵军，席酉民，周筱莲. 权力、冲突与合作——中国营销渠

道中私人关系的影响作用[J]. 管理科学，2007，20（3）：38-47.

[345] 庄贵军，席酉民. 中国营销渠道中私人关系对渠道权力使用的影响[J]. 管理科学学报，2004，7（6）：52-62.

[346] 庄贵军. 关系在中国的文化内涵：管理学者的视角[J]. 当代经济科学，2012，34（1）：18-29.

[347] 庄贵军. 营销渠道控制：理论与模型[J]. 管理学报，2004，1（1）：82-89.

[348] 佐斌. 中国人的关系取向：概念及其测量[J]. 华中师范大学学报（人文社会科学版），2002，41（1）：74-80.

附录1　调查问卷

尊敬的先生/女士：您好！

首先感谢您在百忙之中参与我们的问卷调查。

本次调查的目的在于了解中国文化背景下营销渠道成员的不同关系取向对机会主义行为的影响。本次调查问卷实施不记名方式进行调查，烦请您根据您所了解的实际情况为我们提供宝贵的研究资料，本问卷调查结果仅作为学术研究的需要，问卷填答者及被试企业的任何信息不作他用。我们承诺严格保密您所填答的所有信息。请您仔细阅读下列题目，在符合您实际情况的选项上打"√"，问卷答案没有对错之分，只需要根据您自己了解的实际情况填写即可。您的回答对我们的研究有着极其重要的意义，谢谢您的配合与支持！

本书大部分量表采用7分制李克特量表，1=完全不同意，2=基本不同意，3=有点不同意，4=不确定，5=有点同意，6=基本同意，7=完全同意。

再次感谢您的参与！

第一部分　基本信息

性别	(1) 男	(2) 女		
年龄	(1) 24岁及以下	(2) 25~35岁	(3) 36~45岁	(4) 46岁及以上
教育程度	(1) 硕士及以下	(2) 本科	(3) 大专	(4) 中专、高中及以下
职务	(1) 总经理	(2) 部门经理	(3) 部门主管	(4) 业务员
工作年限	(1) 1年及以下	(2) 1~3年	(3) 3年以上	
经销产品	(1) 食品、饮料和烟草制品 (3) 矿产品、建材、化工产品 (5) 医药及医疗器械材料 (7) 汽车、摩托车、燃料及零配件		(2) 纺织、服装及日用品 (4) 五金、家具及室内装修材料 (6) 家用电器及电子产品	

续表

企业性质	（1）国有企业	（2）民营企业	（3）合资企业	（4）外资企业
企业规模	（1）100 人以下	（2）100~499 人	（3）500~999 人	（4）1000 人及以上
与供应商关系时长	（1）刚建立	（2）1~2 年	（3）2~5 年	（4）5 年及以上

第二部分　关系取向

"1"代表完全不同意，"7"代表完全同意，分值越高，代表越同意	完全不同意	基本不同意	有点不同意	不能确定	有点同意	基本同意	完全同意
I1. 供应商对我们的帮助程度，往往视我们给他们的回报而定	1	2	3	4	5	6	7
I2. 除非有好处，否则供应商不会为我们提供额外的帮助	1	2	3	4	5	6	7
E1. 供应商和我们是很好的朋友，能够真诚相待、相互帮忙	1	2	3	4	5	6	7
E2. 供应商愿意与我们分享工作的感受与经验，以提供支持与帮助	1	2	3	4	5	6	7
R1. 为了达成目标，供应商有时不得不进行商业贿赂或暗箱操作	1	2	3	4	5	6	7
R2. 供应商为了达到自己的目标，政府相关部门建立了良好关系	1	2	3	4	5	6	7
R3. 供应商为了维护自己的利益，经常利用其资源优势压榨我们的利润空间	1	2	3	4	5	6	7
R4. 在商业活动中，供应商时常利用特权获取优惠	1	2	3	4	5	6	7

第三部分　关系承诺

"1"代表完全不同意，"7"代表完全同意，分值越高，代表越同意	完全不同意	基本不同意	有点不同意	不能确定	有点同意	基本同意	完全同意
CC1. 我们希望和该供应商保持关系，因为终止关系将会给我们带来严重损失	1	2	3	4	5	6	7
CC2. 我们不得不和该供应商保持关系，因为建立新的合作伙伴需要投入大量成本	1	2	3	4	5	6	7
CC3. 我们希望和该供应商保持关系，是因为很难找到类似可以替代的合作伙伴	1	2	3	4	5	6	7
AC1. 即使有提供更好条件的供应商，我们也不愿意终止与其合作伙伴的关系	1	2	3	4	5	6	7
AC2. 我们忠于该供应商，因为我们愿意和他们继续保持关系	1	2	3	4	5	6	7
AC3. 考虑到我们与该供应商多年来的彼此交往，我们觉得应该和他们继续保持关系	1	2	3	4	5	6	7

第四部分 机会主义行为

"1"代表完全不同意，"7"代表完全同意，分值越高，代表越同意	完全不同意	基本不同意	有点不同意	不能确定	有点同意	基本同意	完全同意
O1. 有时为了保护我们自己的利益而不遵守与供应商达成的协议	1	2	3	4	5	6	7
O2. 有时我们不得不隐瞒一些事实，以便从供应商那里得到我们想要的	1	2	3	4	5	6	7
O3. 我们并不总是按照合同行动	1	2	3	4	5	6	7

第五部分 治理策略

"1"代表完全不同意，"7"代表完全同意，分值越高，代表越同意	完全不同意	基本不同意	有点不同意	不能确定	有点同意	基本同意	完全同意
RG1. 在关系存续期间，双方期望能够做出调整来应对变化的环境	1	2	3	4	5	6	7
RG2. 在合作关系中，可以预期，双方应该进行信息共享	1	2	3	4	5	6	7
RG3. 双方都期待可以从对方那里得知一些可能会对组织存在影响的事件或变化	1	2	3	4	5	6	7
RG4. 双方承诺做一些对彼此关系（而不仅仅是对单方）有益的改进	1	2	3	4	5	6	7
CG1. 我们拥有详述双方责任的正式协议	1	2	3	4	5	6	7
CG2. 我们的合同中包含了对不履行义务的处罚条款	1	2	3	4	5	6	7
CG3. 我们用书面合同来管理双方的关系	1	2	3	4	5	6	7

第六部分 专项投资和企业声誉

"1"代表完全不同意，"7"代表完全同意，分值越高，代表越同意	完全不同意	基本不同意	有点不同意	不能确定	有点同意	基本同意	完全同意
S1. 如果转向另一个有竞争力的伙伴，我们对该供应商的投资将无法收回	1	2	3	4	5	6	7
S2. 如果停止与该供应商的合作，我们将很难重新配置目前服务于该供应商的人员和设备	1	2	3	4	5	6	7
S3. 我们投入了大量资本来建立与该供应商的合作业务	1	2	3	4	5	6	7
S4. 我们在与该合作伙伴的合作关系中投入了可观的人力、技术和营销资源	1	2	3	4	5	6	7
FR1. 我们公司能得到多数同行的尊重与认可	1	2	3	4	5	6	7
FR2. 我们公司有较高的知名度	1	2	3	4	5	6	7
FR3. 我们公司的经营能力很强	1	2	3	4	5	6	7
FR4. 相信我们公司在未来有光明的发展前景	1	2	3	4	5	6	7

问卷结束，衷心感谢您的支持和参与！

附录 2　营销渠道中机会主义行为治理机制研究综述①

王立磊

（山东青年政治学院）

【摘　要】本文首先在对国内外相关文献进行梳理的基础上，简要回顾了机会主义的概念及形式；其次从行为经济学的视角整理和分析渠道成员机会主义行为治理机制；最后探讨了过去研究中的不足，并指出未来研究的方向。本文研究的意义在于，通过梳理营销渠道中机会主义行为的治理机制，帮助并加强学术界及实业界对渠道中机会主义行为知识领域的理解，为更好地进行管理实践提供启示与建议。

【关键词】营销渠道；机会主义行为；治理机制

渠道成员因一己私利而进行的机会主义行为（如窜货、敲竹杠等），往往会导致渠道的冲突、渠道关系的恶化以及造成市场的混乱等严重后果。由此，渠道中的机会主义行为一直以来备受企业界和学术界的关注，并且在该领域已有大量相关方面的研究成果。本文旨在总结归纳机会主义行为治理机制，帮助并加强学术界及实业界对该领域的理解，并为管理和实践提供启示与建议。

① 本文发表于《商业经济研究》2015 年第 2 期。

一、机会主义行为基本概念

（一）机会主义行为定义

机会主义行为作为交易费用理论中的人类行为假设之一，是指不道德地追求自我私利（Williamson，1975；Barney，1990），其形式主要包括说谎和欺骗（如扭曲、隐瞒和误导信息）；也有更狡猾形式的欺骗，如违背契约、逃避履行责任和义务、拒绝根据环境的变化进行相应的调整等（Williamson，1985；Caniels，2010；Wathne & Heide，2000）。

（二）机会主义行为维度划分

尽管学者们对机会主义行为进行了大量研究，但是机会主义行为是一个极其复杂且具有动态性的行为，因此，针对其复杂性及动态性仍有待进一步研究（Wathne & Heide，2000）。随着研究的深入，有学者对机会主义行为的研究由单一维度向多维度发展。

首先，机会主义行为的两分法。基于渠道成员违背合同的类型，学者们将机会主义行为划分为两个维度。Wathne（2000）等把机会主义行为分为“露骨”的机会主义和“合法”的机会主义。Luo（2006）将机会主义行为分为“强形式”机会主义行为和“弱形式”机会主义行为。尽管二者分类名称不同，但本质相同，均属于机会主义行为范畴。“露骨”和“强形式”的机会主义是指明显地违反正式合同规定的行为；“合法”和“弱形式”的机会主义行为则是那些虽然没有违反正式合同规定的条款，但是却违背关系规范的行为。

其次，机会主义行为四分法。从行为视角看，Wathne和Heide（2000）将主动形式和被动形式的机会主义与当前环境和新环境组合成四种机会主义的四种表现形式，即逃避责任或义务（evasion）、缺乏弹性或拒绝适应新环境（rcfusal to adapt）、违反合同或关系规范（violation）以及被迫重新谈判（forced renegotiation）。

营销渠道成员机会主义行为的两分法和四分法，都显示出机会主义并非是简单的单维度的概念，而是一个复杂的多维度的概念。

二、机会主义行为治理机制研究

无论机会主义行为的形式有多复杂，毋庸置疑的是渠道成员的机会主义行为是一种破坏性行为，都应该采取措施来抑制或者减少机会主义行为的发生。

交易费用理论从纵向一体化，产权理论从产权分配，关系契约理论从声誉博弈，完全契约理论从履约等角度提出了解决机会主义行为的办法。符加林（2007）指出，机会主义行为的根源在于人的自利性，而机会主义行为来自两个方面的约束，即外在约束（有效的处罚机制与信息传导机制）与内在约束（人的有限理性与道德觉悟水平）。Klein（1975）认为，“敲竹杠”问题的治理属于制度治理，主要包括：“法律治理、组织治理、契约治理、动态治理及竞争治理”。大量的文献研究表明，对机会主义行为的管理治理经过了正式制度治理（如法律、组织和市场）、非正式的制度治理（如声誉、企业文化和道德等）再到混合治理的演变路径（于江等，2009；应瑞瑶、王瑜，2006）。

本文主要从行为经济学视角出发，整理和分析营销渠道成员间机会主义行为的治理机制。

（一）交易伙伴的选择机制

存在于企业关系间的信息不对称问题，为交易伙伴采用机会主义行为提供了可能性。然而交易伙伴的机会主义行为可能发生在签约前，也可能发生在签约后。学者（Ovchi，1980；Stump & Heide，1996）则认为，可以通过选择机制从源头上杜绝机会主义行为，即建立有效的选择机制，选择恰当的交易伙伴。在最近的交易费用理论相关研究中，交易伙伴的特征

(交易者背景、感知及行为) 对机会主义行为的影响机会主义引起了普遍关注 (Rindfleisch et al., 2010)。Luo (2007) 发现, 企业与交易伙伴文化的差异, 会更容易导致其机会主义。在B2B关系中的机会主义 (包括感知的或真实的机会主义) 似乎也受到了交易伙伴感知的影响。例如, 如果交易伙伴公平交易的口碑很好, 或者认为交易伙伴是值得信任的, 则认为此交易伙伴很少投机取巧 (Wang, 2002; Cavusgil et al., 2004)。可见, 在交易进行前按照优势互补性、实力相当性、合作兼容性、可信任度以及背景、感知等方面是否相似等标准, 选择那些采取合作态度而不是机会主义行为的交易伙伴 (Orbell & Dawes, 1993; 陆奇岸, 2005; 周俊等, 2009)。交易伙伴选择机制有利于降低与能力不足或动机不纯的潜在交易伙伴进行交易的可能性, 即减少信息不对称的状况, 从而降低机会主义行为发生的可能性 (陆奇岸, 2005; 周俊等, 2009)。

综上所述, 本文认为选择合适的交易伙伴 (合适的交易伙伴指有相同文化背景, 交易伙伴有良好的口碑, 交易双方形成资源互补, 相互依赖以及对交易伙伴机会主义行为具有感知等), 避免选择有机会主义行为倾向的交易伙伴, 从而为交易双方诚信合作提供保障。

(二) 监督机制

如果说选择机制是一种签约前的行为, 那么监督机制则是一种签约后活动, 通过对交易过程和结果的监督来督促交易伙伴按照合同规定执行合同 (Williamson, 1975; 周俊等, 2009)。

本文从营销渠道成员间相互监督以及第三方监督机构两方面考虑对机会主义行为的治理。

首先, 建立有效的监督机制。Murry 和 Heide (1998) 认为监督过程既可以增强识别机会主义行为的能力, 又对被监控方施加了社会压力, 从而提高其服从性, 降低机会主义行为的发生。然而, 监控机制常常被认为是不信任的表现, 反而有可能诱发机会主义行为 (Wathne & Heide, 2000)。鉴于这种冲突的现象, 有些学者 (Heide, Wathne & Rokkan, 2007) 对此问题进行了较为深入的研究。研究发现: 当交易双方存在微观层次的社会契约时, 产出监督 (Output Monitoring) 对伙伴机会主义行为的抑制作用要明显于行为监督（Behavior Monitoring）对机会主义行为的抑制作用。(Vishal Kashyap，Kersi D.Antia & Gary L.Frazier；2012）研究发现，特许授权商（franchisor）行为监督的水平与特许经销商的机会主义行为显著正相关；特许授权商对产出监督的水平与特许经销商的机会主义行为负相关。

可见监督机制与渠道成员机会主义行为关系取决于监督的对象，即监督产出还是监督行为。交易一方对另一方实施行为监督，不仅会让另一方认为此举是交易伙伴对自己不信任的表现，从而产生抵触情绪，容易诱发机会主义行为；而且还可能会给另一方带来额外的压力，甚至其监督过程会阻碍另一方的工作的顺利开展。行为监督较有代表性的例子如我国木地板行业分销商与供应商之间的关系。由于合同上明文规定了交易双方的责任与义务，因而，交易一方对另一方合作结果的监督则较容易被接受和理解。由此，如果交易一方对另一方结果监督水平越低，另一方机会主义行为就越高，反之亦然。

与过程监督相比，结果监督对交易伙伴机会主义行为的抑制作用更有效。

其次，建立有效的失信约束机制——行业协会。有学者（赵向莉、贾志永，2012）指出，对企业的机会主义行为，仅靠政府、法律等监督，是远远不够的。随着交易双方交易范围的扩张，交易也越频繁，而个体企业有限的信息传播使得单个企业对失信企业的约束机制很难有效实现。因此，需要第三方力量的介入（如行业协会），形成有效的失信约束机制。Pyle（2005）的研究发现，行业协会扮演着信誉信息渠道的角色。相似地，Rademaker（2000）认为行业协会在本质上提供了一种信任。Milgrom、North 和 Weingast（1990）则指出，同业团体作为信息储存者和争端裁决者，并作为一个第三方纠纷裁决者，使得商人们能够诚实行事，抵制那些行为不轨者。

由此得知，一方面，行业协会通过对行业内组织建立信息档案（如诚信档案等），对行业内组织机会主义行为起到防范作用，因为一旦发生机会主义行为，行业协会不仅对其建立不诚信档案，而这一不良信息还会被其他组织知晓，进而影响与其合作的意愿。另一方面，行业协会作为组织争端裁决者，会对发生机会主义行为的组织进行裁决并予以严厉的惩罚，从而可以抑制渠道成员机会主义行为的发生。因此，无论是从信息存储者角度还是从争端裁决者角度，行业协会对机会主义行为有抑制作用。

（三）社会化治理机制

由于机会主义行为本身是一种社会活动，它会涉及或影响到行动者所处工作环境中的其他人，因此，在研究渠道成员机会主义行为时考虑社会化治理机制是合乎逻辑的。

在交易费用理论的文献中经常看到用组织间紧密持久的连带作为组织间关系治理方法（Macneil，1981），如供应双方发展彼此间的亲密关系（Heide & John，1990），来保护专有资产投资并减少机会主义行为的发生；Kreps（1982）通过博弈论分析得出相似的结论，即简单的一次性博弈有助于滋长组织成员间的机会主义行为，而无限次的重复博弈则会抑制机会主义行为的发生。由此可见供应双方之间的关系类型特征会影响机会主义行为的发生。西方人做生意注重遵守合约、商业关系；中国人做生意讲究私人关系（Arias，1998；Davies 等，1995）。因为在中国的商业活动中，被视为一种人与人之间相互信任、合作的资源（庄贵军，2004）。中国文化强调一个人在某一个关系网络中的位置，并且对该网络中不同的人（家人、熟人及生人）表现出不同的态度和行为。根据以上阐述并结合社会网络定义（Mitchell，1969）可知，供应双方员工之间的私人关系与其行为构成一个边界人员社会网络。

网络组织成员间的契约关系是一种长期契约，这种契约关系存在着一种自我履约机制。在这种自我履约过程中，网络组织的契约关系对机会主义行为起着防范作用（喻卫斌，2007；Klein，1962，2000）。网络组织通过声誉、信任等来保证契约自我履行，即通过声誉、信任以及增加预期收益来增加违约的机会成本，从而抑制机会主义行为（喻卫斌，2007）。

首先，声誉效应。国内外学者对声誉理论研究已有较多的成果。企业声誉被视为企业一项战略性无形资产（Mudnane，2002；Jackson，2004；喻卫斌，2007），对企业的成长与发展起着举足轻重的作用。由于声誉能揭示交易主体某些内在的信息（Fama，1980；Kreps，1982，2000；Kennes & Schiff，2002），同时对交易双方建立长期稳定的关系提供了保障，因此可以降低交易双方信息不对称性问题，从而可能成为一种控制机会主义行为的有效机制（Dellarocas，2005；Vengelers，1993）。在网络组织企业之间的协调过程中，声誉可以缓解企业间的冲突和摩擦，用声誉机制来自我约束机会主义行为的发生（Kreps）。另外一些学者也得出了相同的结论，如 Nunlee（2005）证明了企业声誉的确对机会主义行为存在着潜在的抑制作用；符加林（2007）以声誉效应为突破点，探讨战略联盟中机会主义的控制问题，认为声誉效应是战略联盟中机会主义行为的一种有效的约束机制。

其次，信任机制。虽说监督机制可以抑制机会主义行为的发生，但有时会被认为是对伙伴不信任的表现，反而更容易激发对方的机会主义行为。由此可见，信任对机会主义行为也存在着防范效果。合作双方之间的信任可以解决诸如权力失衡、信息冲突等问题。喻卫斌（2007）认为信任是网络组织的基本履约机制。同时，努德海文（2002）认为人生来是可信的，但同时又具有机会主义行为倾向，他分析了信任机制对防范机会主义的有效性。Barney 和 Hansen（1994）认为网络组织中的信任属于高度信任，它能较好地防范机会主义行为。

由上综述可知，首先，供应双方之间长久亲密的关系对机会主义行为产生抑制效应。其次，供应双方边界人员的私人关系及其行为构成一个社会网络，而社会网络通过声誉效应、信任等来约束成员间的机会主义行为。由此可见，在考察中国的营销渠道机会主义行为时，如果不考虑社会治理机制在其中的影响力，否则就不能很好地理解或解释中国营销渠道中渠道成员的行为。

三、研究结论及未来研究展望

本文通过对营销渠道中机会主义行为的定义、形式、成因及治理机制进行梳理，得到如下结论：

第一，营销渠道成员的机会主义行为是指渠道成员为了一己私利而违反合同或关系规范的行为，机会主义行为不是单维概念，而是多维概念。本文讨论了学术界普遍认可的关于机会主义行为两种维度的划分，即机会主义行为两分法（露骨/强形式机会主义、合法/弱形式机会主义）和四分法（逃避责任或义务、缺乏弹性或拒绝适应新环境、违反合同或关系规范以及被迫重新谈判）。

第二，本文从行为经济学的视角梳理了营销渠道中机会主义行为治理机制：选择机制、监督机制以及社会化治理机制。选择机制和监督机制属于他人约束机制，而社会化机制则属于自我约束机制。

由于营销渠道中机会主义行为时常出现，且危害极大。因此，营销渠道中的机会主义行为一直以来是学术界和实业界研究的热点与难点问题。尽管机会主义行为及其控制已经存在大量的研究成果，但由于其丰富性、复杂性以及构念的差别性（nuanced constructs）（Rindfleisch et al.，2010），仍存在一些未探讨清楚的问题。这些问题就构成了未来进一步研究的方向。本文认为，至少还有以下几方面仍值得进一步研究。

第一，已有研究表明机会主义行为是一个多维度的概念，那就有必要对机会主义行为维度进行合理划分，找出与每个维度匹配的前因与治理机制。

第二，利益是营销渠道中机会主义行为最本质的原因，那么，当利益和私人关系相冲突时，谁对机会主义行为的决定权更大？二者如何相互作用影响机会主义行为？

第三，各种治理机制适用的情境及测量方法需要进一步的理论探讨与实证检验。如，有学者认为交易伙伴之间拥有相似的文化会诱发一方的机会主义行为（Johnson et al.，1996）。有学者（Luo，2007）则认为交易伙伴之间的文化不相同更容易诱发机会主义。因此，未来的研究需要验证这些看似矛盾的结论（Rindfleisch，2010）。

第四，各种控制机制之间的相互关系仍有待深入研究。不同的控制机制是相互独立的关系，还是相互补充的关系？如有时候单纯地使用某一种控制机制，效果可能不是很明显。因此，研究多个控制机制地联合控制效用或许更有现实和理论意义（Achrol & Gundlach，1999）。周俊等（2012）认为，如果能够更深入更清晰地界定控制机制的适用情境，那么，就有可能深入地探索各种控制机制之间的相互关系。

参考文献

[1] A. Rindfleisch, J. Bercovitz, J. Cannon, S. J. Carson, M. Ghosh, S. Helper, D. C. Robertson, K. H. Wathne. Transaction Costs, Opportunism, and Governance: Contextual Considerations and Future Research Opportunism [J]. Market Lett, 2010 (21): 211-222.

[2] Achrol R. S., Gundlach G. T.. Legal and Social Safeguards Against Opportunism in Exchange [J]. Journal of Retailing, 1999, 75 (1): 107-123.

[3] Anderson E., Weitz B.. The Use of Pledges to Build and Sustain Commitment in Distribution Channel [J]. Journal of Marketing Research, 1992, 29 (1): 18-34.

[4] Brown J. R., Dev C. S., Lee D. J.. Managing Marketing Channel Opportunism: The Efficacy of Alternative Governance Mechanisms [J]. The Journal of Marketing, 2004 (64): 51-65.

[5] Caniels M. C. J., Gelderman C. J.. The Safeguarding Effect of Governance Mechanisms in Inter-firm Exchange: The Decisive Role of Mutual Opportunism [J]. British Journal of Management, 2000, 21 (1): 239-254.

[6] Cavusgil S.T., Deligonul S., & Zhang C..Curbing Foreign Distributor Opportunism: An Examination of Trust, Contracts, and the Legal Enviornment in International Channel Relationships [J]. Journal of International Marketing, 2004 (12): 7-27.

[7] Dellarocas C.. Reputation Mechanism Design in Online Trading Environments with Pure Moral Hazard [J]. Information Systems Research, 2005, 16 (2): 209-230.

[8] Gilliland D. I., Manning K. C.. When Do Firms Conform to Regulatory Control? The Effect of Control Processes on Compliance and Opportunism [J]. Journal of Public Policy and Marketing, 2002, 21 (2): 319-331.

[9] Hawkins T. G., Wittmann C. M., Beyerlein M. M.. Antecedents and Consequences of Opportunism in Buyer-supplier Relations: Research Synthesis and New Frontiers [J]. Industrial Marketing Management, 2008, 37 (8): 895-909.

[10] Heide J. B., Wathne K. H., and Rokkan A. I.. Interfirm Monitoring, Social Contracts, and Relationship Outcomes [J]. Journal of Marketing Research, 2007, 64 (Aug.): 425-433.

[11] Jody L.Crosno, Robert Dahlstrom. A Meta-analytic Review of Opportunism in Exchange Relationships [J]. Journal of Academic Marketing Science, 2008 (36): 191-201.

[12] Luo Y., Opportunism in Inter-firm Exchanges in Emerging Markets [J].

Management and Organization Review，2006，2（1）：21-147.

[13] Martyn Rademaker. Agents of Trust：Business Associations in Argufied Supply Systems [J]. International Food and Agribusiness Management Review，2000（3）：139-153.

[14] Nunlee M.P.. The Control of Intra-channel Opportunism through the Use of Inter-channel Communication [J]. Industrial Marketing Management，2005，34（5）：515-525.

[15] Ping Jr. R A.. The Effects of Satisfaxtion and Structural Constraints on Retailer Exiting，Voice，Loyalty，Opportunism，and Neglect [J]. Journal of Retailing，1993，69（3）：320-352.

[16] Subramani M. R.，and Venkatraman N.Safeguarding Investments in Asymmetric Interorganizational Relationships：Theory and evidence [J]. Academy of Management Journal，2003，46（1）：46-62.

[17] Veugelers R.. Reputation as a Mechanism Alleviating Opportunistic Host Government Behavior against MNEs [J]. The Journal of Industrial Economics，1993，41（1）：1-17.

[18] Vishal Kashyap，Kersi D.Antia，and Gary L. Frazier. Contracts，Extracontractual Incentives，and Ex Post Behavior in Franchise Channel Relationships [J]. Journal of Marketing Research，2012（1）：260-276.

[19] Wathne K. H，Heide J. B.. Opportunism in Interfirm Relationships：Form，Outcomes，and Solutions [J]. Journal of Marketing，2000，64（4）：36-51.

[20] William Pyle. Contractual Disputes and the Channels for Interfirm Communication [J]. Journal of Law Economics and Organization，2005（10）：547-575.

[21] 刘婷，刘益. 交易专项投资对伙伴机会主义行为影响的实证研究 [J]. 管理科学，2012，25（1）：66-75.

[22] 努德海文. 交易成本经济学中的机会主义和信任 [A]. [美] 克劳奈维根.交易成本经济学及其超越 [C]. 朱舟，黄瑞虹译. 上海：上海财经大学出版社，2002.

[23] 应瑞瑶，王瑜. 敲竹杠问题：一个治理方法的综述 [C]. 中国制度经济学年会论文集，2006.

[24] 赵向莉，贾志永. 行业协会对机会主义行为的控制模型及实证分析 [J]. 学术探索，2012（1）：55-57.

[25] 周俊，薛求知. 交易专用性投资效应及控制机制研究评介 [J]. 外国经济与管理，2009，31（9）：18-28.

附录3 感知供应商“关系”取向对分销商机会主义行为的影响
——治理策略的调节作用①

王立磊[1]，张剑渝[2]，胥兴安[3]

（1. 山东青年政治学院 商学院 山东济南，250103；
2. 西南财经大学 工商管理学院 四川成都，611130；
3. 山东师范大学 商学院 山东济南，250014）

【摘 要】本文将“关系”取向引入渠道机会主义行为研究框架，探讨“关系”取向对机会主义行为的影响及治理策略的调节作用。采用 PLS 建模方法对 152 个有效样本进行实证检验，得出结论：①供应商情感性帮忙关系取向负向影响分销商的机会主义行为，而工具性帮忙关系取向和寻租关系取向正向影响机会主义行为。②当感知到供应商的关系取向为情感性帮忙关系时，较之合同治理，关系治理更能抑制分销商的机会主义行为；当感知到供应商的关系取向为工具性帮忙关系时，较之关系治理，合同治理能够弱化分销商的机会主义行为。本文丰富了渠道机会主义行为前因研究，揭示了不同治理策略在“关系”取向对机会主义行为影响中的调

① 基金项目：国家自然科学基金面上项目“关系取向对渠道成员机会主义行为的影响研究”（71472153）；香港城市大学研究项目资金资助；山东青年政治学院博士科研启动项目（14A021）；山东师范大学青年教师科研项目（人文社会科学类）资助（14SQR014）。

作者简介：王立磊，女，讲师，管理学博士，主要从事市场营销研究；张剑渝，男，教授，博师生导师，管理学博士，主要从事市场营销研究；胥兴安，男，讲师，管理学博士，主要从事市场营销、旅游管理相关研究。

本文发表于《商业经济与管理》2015 年第 6 期。

节作用，为企业管理机会主义行为提供了有益借鉴。

【关键词】情感性帮忙关系；工具性帮忙关系；寻租关系；合同治理；关系治理；机会主义行为

一、引言

机会主义行为在商业交易活动中寻常可见[1]，它带有一定的欺诈性或不道德性，是一种以追求私利最大化为目标的行为。利益获取是产生机会主义行为的驱动力[2]，只要有利可图，企业就有可能欺骗合作伙伴或者对合作伙伴隐瞒一些信息来实现自己利润最大化的目标[3]。

在中国营销渠道领域，诸如渠道成员违背合同规定、跨区销售等机会主义行为不胜枚举。诚然，机会主义行为会给渠道成员带来短期利益，但从长远发展来看，不利于渠道成员间长期合作关系的形成，甚至会破坏整个市场的健康、和谐发展。由此，渠道成员的机会主义行为成为业界和学术界关注的重要议题，迄今业已形成大量的研究成果。如学者们研究渠道机会主义行为的影响因素主要有：专有资产投资[4-5]、互依程度[6]、跨组织边界人员的关系[7]等。然而，既有机会主义行为研究模型，并未将“关系”取向纳入其中。

事实上，在中国文化背景下，关系（Guanxi）日益受到学术界和业界人士的广泛重视。费孝通（1998）将中国人的关系按照差序格局划分为家人圈、熟人圈和生人圈。[8] 对于不同的圈子采取不同的交往规范。依此类推，受中国传统文化的熏陶，中国的商业活动也遵循类似的差序格局原则，供应商对不同的分销商往往采取不同的关系取向，遵循不同的交易规范。根据态度与行为之间的关系，学者认为态度取向影响机会主义行为。[9] 在中国文化与制度背景下，关系取向是导致伦理决策或行为的关键因素之一。[10] Ghoshal 和 Moran（1996）指出对特定交易伙伴关系的感知会影响机会主义行为。[11] 因此，本文认为分销商对供应商合作关系动机的感知会影响其行为，即分销商对供应商关系取向的感知会影响分销商的机会主义行为。

此外，多数的研究证明，合同治理与关系治理在不同的渠道交易情境下，治理效果存在差异。[4-10] 既有文献论述了合同治理和关系治理作为两大主要治理策略的应用条件，但在关系取向—渠道机会主义行为研究框架中，这两个治理策略怎样产生作用，既有文献却少有涉及。

基于以上考虑，本文以中国关系视角下渠道成员机会主义为研究主题，从关系取向维度观察关系的动机属性，探究关系取向的不同维度对渠道机会主义行为的影响差异，考察治理策略在这一过程中的调节作用。本文将关系取向纳入机会主义行为研究框架，有助于该研究框架的发展与完善。同时，本文引入关系治理、合同治理变量，探讨二者在关系取向—机会主义行为的因果链条中的调节作用，有助于丰富和深化有关渠道治理理论与策略研究。

二、文献回顾与研究假设

（一）文献回顾

1. 关系取向

在中国文化背景下，关系取向是中国人社会心理的精髓[12]，反映了人们凡事以关系为出发点和最终归宿的文化本质[13]。关系取向的既有研究主要体现在两方面：第一，个体层面，关系取向影响关系满意或工作满意[14]，影响伦理行为[10,15]；第二，组织层面，关系取向影响知识共享意愿及组织绩效[16]。可见，对个体层面关系取向的研究，可转化为对组织层面的关系取向的研究。

Su 和 Littlefield（2001，2003）通过对中国关系的进一步研究，综合考虑了集体主义文化以及社会经济结构对人们关系取向的影响，指出在中国商业背景下，基于文化因素的帮忙关系和基于制度因素的寻租关系是中国人两种主要的关系取向。[17-18] 同时 Su 等（2001）指出，基于中国传统文化的帮忙关系，也会因为关系的亲疏而采取不同的交换规则，即家人之间的交换原则是责任或义务，亲朋好友之间的交换原则是互惠，而生人之间的交往采取工具性原则。[17] 中国社会的关系取向因人而表现出差序性的关系模式也会在组织间得以体现。因此，本文按照以上不同的交换原则，并借鉴黄光国（1988）关于关系类型的分类、高维和与陈信康（2009）有关商业友谊的划分方法以及李雪灵等（2013）有关中国企业社会关系的成分分析[19-21]，将渠道成员的帮忙关系分为情感性帮忙关系和工具性帮忙关系。情感性帮忙关系强调建立长期的友好合作关系，以情感交换为基础。与情感性帮忙关系相比，工具性的帮忙关系是一种短期的、以利益交换为基础（杨中芳，1999）的相互帮忙关系。[22] 寻租关系与工具性关系的相同点都是把关系当成是获取利益的手段或工具，不同点在于，工具性帮忙关系会使得渠道双方均收益，并且持工具性帮忙关系取向的一方期望在未来会得到另一方的回报。寻租关系是基于权力（政权或资源权力）的权与利的短期交换关系，不强调对方在将来回报自己。

Su 等（2003）实证检验结果指出，关系取向（特指帮忙关系）与道德认知发展不相关，而年龄和时间与关系取向正相关。[18] 同时指出，未来研究应将关系取向划分为帮忙关系和寻租关系来探讨关系取向与道德认知发展的关系[18]。金杨华、吕福新（2008）通过结构方程建模检验了关系取向对伦理决策的影响。[10] 实证结果显示：关系取向与伦理决策之间并非一定存在负向关系，因为关系取向应区分为帮忙关系和寻租关系。帮忙关系不会影响伦理决策，而寻租关系会对伦理决策和传统文化认知等产生负面影响。同时，研究指出，女性企业家及年长的企业家的帮忙关系取向更高。Fan 等（2012）验证了中国审计员的关系取向与伦理判断之间的关系，结果显示关系的两个维度（帮忙关系和寻租关系）是相对独立的。同时发现中国审计员的帮忙关系与伦理判断正相关，寻租关系取向与伦理判断负相关。[15]

从既有文献可以看出，不同的关系取向对伦理决策的影响存在差异。分销商的机会主义行为属于伦理行为，由此，可判断关系取向也会对机会主义行为产生影响。虽然现有的关系取向的成果均属于个体层面的研究，但是，关系作为一种中国文化现象，起初用于研究个体层面的人际关系，随着研究的深入，学者们逐渐将其应用到组织层面，并认为关系是组织社会资本的来源、是组织实现目标的一种策略工具。[23-25] Larson（1992）也指出，渠道中各企业边界人员之间的私人关系也在某种程度上代表着组织间关系。[26] 同时，Klein（1988）指出，正式组织能够像人那样行事。所以可以将个体层面的关系取向用于组织层面的研究。企业作为经济中的单位个体，与人际关系类似，组织间关系也有好坏、强弱以及亲疏远近之分。[27] 因此，可以将个体层面的关系取向应用到组织层面。

2. 机会主义行为

在交易费用相关文献中，学者们普遍采用威廉姆森关于机会主义的定义，"不道德地追求自我利益"[28]。即机会主义是指通过不正当手段谋求自我利益的最大化。在渠道关系中，机会主义主要表现为隐瞒、歪曲和误导信息、违背契约、逃避或不完全履行关系承诺或义务，以及拒绝根据环境的变化进行相应的调整等。而渠道成员的机会主义行为会破坏渠道和谐及合作意愿、降低渠道效率。[29,30]，[20]

营销中大量有关 B2B 关系的研究主要利用交易成本理论或者代理理论作为分析框架。根据这些分析框架，学术界将机会主义行为作为一个内生变量来探讨其驱动因素，并取得了大量的研究成果。如学者们研究渠道机会主义行为的影响因素主要有：专有资产投资、互依程度、跨组织边界人员的关系等。[4,5,7]

在中国，关系作为一种重要的社会资本，是中国商业有效经营不可缺少的因素之一。从某种程度上讲，关系决定了社会资源的流向，社会资源的流向又会对组织行为产生影响。[31] Barnes 等（2011）把关系划分为感情、人情和信任三个维度，并研究关系三维度对渠道伙伴合作、协调、绩效的影响。[32] 温飞等（2011）通过实证研究发现，关系信任对渠道成员的战略绩效存在显著的正向影响。[33] 关系契约理论认为，合作关系的环境影响交易发生的方式，规范和交流会对机会主义行为产生重要影响。规范是限制行为和约束机会主义行为的保障，把渠道成员关注的焦点从个体的产出转移到共同的利益，因此可以减少机会主义行为。[34] 交流可以降低信息不对称性并且可以促使异质性目标的达成，因此交流负向影响机会主义行为。[4] 也有些学者关注关系的负面影响，常常把关系与非伦理行

为（贪污、腐败、贿赂、桌下交易、灰色营销行为及机会主义行为等）联系在一起。[35-36]

同时，学者指出承诺与信任也是影响伙伴机会主义行为的重要因素。[37-38] 学者 Wang、Li 和 Ross 等（2013）从社会资本理论的视角出发，探讨了社会资本的三个维度是如何通过信息和激励机制对机会主义行为产生影响的。[39] 研究结果表明社会互动与交易伙伴的机会主义行为负相关，基于认同的信任负向影响伙伴的机会主义行为，并且价值分享也与伙伴的机会主义行为负相关。

虽然已有学者注意到关系在非伦理行为的重要影响，但鲜有研究将关系取向作为机会主义行为的前置因素进行研究与探讨。同时，既有文献显示合同治理与关系治理策略对机会主义行为的影响存在分歧。为解决以上问题，本文尝试性地将关系取向引入机会主义行为研究框架，并探讨合同治理与关系治理策略的适用情境。

（二）研究假设

根据态度与行为之间的关系，学者认为态度取向影响机会主义行为，[9] 并且来自于直接体验的态度对行为的影响更大。[40] 在中国文化与制度背景下，关系取向是导致伦理决策或行为的关键因素之一。[10] Ghoshal 和 Morgan（1996）指出企业对特定交易伙伴关系的整体感知（包括有利的和不利的）会影响其机会主义行为。[11] 因此，本文认为分销商对供应商的关系取向感知会影响分销商的机会主义行为。同时，将合同治理、关系治理作为调节变量引入研究模型，探讨两种治理策略对机会主义行为的治理效果。

1. 关系取向对机会主义行为的影响

（1）帮忙关系取向对机会主义行为的影响。

帮忙关系根植于中国传统文化，强调与交易伙伴建立长期、信任以及互惠的合作关系。[17-18, 8-15] 根据渠道双方合作动机来看，渠道成员的帮忙关系取向主要体现在两个方面：[20-21] 一方面，合作双方以情感与责任为基础，对合作伙伴提供的帮忙出于情感、责任或义务，这种帮忙关系属于情感性帮忙关系。另一方面，渠道一方给合作伙伴提供的方便和帮助建立在合作伙伴也会给自己带来收益的基础上，这种帮忙关系是基于理性的算计的、互惠的工具性帮忙关系。

企业作为经济中的单位个体，与人际关系类似，渠道成员间的情感性帮忙关系建立在彼此信任的基础上，注重的是彼此间的情感、责任与义务。当渠道一方感知到另一方对合作关系持正面的肯定态度，会觉得合作伙伴的行为都是善意的，就不会产生怀疑等情绪，从而降低自己的机会主义行为倾向。John（1984）认为，情感作为强大的内在化约束机制会抑制机会主义行为的发生。[9]

同时，在中国文化背景下，人与人之间、企业与企业之间的交往原则之一是“报”。一旦接受了对方的帮助，就等于背上了社会债务，[41] 理应在未来发展中回报对方。[27] 根据“报”的原则，就应该对提供帮助方感恩戴德、知恩图报，正所谓“滴水之恩涌泉相报”。若对方对自己有恩，而自己却恩将仇报，做出有损对方利益的行为，会受到良心和道德的谴责。因此，渠道一方的情感性帮忙关系取向会对另一方的机会主义行为起到抑制作用。即：

H1a：情感性帮忙关系取向负向影响机会主义行为

互惠作为关系营销中建立、维持、发展关系的重要组成部分，[42] 体现了渠道成员间商业往来的方式与原则。企业间的帮忙关系因为互惠得以维持，一旦提供帮忙的一方感知到帮忙合作伙伴不会为其带来利益，那么就会选择终止帮忙关系。庄贵军等（2007）的研究指出，从中国的文化心理上讲，人们并不认可工具性的关系。[43] 工具性关系带有功利性色彩，容易诱发机会主义行为。[7] 即面对持工具性帮忙关系取向的渠道成员，会使其合作伙伴感知到渠道成员对双方合作关系的稳定性及长久性持怀疑态度，为了维护自己的利益不受损害，往往会抢占先机，变被动为主动，一有机会便会发生机会主义行为。即：

H1b：工具性帮忙关系取向正向影响机会主义行为

（2）寻租关系取向对机会主义行为的影响。

寻租关系强调运用权力获取一己私利。持寻租关系取向的渠道成员关注的是短期的自身利益的得失，主要运用手中的权力获取利益，并且有权力方很可能会因为己方的权力而对依赖方滋生机会主义行为。[44] 金杨华、吕福新（2008）研究指出寻租关系负向影响伦理决策。[10] 同时，渠道成员与交易伙伴之间的关系实际上是一种博弈的关系，根据经济人假设，渠道成员和伙伴都以追求自己利益最大化为最终目标，一旦感知到对方的自私自利，就会容易采取投机行为以最大化自己的利益。这无异于中国文化背景下的“以其人之道还治其人之身”。

综上，本文认为分销商对供应商寻租关系取向的感知越强烈，越容易激发其机会主义行为。即：

H1c：寻租关系取向正向影响机会主义行为

2. 治理策略在关系取向对机会主义行为影响中的作用

供应商的发自内心的帮忙与支持使得分销商心存感激，从道德和情谊上均不会轻易发生机会主义行为。若采用“白纸黑字”的合同治理方式对双方的行为进行限定，会让彼此产生不信任的感觉，一方面会降低分销商对供应商情感性帮忙关系的感激程度，另一方面更容易产生抵制心理，极易引发机会主义行为来报复对方的这种不信任行为。关系治理主要通过柔性、信息交换以及团结等关系规范来指导、约束渠道成员的行为，[45-46] 其本质是营造一种减少损人利己、鼓励追求共同利益的社会环境。[47] 所以，较之合同治理，采用关系治理更能增加分销商对供应商情感性帮忙关系感知带来的信任感，进而降低分销商的机会主义行为倾向。因此提出如下假设：

H2a：相对于合同治理，关系治理更能加强情感性帮忙关系取向对机会主义行为的负向影响

“宰熟”是中国社会转型期存在一种的社会现象，是中国“关系”负面效果的体现。[48] 在中国社会背景下，商人时常把眼光瞄准亲朋、熟人，通过杀“熟”牟取暴利。一方面，由于双方之间存在良好的关系，彼此会自然而然的放松警惕与戒备，这就给对方宰熟行为提供了可能；另一方面，即使熟人发现挨“宰”了，碍于面子，一般也不好意思撕破脸皮找麻烦。[49] 正因为中国社会普遍存在的“宰熟”现象，使得关系治理的采用会强化工具性帮忙关系对机会主义行为的促进作用。正所谓：“太阳给你温暖和光明，近了却会灼伤你”，即关系也会存在一定的负面效应。因此，面对工具性帮忙关系取向渠道成员，采取关系治理策略，会加强工具性帮忙关系取向对机会主义行为的促进作用。

企业之间的合作通常以合同的方式来确保双方的合法利益与义务。具体而详尽的合同规定了有关违反合同的惩罚方式和惩罚力度，对渠道成员产生警告作用、约束渠道成员的行为，从而降低交易风险。[30]，[50,51] 一方面，合同会规范供应商和分销商的行为；另一方面，合同也会对供应商和分销商的行为具有警示和约束作用。无论是规范合作双方的行为，还是约束双方的行为，都会降低分销商对供应商工具性帮忙关系的感知，进而抑制分销商机会主义行为倾向。同时，规范而详尽的合同对化解工具性帮忙关系给分销商造成的不信任感知起到一定的弥补作用，从而缓和工具性帮忙关系引发分销商为追求自身利益的提高而做出机会主义行为。由此提出研究假设：

H2b：相对于关系治理，合同治理更能减弱工具性帮忙关系取向对机会主义行为的正向影响

张钰、刘益和杨伟（2013）指出，治理策略对渠道行为的治理效果在很大程度上取决于它被正确无误地接受并服从的程度。[52] 关系治理的关系规范不像合同条款会以文字的形式出现，具有隐含性。[53] 关系规范隐含性的特点，容易使渠道成员本着对己方有利的角度对关系规范进行解读与运用，进而诱发渠道双方为己方私利片面的解读与运用关系规范。因此，渠道成员对合作伙伴寻租关系取向的感知越强，越有可能从自身利益的角度出发去理解关系规范，越容易诱发其机会主义行为。而合同具有强制性和法律约束力，具有规范和约束合作双方行为与意识的作用。

寻租关系取向的渠道成员注重的是短期的自身利益的得失，运用权力获取一己私利。根据经济人假设渠道合作双方都以己方利益最大化为目标，渠道一方对另一方寻租关系取向的感知越强烈，越容易激发己方的机会主义行为。由于合同中通常会确定合作双方的责任、义务以及享有的权利和利益，并且通过法律手段督促并监督双方按照合同规定履行职责。即合同明确了渠道成员之间合作的基础以及企业间交易的框架，对寻租关系取向的渠道成员以及合作伙伴的行为起到了制约与震慑效果，因此会降低一方的寻租关系取向以及另一方的机会主义行为倾向。综上，合同治理缓解了寻租关系取向对机会主义行为的促进作用。因此提出如下研究假设：

H2c：相对于关系治理，合同治理更能减弱寻租帮忙关系取向对机会主义行为的正向影响

三、研究方法与数据分析

（一）问卷设计

问卷共包括四个部分：第一部分分析渠道成员的关系取向；第二部分调查渠道成员与合作伙伴之间所采用的治理策略，如合同治理和关系治理；第三部分测量渠道成员的机会主义行为；第四部分测量人口统计学变量，如性别、教育程度、职业等。

为了保证测量量表的信度和效度，本研究在对关键变量测量时尽量采用国内外文献中的成熟量表，但同时结合中国文化背景对现有量表进行了适当的修改和调整。本研究的所有量表均为李克特 7 点量表方式进行度量，如表 1 所示。

表 1　变量测量

变量	测项	
工具性帮忙关系	I1. 供应商对我们的帮助程度，往往视我们给他们的回报而定	Su 和 Littlefile（2001）、Su 等（2003）、Ang 和 Leong（2000）、金杨华和吕福新（2008）、Fan 等（2012）
	I2. 除非有好处，否则供应商不会为我们提供额外的帮助	
情感性帮忙关系	E1. 供应商和我们是很好的朋友，能够真诚相待，相互帮忙	
	E2. 供应商愿意与我们分享工作的感受与经验以提供支持与帮助	
寻租关系	R1. 为了达成目标，供应商有时不得不进行商业贿赂或暗箱操作	
	R2. 供应商为了达到自己的目标，政府相关部门建立了良好关系	
	R3. 供应商为了维护自己的利益，经常利用其资源优势压榨我们的利润空间	
	R4. 在商业活动中，供应商时常利用特权获取优惠	

续表

变量	测项	
机会主义行为	O1. 有时为了保护我们自己的利益而不遵守与供应商达成的协议	Rokkan 和 Heide（2003）；Wuyts 和 Geyskens（2005）薛佳奇等（2011）
	O2. 有时我们不得不隐瞒一些事实，以便从供应商那里得到我们想要的	
	O3. 我们并不总是按照合同行动	
关系治理	RG1. 在关系存续期间，双方期望能够做出调整来应对变化的环境	Heide 和 John（1992）；Lai 等（2012）
	RG2. 在合作关系中，可以预期，双方应该进行信息共享	
	RG3. 双方都期待可以从对方那里得知一些可能会对组织存在影响的事件或变化	
	RG4. 双方承诺做一些对彼此关系（而不仅是对单方）有益的改进	
合同治理	CG1. 我们拥有详述双方责任的正式协议	Dwyer 和 Oh（1987）；Cannon 和 Perreault（1999）；Homburg 等（2009）
	CG2. 我们的合同中包含了对不履行义务的处罚条款	
	CG3. 我们用书面合同来管理双方的关系	

注：I 代表工具性帮忙关系；E 代表情感性帮忙关系；R 代表寻租关系；CG 代表合同治理；RG 代表关系治理；O 代表机会主义行为。

本文采用便利性抽样和目的性抽样的方式，选择白酒、医药、电子产品等行业的分销商为调研对象进行了正式调研，问卷主要由熟悉公司业务的销售经理、销售主管及业务员填写。主要通过实地发放问卷和网络发放问卷两种数据收集方式，共发放问卷 350 份，收回了 174 份问卷，剔除无效问卷后剩余有效问卷 152 份，有效回收率为 87.36%。

（二）数据分析

采用结构方程模型来验证本研究的理论模型。偏最小二乘法，简称 PLS 方法，本文采用 Visual PLS 1.04 b1 软件进行数据分析。

1. 信度检验

本文采用 Cronbach's α 系数以及组合信度（简称 CR）检验模型的信度，从表 2 中可以看出，外部模型各潜变量的 Cronbach's α 系数均大于 0.6，CR 值都在 0.7 以上，说明本研究的各变量的测项具有良好的内部一致性，量表具有较高的信度[54]。

表2 信度、效度检验结果

潜变量	编号	因子载荷量	CR	Cronbach's α	AVE
工具性帮忙关系	I1	0.8735	0.8742	0.7230	0.734
	I2	0.84			
情感性帮忙关系	E1	0.9304	0.8747	0.6340	0.777
	E2	0.8297			
寻租关系	R1	0.8374	0.8897	0.8329	0.668
	R2	0.811			
	R3	0.8443			
	R4	0.7764			
机会主义行为	O1	0.8903	0.9137	0.8588	0.779
	O2	0.8448			
	O3	0.912			
合同治理	CG1	0.9079	0.9295	0.8787	0.815
	CG2	0.9466			
	CG3	0.8512			
关系治理	RG1	0.8263	0.8371	0.7323	0.564
	RG2	0.7626			
	RG3	0.6349			
	RG4	0.7682			

注：I代表工具性帮忙关系；E代表情感性帮忙关系；R代表寻租关系；CG代表合同治理；RG代表关系治理；O代表机会主义行为。

2. 效度检验

外部模型效果评价的指标主要包括测量变量的因子载荷量（loading）、平均方差提取率（AVE）等几个指标。表2显示，各潜变量的负载系数都基本达到了0.70以上，表明这些潜变量都是有效的。同时，所有潜变量的AVE值都大于0.50的标准（见表3），并且每个测量变量的AVE大于其所在行与列潜变量相关系数绝对值的标准，说明测量模型通过了有效性检验。

表3 潜变量AVE平方根及潜变量间相关系数矩阵

变量	I	E	R	O	CG	RG
I	0.857					
E	0.049	0.882				
R	0.616	0.215	0.818			

续表

变量	I	E	R	O	CG	RG
O	0.306	0.112	0.538	**0.883**		
CG	0.417	-0.026	0.322	-0.017	**0.903**	
RG	0.246	0.304	0.262	0.02	0.48	**0.751**

注：I 代表工具性帮忙关系；E 代表情感性帮忙关系；R 代表寻租关系；CG 代表合同治理；RG 代表关系治理；O 代表机会主义行为。

3. 假设检验

（1）主效应检验。

为了检验不同关系取向对机会主义行为的直接影响，本文构建了直接效应模型，采用 Visual PLS 软件的 Bootstraping 进行假设检验，设定样本为 152，抽样 200 次，路径系数及其 T 值如表 4 所示。根据检验结果可知，不同的关系取向对机会主义行为的影响不同，情感性帮忙关系对机会主义行为有显著的抑制作用，而工具性帮忙关系和寻租关系对机会主义行为有显著的促进作用。研究 H1a、H1b、H1c 都得到了验证。

表 4　路径系数的 T 检验结果

假设	关系	路径系数	T 值	结论
H1a	情感性帮忙关系→机会主义行为	-0.272	-3.983	支持
H1b	工具性帮忙关系→机会主义行为	0.290	5.229	支持
H1c	寻租关系→机会主义行为	0.519	10.049	支持

注：根据实证检验结果整理而成。

（2）调节效应检验。

在 PLS 方法中，调节效应是通过变量之间的互动关系表现和衡量的。第一步，本文先构建了不同关系取向对机会主义行为影响的主效应模型（Main Effects Model）。第二步，在第一步的基础上，构建互动模型（Interaction Model）。检验结果如表 5、表 6 和表 7 所示。

由表 5 检验结果显示，情感性帮忙关系与合同治理和关系治理的互动因子均具有统计显著性，标准化路径系数及 T 值分别为：-0.232（-3.873）；0.430（7.280），假设 H2a 得到支持。

表 5　主效应与治理效应分析结果

外生变量	内生变量			
	机会主义行为			
	第一阶段		第二阶段	
E	0.139（2.161）	−0.156（−2.785）	0.080（1.562）	0.117（1.935）
RG	0.110（1.517）		0.115（1.663）	
E×RG			0.430（7.280）	
CG		0.154（2.851）		−0.203（−3.902）
E×CG				−0.232（−3.873）
RSq	0.032	0.051	0.194	0.125

注：E：情感性帮忙关系；RG：关系治理；E×RG：情感性帮忙关系与关系治理的交互项；CG：合同治理；E×CG：情感性帮忙关系与合同治理的交互项。

由表 6 检验结果显示，在机会主义行为作为内生变量，治理策略作为调节变量的情况下，工具性帮忙关系与关系治理和合同治理的互动因子均具有统计显著性，标准化路径系数及 T 值分别为：0.391（8.638）；−0.227（−3.064），假设 H2b 得到支持。

表 6　主效应与治理效应分析结果

外生变量	内生变量			
	机会主义行为			
	第一阶段		第二阶段	
I	0.286（4.682）	0.267（3.790）	0.209（3.843）	0.284（3.839）
RG	0.019（0.397）		0.068（1.312）	
I×RG			0.391（8.638）	
CG		−0.193（−1.809）		−0.173（−3.143）
I×CG				−0.227（−3.064）
RSq	0.085	0.119	0.225	0.172

注：I：工具性帮忙关系；RG：关系治理；I×RG：工具性帮忙关系与关系治理的交互项；CG：合同治理；I×CG：工具性帮忙关系与合同治理的交互项。

由表 7 检验结果显示：寻租关系与关系治理和合同治理的互动因子也具有统计显著性，路径系数与 T 值分别为：0.145（2.460）、0.221（4.347），说明关系治理和合同治理均强化了寻租关系对机会主义行为的正向影响，由此假设 H2c 未到支持。这与原假设“合同治理负向调节寻租关系取向与机会主义行为的关系"完全相反。对此，本研究给出的解释如下：对于寻租关系取向的供应商，其本质就是运用手中的权力或资源来为自己谋取利益。即使合作双方采用合同治理，合同条款的制定权大多数掌握在拥有权力和资源一方的手中。因此，寻租关系取向的供应商会利用手中的权力或资源来制定对自己有利的合同条款。对此，会增强其合作伙伴不公平感知，而不公平感知会诱发其反抗心理，进而促进机会主义行为的发生。因此，合同治理的采用会强化寻租关系对机会主义行为的促进作用。

表7　主效应与治理效应分析结果

外生变量	内生变量			
	机会主义行为			
	第一阶段		第二阶段	
R	0.609（9.569）	0.550（8.661）	0.539（7.176）	0.469（6.938）
RG	−0.162（−2.541）		−0.123（−2.277）	
R×RG			0.145（2.460）	
CG		−0.226（−2.043）		−0.204（−2.232）
R×CG				0.221（4.347）
RSq	0.318	0.347	0.335	0.388

注：R：寻租关系；RG：关系治理；R×RG：寻租关系与关系治理的交互项；CG：合同治理；R×CG：寻租关系与合同治理的交互项。

四、结论、建议与展望

由实证结果可以看出，在中国文化背景下，渠道成员的机会主义行为受合作伙伴的关系取向的影响，并且不同的治理策略在不同的情境下影响作用不同。本文不仅丰富了渠道机会主义行为理论的研究框架，而且为企业管理渠道成员机会主义行为提供了依据。

（一）研究结论与讨论

1. 不同关系取向对机会主义行为的影响存在差异

供应商的关系取向是影响分销商机会主义行为的重要因素，不同的关系取向在对机会主义行为的影响方面的作用和功能有所差异。本文揭示了在中国营销渠道背景下，与工具性帮忙关系和寻租关系相比，情感性帮忙关系能够抑制机会主义行为。这表明供应商要想抑制分销商的机会主义行为，就应该努力让分销商感知到供应商的情感性帮忙关系取向。本文将关系取向纳入营销渠道机会主义行为研究框架，扩展和丰富了机会主义行为研究视角，并且对关系取向维度的更为细致的划分，丰富了 Su 和 Littlefield（2001）对关系维度的划分。[17]

本文的研究结论与以往研究有所不同。庄贵军等（2008）研究了关系营销导向与投机行为之间的关系，研究证明关系营销导向对制造商代表所感知的经销商之投机行为无显著影响。[7] 该研究中的关系营销导向（relationship marketing orientation）与帮忙关系取向概念相似，是企业所拥有的一种营销理念，也是一种独特的组织文化或价值观（Sin，Tse，Yau，Chow，Lee，2005）。[55] 它强调企业要与其交易伙伴以及其他重要的相关群体建立一种互惠互利、相互信赖、长期稳定、共同成长的合作关系。[7] 同时，庄贵军等（2008）认为情感性人际关系和工具性人际关系对投机行为有显著影响，且一正一负，情感性关系对投机行为具有负向影响，工具性关系对投机行为具有正向影响。[7] 这一点结论虽与本研究结论相同，但是有所不同的是，庄贵军等（2008）的研究中工具性关系和情感性关系是跨组织的人际关系，[7] 本文中是将帮忙关系划分为工具性帮忙关系和情感性帮忙关系，这正好能解释关系营销导向与投机行为之间关系不显著的原因。

2. 不同治理策略在关系取向对机会主义行为的影响中发挥不同作用

本文对治理策略调节效应的检验主要用来验证不同治理策略对关系承诺与机会主义行为关系的调节效应，关注的是如何提高渠道成员的情感性帮忙关系取向、降低渠道成员的工具性帮忙关系、寻租关系以及机会主义行为。研究结论指出，针对渠道成员关系取向的不同类型采取相匹配的治理策略，才能有效管理机会主义行为。本文结论为治理渠道机会主义行为提供了借鉴与参考。

第一，相比较合同治理，关系治理更能弱化情感性帮忙关系取向对机会主义行为的抑制作用。中国是一个讲究情感、注重承诺的国度，人与人之间乃至企业与企业之间的交往往往以情感为基础。若对双方关系采用白纸黑字的方式进行限定，会让彼此产生对方不信任自己的感觉，因此极易引发机会主义行为来报复对方的这种不信任行为。

第二，相比较关系治理，合同治理能够弱化工具性帮忙关系取向对机会主义行为的促进作用。合同治理策略的采用对工具性帮忙关系取向渠道成员的行为起到约束作用，也会降低合作伙伴的机会主义行为。由于关系治理中关系规范的非强制性和模糊性，合作双方均有可能从对自己有利的角度去理解并运用关系规范，进而促进机会主义行为的发生。因此，合同治理在弱化工具性帮忙关系取向对机会主义行为的促进作用方面要优于关系治理。

本文将合同治理与关系治理引入渠道成员机会主义行为研究模型，检验两种治理策略的适用情境，不仅丰富了渠道行为治理策略相关理论，而且为治理渠道成员机会主义行为提供了依据。

（二）管理启示

本文对渠道成员的关系取向、机会主义行为以及治理机制之间关系进行了理论研究与实证分析，得到了一些有价值的结论，为供应商改变其关系取向来减少所遭受的机会主义行为侵害提供了有益的指导。因此，根据本文结论，得到如下几方面的管理启示。

1. 构建综合性渠道成员机会主义行为防治机制，全面遏制机会主义行为的产生与发展

本文揭示了在中国营销渠道背景下，关系取向对机会主义行为的影响，即情感性帮忙关系与工具性帮忙关系和寻租关系相比，对机会主义行为能够起到抑制作用。研究的实证结果表明，分销商机会主义行为的成因来自己方对供应商关系取向的感知。分销商对供应商不同关系取向的感知对其机会主义行为产生抑制或促进作用。

因此，要想有效防止分销商的机会主义行为问题，就必须全面考虑关系取向的不同维度对机会主义行为的影响，构建综合性的渠道机会主义行为预防机制。即为了遏制或降低分销商机会主义行为对供应商的伤害，正确辨别渠道成员的关系取向，积极培育供应商的情感性帮忙关系取向，尽量降低或杜绝工具性帮忙关系和寻租关系取向，进而减少分销商的机会主义行为。

2. 构建多层次营销渠道治理机制体系，充分发挥不同治理策略在渠道成员机会主义行为治理方面的作用

渠道成员的寻租关系取向和工具性帮忙关系不可能被完全消除，只能尽量降低其存在的程度，因此通过合理的治理策略以降低工具性帮忙关系、寻租关系取向对机会主义行为的影响就显得格外重要。前文已经述及，本文所讲的治理策略包括合同治理和关系治理。不同的治理策略各自发挥着不同的作用。结合本文的研究结果，得出以下两方面的重要启示：

（1）针对情感性帮忙关系取向的渠道成员，要采取关系治理策略，不适宜采用合同治理策略，以抑制机会主义行为。在中国文化背景下，“白纸黑字”的合同属于破坏和谐关系的行为，是彼此间疏远和冲突的象征和原因（严全兴、周庭锐、李雁晨，2011）。[56] 合同的存在使得企业间合作是理性行为而非情感，给渠道成员造成逆反心理，从而诱发机会主义行为。在中国文化背景下，受传统文化的影响与熏陶，渠道成员之间，尤其是持情感性帮忙关系取向的渠道成员，应该采用关系治理策略来指导、约束与管理渠道成员的行为及关系。渠道成员之间可以定期举行工作交流会、联谊等活动，加强彼此间的情感交流，促进彼此间的情谊。渠道成员间通过交流，彼此间不仅是合作伙伴关系，而且还是朋友关系，这样一来，在合作中即使出现问题，双方也可以很容易将问题解决。这对于企业的管理启示是：加强供应商与分销商以及分销商之间的情感交流，让合作伙伴关系演变成商业友谊甚至是家人般关系。随着合作伙伴间交流与互动次数的增多，社会交换因素，如义务、情感会不知不觉地融入到交换活动中。[57] 讲究“面子”是中国商业文化的特征之一，在商业活动中，合作双方都注意保护自己的面子以及合作伙伴的面子，进而增加和谐、减少内

部冲突，因而会降低机会主义行为的发生。

（2）针对工具性帮忙关系取向的渠道成员，适宜采用合同治理抑制机会主义行为。由于完备的合同条款引导并约束渠道成员的行为，能够起到抑制机会主义行为的效果。这告诉我们，在中国关系背景下，应大力普及法律知识，努力提高企业的法律意识，使得企业遵纪守法并会用法律武器保护自己的合作权益。

（3）对于寻租关系取向的渠道成员不适宜采用关系治理。关系治理不具有强制性，主要靠自我约束，因此对于寻租关系取向的渠道成员来说，关系治理不仅不会约束其行为，相反还为其投机取巧的行为提供了可能。因此，不适宜采用关系治理策略。

（三）研究局限与未来展望

尽管本文结论具有一定的理论与现实意义，但仍存在一些局限，有待进一步深入研究。

1. 数据收集方面

首先，本文通过问卷调查的方式收集到的数据属于静态截面数据，仅考察了某一时点上关系取向与机会主义行为之间的关系。Morgan 和 Hunt (1994) 指出，纵向研究对于因果关系能提供更有用的结论。[58] 因此，本文结论可以进一步运用时间序列数据的方法来验证，或许会提供更有价值的结论和见解。

其次，本文为了获取数据的便利性，只从渠道一方取得数据，即从分销商处获取数据。将来可以从双方进行配对收集数据。双方收集数据的研究方法更科学、更严谨。

2. 研究内容方面

第一，供应商与分销商之间关系发展的不同阶段，关系取向可能具有不同的特点，对机会主义行为的影响也可能会有所不同。因此，未来研究可以考察双方关系发展的不同阶段关系取向与机会主义行为之间的关系。

第二，本文只从一方考虑对另一方关系取向的感知，而未同时考虑合作双方的关系取向。因此，未来研究应考虑渠道成员双方的关系取向是否匹配；在匹配的情况下会如何影响承诺、机会主义行为；在不匹配的情况下又会出现什么样的结果。

以上问题可作为本文的延伸与扩展，可能会得出另外一些有价值的研究结论。

参考文献

[1] Mysen T., Svensson G., Payan J. M.. The Key Role Opportunism in Business Relationships [J]. Marketing Intelligence & Planning, 2011, 29 (4): 436-449.

[2] Hawkins T. G., Lewin J. E., Amos C.. The Influence of Leader Opportunism in B2B Exchange [J]. Journal of Business Research, 2012, 65 (8): 1112-1118.

[3] Hawkins T., Kinpper M. G., Strutton D.. Opportunism in Buyer -Supplier Relations: New Insights from Quantitative Synthesis [J]. Journal of Marketing Channels, 2009, 16 (1): 43-75.

[4] Crosno J. L., Dahlstrom R.. A Meta-Analytic Review of Opportunism in Exchange Relationships [J]. Journal of the Academy of Marketing Science, 2008, 36 (2): 191-201.

[5] Skarmeas D., Katsikeas C. S., Spyropoulou S., et al. Market and Supplier Characteristics Driving Distributor Relationship Quality in International Marketing Channels of Industrial Products [J]. Industrial Marketing Management, 2008, 37 (1): 23-36.

[6] Kumar N., Hibbard J. D., Stern L. W.. The Nature end Consequences of Marketing Channel Intermediary Commitment [J]. Report -Marketing Science Institute Cambridge Massachusetts, 1995 (1): 25-26.

[7] 庄贵军，李珂，崔晓明. 关系营销导向与跨组织人际关系对企业关系型渠道治理的影响 [J]. 管理世界，2008 (7): 77-90，187-188.

[8] 费孝通. 乡土中国：生育制度 [M]. 北京：北京大学出版社，1988.

[9] John G.. An Empirical Investigation of Some Antecedents of Opportunism in a Marketing Channel [J]. Journal of Marketing Research, 1984, XXI (8): 278-289.

[10] 金杨华，吕福新. 关系取向与企业家伦理决策——基于“浙商”的实证研究 [J]. 管理世界，2008 (8): 100-106.

[11] Choshal S., Moran P.. Bad for Practice: A Critique of the Transaction Cost Theory [J]. Academy of Management Review, 1996, 21 (1): 13-47.

[12] 何友晖，陈淑娟，赵志裕等. 关系取向：为中国社会心理方法论求答案 [A]. 见杨国枢.中国人的心理与行为 [C]. 中国台北：桂冠图书公司，1989.

[13] 佐斌. 中国人的关系取向：概念及其测量 [J]. 华中师范大学学报（人文社会

科学版)，2001，41 (1)：74-80.

[14] 赵菊，佐斌. 情境事件、关系取向与人际关系满意感的关系 [J]. 心理学探新，2008，28 (3)：88-92.

[15] Fan Y. H.，Woodbine G.，Scully G.. Guanxi and Its Influence on the Judgments of Chinese Auditors [J]. Asia Pacific Business Review，2012，18 (1)：83-97.

[16] 胡士强，彭纪生，周路路. 关系取向、面子需求与组织内知识共享——中国情境下知识共享意愿的探讨 [J]. 上海管理科学，2010，32 (4)：81-86.

[17] Su C，Littlefield J. E.. Entering Guanxi：A Business Ethical Dilemma in Mainland China? [J]. Journal of Business Ethics，2001，33 (3)：199-210.

[18] Chenting Su，M. Joseph Sirgy，James E. Littlefield. Is Guanxi OrientationBad，Ethically Speaking? A Study of Chinese Enterprises [J]. Jouranl of Business Ethics，2003 (44)：303-312.

[19] 黄光国. 人情与面子：中国人的权力游戏 [A]. 杨国枢. 中国人的心理 [C]. 中国台北：桂冠图书股份有限公司，1988.

[20] 高维和，陈信康. 商业性朋友关系研究述评 [J]. 外国经济与管理，2009，31 (9)：60-65.

[21] 李雪灵，马文杰，于晓宇，董保宝. 中国新企业社会关系的特征与演化：情感性关系和工具性关系 [J]. 吉林大学社会科学学报，2013，53 (1)：124-131.

[22] 杨中芳. 人际关系与人际情感的构念化 [J]. 本土心理学研究，1999 (12)：105-180.

[23] Hoskisson R. E.，Eden L.，Lau C. M.，et al. Strategy in Emerging Economies [J]. Academy of Management Journal，2000，43 (3)：249-267.

[24] Park S. H.，Luo Y.. Guanxi and Organizational Dynamics：Organizational Networking in Chinese Firms [J]. Strategic Management Journal，2001，22 (5)：455-477.

[25] Xin K. K.，Pearce J. L.. Guanxi：Connections as Substitutes for Formal Institutional Support [J]. A Cademy of Management Journal，1996，39 (6)：1641-1658.

[26] Larson A.. Network Dyads in Entrepreneurial Settings：A Study of The Governance of Exchange Relationships [J]. Administrative Science Quarterly，1992，37 (1)：76-104.

[27] 董维维，庄贵军. 营销渠道中人际关系到跨组织合作关系：人情的调节作用 [J]. 预测，2013，32 (1)：17-22.

[28] Williamson O. E.. Markets and Hierarchies：Analysis and Antitrust Implications [M]. New York：Free Press，1975.

[29] Wuyts，S.，I. Geyskens.The Formation of Buyer-Supplier Relationship：Detailed

Contract Drafting and Close Partner Selection [J]. Journal of Marketing, 2005, 69 (4): 103-117.

[30] Wathne K. H., Heide J. B.. Opportunism in Interfirm Relationships: Form, Outcomes, and Solutions [J]. Journal of Marketing, 2000, 64 (4): 36-51.

[31] 宝贡敏，赵卓嘉. 中国文化背景下的“关系”与组织管理 [J]. 重庆大学学报 (社会科学版), 2008, 14 (2): 46-52.

[32] Barnes B. R., Yen D., Zhou L.. Investigating Guanxi Dimensions and Relationship Outcomes: Insights from Sino-Anglo Business Relationships [J]. Industrial Marketing Management, 2011, 40 (4): 510-521.

[33] 温飞，成志龙，何美贤. 关系信任对渠道分销商战略绩效的影响：关系协同的传导作用 [J]. 江苏商论, 2011 (5): 9-11.

[34] Rokkan A. I., Heide J. B., Wathne K. H.. Specific Investments in Marketing Relationships: Expropriation and Bonding Effects [J]. Journal of Marketing Research, 2003, 40 (2): 210-224.

[35] Standifird S. S., Marshall R. S.. The Transaction Cost Advantage of Guanxi-based Business Practices [J]. Journal of World Business, 2000, 35 (1): 21-42.

[36] 彭茜，庄贵军，周茵. 私人关系对营销人员灰色营销行为的影响作用：时机的调节作用 [J]. 预测, 2012, 31 (1): 8-13.

[37] Skarmeas D., Katsikeas C. S., Schlegelmilch B. B.. Drivers of Commitment and Its Impact on Performance in Cross-Cultural Buyer-Seller Relationships: The Importer's Perspective [J]. Journal of International Business Studies, 2002, 33 (4): 757-783.

[38] Johnson J. L., Cullen J. B., Sakano T.. Opportunistic Tendencies in IJVs with the Japanese: The Effects of Culture, Shared Decision Making, and Relationship Age [J]. The International Executive, 1996, 38 (1): 79-94.

[39] Wang Q., Li J. J., Ross Jr W. T., et al. The Interplay of Drivers and Deterrents of Opportunism in Buyer-Supplier Relationships [J]. Journal of the Academy of Marketing Science, 2013, 41 (1): 111-131.

[40] Fazio R. H., Chen J. M., Mcdonel E. C., et al. Attitude Accessibility, Attitude-Behavior Consistency, and the Strength of the Object-Evaluation Association [J]. Journal of Experimental Social Psychology, 1982, 18 (4): 339-357.

[41] 钱丽萍，任星耀.渠道关系中专项投资不对等与机会主义行为间关系研究——正式化、参与与私人关系的调节作用 [J]. 管理评论, 2012, 24 (10): 73-84.

[42] Pervan S. J., Bove L. L., Johnson L. W.. Reciprocity as a Key Stabilizing Norm

of Interpersonal Marketing Relationships: Scale Development and Validation [J]. Industrial Marketing Management, 2009 (38): 60-70.

[43] 庄贵军，席酉民，周筱莲. 权力、冲突与合作——中国营销渠道中私人关系的影响作用 [J]. 管理科学，2007，20 (3): 38-47.

[44] Provan K. G., Skinner S. J.. Interorganizational Dependence and Control as Predictors of Opportunism in Dealer-Supplier Relations [J]. Academy of Management Journal, 1989, 32 (1): 202-212.

[45] Heide J. B., John G.. Do Norms Matter in Marketing Relationships? [J]. The Journal of Marketing, 1992, 56 (2): 32-44.

[46] Lai F., Tian Y., Huo B.. Relational Governance and Opportunism in Logistics Outsourcing Relationships: Empirical Evidence from China [J]. International Journal of Production Research, 2012, 50 (9): 2501-2514.

[47] Achrol R. S., Gundlach G. T.. Legal and Social Safeguards Against Opportunism in Exchange [J]. Journal of Retailing, 1999, 75 (1): 107-124.

[48] 柳平平. 斩熟经济交往中的怪胎 [J]. 广西市场与价格，1996 (7): 9.

[49] 刘宗玉. 生意场上忘亲情 [J]. 企业销售，1997 (12): 33.

[50] Cannon J. P., Achrol R. S., Gundlach G. T.. Contracts, Norms, and Plural form Governance [J]. Journal of the Academy of Marketing Science, 2000, 28 (2): 180-194.

[51] Samaha S. A., Palmatier R. W., Dant R. P.. Poisoning Relationships: Perceived Unfairness in Channels of Distribution [J]. Journal of Marketing, 2011, 75 (3): 99-117.

[52] 张钰，刘益，杨伟. 供应商影响战略与分销商机会主义——分销商关系承诺的调节作用研究 [J]. 管理科学，2013，26 (5): 50-62.

[53] Homburg C., Cannon J. P., Krohmer H., et al. Governance of International Business Relationships: A Cross-Cultural Study on Alternative Governance Modes [J]. Journal of International Marketing, 2009, 17 (3): 1-20.

[54] Bagozzi R. P., Yi Y.. On the Evaluation of Structural Equation Models [J]. Journal of the Academy of Marketing Science, 1988, 16 (1): 74-94.

[55] Leo Y.M. Sin, Alan C.B. Tse, Oliver H.M. Yau, Raymond P.M. Chow, Jenny S.Y. Lee. Market Orientation, Relationship Marketing Orientation, and Business Performance: The Moderating Effects of Economic Ideology and Industry Type [J]. Journal of International Marketing: Spring 2005, 13 (1): 36-57.

[56] 严全兴，周庭锐，李雁晨. 信任、承诺、关系行为与关系绩效：买方的视角 [J]. 管理评论，2011 (3): 71-81.

[57] 封展旗，邹本国. 论中国文化情境下商业友谊的营销功能 [J]. 经济纵横，2009 (12)：109-111.

[58] Morgan R. M.， Hunt S. D.. The Commitment -Trust Theory of Relationship Marketing [J]. Journal of Marketing，1994，58 (3)：20-38.

Impact of Guanxi Orientation on Opportunism of Channel Member

—Moderating Effects of Governance Strategy

Wang Lilei[1]，Zhang Jianyu[2]，Xu Xing'an[3]

(1. Shandong Youth University of Political Science，Business School，Ji'nan 250103；2. Southwestern University of Finance and Economics，School of Business Administration，Chengdu，611130；3. Shandong Normal University，Business School，Ji'nan，250014)

Abstract：This study brought a concept of Guanxi orientation in the framework of opportunism of channel members，combined with social exchange theory and Guanxi theory of China，constructed the path model of Guanxi orientation on opportunism，discussed the impact of Guanxi orientation on opportunism and the effective strategy to solve the problems in different situations.

The conclusions of this paper are as follows：(1) Emotional favor-seeking guanxi orientation had a significant negative impact on opportunism；meanwhile，both of instrumental favor-seeking guanxi orientation and rent-seeking guanxi had significant positive impacts on opportunism. (2) The empirical results show that different governance strategies differ in inhibiting effect on opportunism. Specifically，for suppliers who have emotional favor-seeking guanxi orientation, the relational governance is superior to the contract governance in inhibiting opportunism; the contract governance is superior to the relational governance for suppliers who have instrumental favor-seeking guanxi orientation.

This study not only has revealed influence mechanism of Guanxi orientation on opportunism, but also has expanded the theoretical framework about opportunism research framework. As the same time, this paper has provided beneficial reference for enterprise management opportunism behavior.

Key Words: Emotional Favor-seeking Guanxi; Instrumental Favor-seeking Guanxi; Rent-seeking Guanxi; Contract Governance; Relational Governance; Opportunism

附录 4　专项投资对机会主义行为的影响研究

——关系承诺的中介作用①

王立磊，胥兴安，张剑渝

【摘　要】本文基于交易成本理论、关系交换理论及关系承诺理论，构建企业专项投资对渠道成员机会主义行为影响的研究框架，探讨专项投资及关系承诺对机会主义行为的影响及作用机制。采用 PLS 建模方法对 244 份有效样本数据进行实证检验，结果表明：专项投资通过正向影响算计性承诺，进而促进机会主义行为；专项投资通过正向影响情感性承诺，进而抑制机会主义行为。因此，企业应高度重视渠道伙伴的机会主义行为，努力让渠道合作伙伴感知到企业专项投资表达的是一种长期合作意愿，鼓励渠道伙伴做出情感性承诺进而降低机会主义行为。

【关键词】专项投资；情感性承诺；算计性承诺；积极机会主义行为；消极机会主义行为

---

① 基金项目："关系取向对渠道成员机会主义行为的影响研究"（批准号：71472153）；2015 年度山东省高等学校科研计划项目"渠道成员窜货行为前因研究——基于'关系'的视角"（批准号：J15WB21）；山东青年政治学院 2015 年科研计划项目"关系规范、组织德性对渠道成员机会主义行为的影响研究"（批准号：2015QN01）；山东青年政治学院博士科研启动项目"关系取向对分销商窜货行为的影响研究——基于信任的视角"（批准号：14A021）

作者简介：王立磊，山东青年政治学院经济管理学院讲师，管理学博士，研究方向为营销渠道、关系营销（山东济南，250014）；胥兴安，山东师范大学商学院讲师，管理学博士，研究方向：营销渠道，旅游消费者行为（山东济南，250014）；张剑渝，西南财经大学工商管理学院教授，管理学博士，研究方向：营销渠道、关系营销、消费者行为（四川成都，610074）。

本文发表十《企业经济》2016 年第 11 期。

一、引言

作为影响渠道机会主义行为和渠道关系和谐的重要因素，渠道成员的专项投资一直以来备受学术界与业界关注。然而，在营销渠道研究领域，企业的专项投资究竟会诱发渠道伙伴的机会主义行为，还是抑制机会主义行为？学术界尚未形成一致结论。[1]

为厘清专项投资与机会主义行为之间的关系，有学者试图采用调节变量进而寻找专项投资与机会主义行为矛盾结论的突破口，如：他们认为随着一方的专项投资的增加，另一方机会主义行为是增加还是减少取决于双方关系、团结规范水平的高低[2]、关系规范[3]、交易伙伴的专项投资和双方交易关系的持续时间或持续意愿[1]、正式契约和信任[4]以及专项投资方的竞争对手的专项投入[5]。学者采用调节变量解释专项投资和机会主义行为之间的关系，取得了一系列研究成果，为后续研究奠定了坚实基础。

然而，综观以往文献，鲜有研究探讨专项投资对机会主义行为影响机制问题。本研究认为要想厘清专项投资与机会主义行为的关系，需从专项投资对机会主义行为关系的影响机制入手，以期更有针对性地解释二者之间关系，并为企业保护专项投资不受侵害以及为渠道建立长期友好的合作关系提供有益指导。

综上，本文基于交易成本理论、关系交换理论及关系承诺理论等相关理论，构建专项投资与机会主义行为的理论模型，探讨关系承诺（情感性承诺、算计性承诺）在专项投资与机会主义行为（积极和消极的机会主义行为）因果链条中的中介作用，以揭示专项投资对渠道机会主义行为的影响机制。

二、相关文献回顾及研究假设

（一）专项投资与机会主义行为

专项投资是指企业针对特定的合作伙伴或合作关系而做出的投资，这种投资具有专业化和持久性等特点（Williamson，1983），如果双方关系破裂，投资方将遭受巨大的沉没成本。机会主义行为是指通过不正当手段不惜牺牲他人的利益而谋求自我私利的行为。[2] 渠道成员的机会主义行为会破坏渠道和谐，降低合作意愿和渠道效率。[6]

专项投资与机会主义行为一直是渠道关系研究关注的重要问题。有学者认为企业的专项投资会诱发渠道合作伙伴的机会主义行为（高维和等，2006；彭雷清等，2008；Lui et al.，2009）；也有学者认为受强关系准则的影响，企业的专项投资会抑制渠道伙伴的机会主义行为（Crosno & Dahlstrom，2008）。

综上，学术界对专项投资与机会主义行为之间的关系尚未形成统一结论。有学者提出专项投资是抑制或者是促进机会主义行为，取决于两者之间的调节变量。本研究则认为企业专项投资是抑制亦或是促进渠道合作伙伴的机会主义行为，则要看专项投资对机会主义行为的影响路径，路径不同则效果不同。然而，现有文献缺乏专项投资对机会主义行为影响机制的相关研究，更鲜有研究将机会主义行为划分为积极和消极的机会主义，进而探讨专项投资对两类机会主义行为的影响机制。

（二）渠道成员关系承诺的相关研究

关系承诺主要用来描述合作双方的心理契约[7-8]，即企业对合作关系持续性的明确或含蓄的保证（Fynes & Voss，2002；戚译、王颢越，2005）。本文借鉴前人研究将关系承诺划分为情感性承诺和算计性承诺。[8-9] 情感性承诺是指渠道一方因感知到另一方的忠诚和可信而表现出对合作关系的

一种积极情感和责任。算计性承诺是指渠道一方在计算利益得失的基础上而表现出对保持合作关系的态度。[7,10-11]

Gilliland 和 Bello 在考察制造商与分销商之间的关系时发现：制造商对分销商的专项投资会增强其对分销商的算计性承诺；制造商感知的分销商专项投资会增强其对分销商的忠诚性承诺。[9] 戚译和王颢越（2005）认为，一方的专项投资有可能引起另一方的算计性承诺，也可能引起另一方的情感性承诺。由此可知，专项投资是承诺的重要影响因素，但是专项投资与承诺之间的关系尚未形成定论，有待进一步探讨分析。尽管已有研究探讨了承诺与机会主义行为之间的关系，然而，这些研究并未将关系承诺纳入专项投资与机会主义行为的研究框架中。因此，有必要考察关系承诺在专项投资与机会主义行为因果链条中的中介作用，这将有助于解释既有研究存在的矛盾结论。

（三）研究假设

本文以企业专项投资为前置变量，以渠道伙伴机会主义行为（积极的和消极的）为结果变量，以渠道伙伴的关系承诺（情感性承诺和算计性承诺）为中介变量，构建专项投资对机会主义行为影响的概念模型（见图1），进而考察分析关系承诺在专项投资与机会主义行为因果链条上的中介作用。

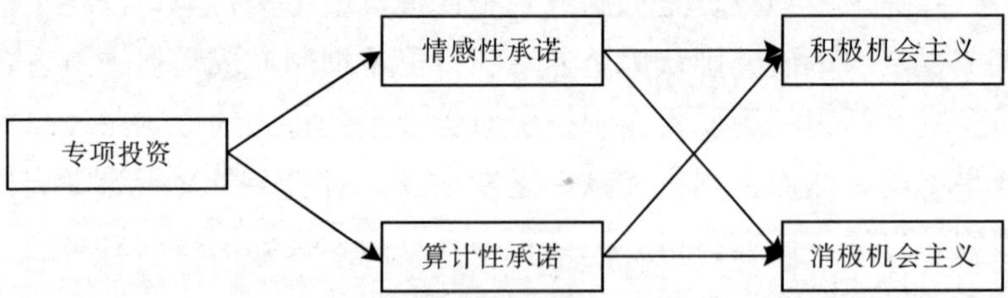

图 1　概念模型

承诺在维持长期稳定合作关系方面，发挥着重要作用（Dwyer et al.，1987；Scheer et al.，1992；Gundlach et al.，1995）。Morgan 和 Hunt（1994）提出的承诺—信任理论指出承诺是关系利益要素和行为之间最重要的中介变量。随后，蒋晓荣和李随成（2011）验证了关系承诺在企业间关系特性和内部因素与信息分享关系间的中介作用。关系交换理论（Relational

Exchange Theory）强调人们在交换过程中的心理因素，即交换关系体现了一种责任关系，当一方获得经济和社会情感资源时会激发其回报对方的责任意识（Emerson，1976）。由此可见，企业的专项投资表达了企业与渠道合作伙伴建立和维持长期合作关系的意愿和决心，能增进双方的承诺，进而降低交易伙伴的投机行为。[1] 因此，将关系承诺作为专项投资与机会主义行为的中介变量，也符合关系交换理论及承诺理论的相关研究框架。综上，本文认为专项投资通过关系承诺进而影响机会主义行为。

专项投资只在特定交易关系内存在价值，一方投资将会锁定在该交易关系中[3]，使其不得不维持交易关系。投资接受方很可能为了最大化本企业的利益，对投资方采取机会主义行为（Lui，Wong & Lui，2009）。然而，渠道合作伙伴是否采取机会主义行为，以及采取哪种机会主义行为，取决于渠道合作伙伴对企业投资动机的感知以及其作出的承诺类型。

如果渠道合作伙伴感知到企业是为了防止自己转换合作伙伴、提高转换壁垒而进行的专项投资时，渠道合作伙伴会倾向于在分析维持关系所带来的收益、终止关系可能失去的利益及造成的损失的基础上，做出相应的承诺。[7,10-11] 换言之，渠道合作伙伴为了实现企业目标，会通过对收益的理性计算而对企业做出承诺（Fullerton，2005），进而与企业保持合作关系。专项投资是企业发出的一种可信的承诺信号，表达了企业维持双方合作关系的意愿，能够提高接收方参与合作的信心，进而有可能形成一种基于经济理性的相互信任[12]，因而容易做出算计性承诺。渠道合作伙伴之所以会对投资方采取机会主义行为，是因为该行为可以为其代理经济利益。[8,12] 因此，合作伙伴作出的算计性承诺水平越高，越容易引发其机会主义行为。尽管机会主义行为有积极和消极机会主义行为之分，但是对于做出算计性承诺的渠道成员来讲，会为了获取额外利益公然违反合作关系中某些明确或暗含的限制，或者在新环境下进行强制性谈判以追求自己利益；也会为了降低成本逃避先前达成一致的责任。因此，渠道成员的算计性承诺水平越高，越容易做出积极的机会主义行为，也越容易激发起消极的机会主义行为。

综上，本文认为：渠道一方的专项投资会增加另一方的算计性承诺，进而增加另一方积极机会主义行为和消极机会主义行为。提出如下研究假设：

H1a：算计性承诺中介了专项投资对积极机会主义行为的影响，即：渠道合作伙伴感知企业专项投资越高，越容易做出算计性承诺，进而促进积极机会主义行为

H1b：算计性承诺中介了专项投资对消极机会主义行为的影响，即：渠道合作伙伴感知企业专项投资越高，越容易做出算计性承诺，进而促进消极机会主义行为

交易成本理论（Transaction Costs Theory）认为，企业的专项投资可充当交易抵押物，是企业向合作伙伴作出的可信承诺信号，表明其进一步维持合作关系的意愿和承诺。[3,12] Anderson 和 Weitz（1992）的研究证明，企业专项投资是向接收方发出的承诺信号，能提高接收方承诺的感知水平。

情感性承诺是指渠道成员因感知到交易伙伴的忠诚和可信而形成的积极情感和责任。[10] 这种情感和责任使得渠道成员愿意付出额外的努力去维持双方的关系，超出了经济范围和合同范畴（Cullen & Gendreau，2000；Fullerton，2005）。情感性承诺注重与合作伙伴间的情感和责任，这会减弱其对经济利益的索取（Ewin，1993），因而可以抑制机会主义行为的发生。情感性承诺代表着渠道成员维持双方的合作关系的意愿，[13] 会削弱渠道成员发生机会主义行为的倾向（刘益、李纲，2008；Söllner，1999）。大量的研究成果证实了承诺对机会主义行为的缓冲作用（Bianchi & Saleh，2011；Niesten & Jolink，2012）。由此，可推测情感性承诺水平越高，消极和积极的机会主义行为水平越低。

综上，本文认为：若感觉到企业是表达对发展和维持双方关系的诚意，渠道合作伙伴会认为进行专项投资的企业更值得信赖，因而更愿意做出情感性承诺，进而会降低其积极机会主义行为和消极机会主义行为。[8] 即：企业的专项投资会增加渠道合作伙伴的情感性承诺，进而抑制消极机会主义行为和积极机会主义行为。基于此，本文提出如下研究假设：

H2a：情感性承诺中介了专项投资对积极机会主义行为的影响，即：渠道合作伙伴感知企业专项投资越高，越容易做出情感性承诺，进而抑制积极机会主义行为

H2b：情感性承诺中介了专项投资对消极机会主义行为的影响，即：渠道合作伙伴感知企业专项投资越高，越容易做出情感性承诺，进而抑制

消极机会主义行为

三、研究方法

（一）数据收集

本文采用问卷调查方式收集数据。在正式调查之前，本文选择白酒企业的分销商进行预调研，并根据被调查者反馈意见以及预调研数据分析结果对问卷进行了修改与完善。

本文采用实地问卷调查和电子邮件问卷调查两种方式，正式调研从2015年12月初开始到2016年3月底结束，共发放问卷380份，收回244份有效问卷，有效问卷回收率为64.21%。

（二）变量测量

专项投资量表是在综合考虑Anderson和Weitz（1992）、Rokkan和Heide等[2]、庄贵军和刘宇（2010）、薛佳奇和刘益等[5]、刘婷和刘益[1]等相关研究的基础上，根据本文的特点修订而成。如："如果转向另一个有竞争力的伙伴，该供应商的投资将无法收回对我们的投资；如果停止与我们合作，该供应商将很难重新配置目前服务于我们的人员和设备"等4个测项。

本文采用Seggie和Griffith等[14]编制的量表对积极机会主义（3个测项）和消极机会主义行为（3个测项）进行测量。积极的机会主义行为包括推卸责任、提供虚假信息、要求对方多承担成本等内容；消极的机会主义行为反映了提供信息速度慢、信息提供不充分、没有进行适时提醒。

关系承诺量表在综合考虑Gilliland和Bello[9]、叶飞和薛运普[11]、Gruen和Summers等[15]以及王立磊[8]研究的基础上，结合本文的实际情况修改而成。其中，算计性承诺包括4个测项，如"我们希望和该供应商保持关系，是因为从中得到了较多的利润和好处；我们希望和该供应商保持关系，是因为终止关系将会给我们带来严重损失"等。情感性承诺包括 5 个测项，如："我们感觉和该供应商是一家人，因为我们愿意和他们继续保持关系；即使有提供更好条件的供应商，我们也不愿意终止和他们的关系"等。

以上变量的测量都采用李克特 7 分等级量表测量，1 代表完全不符合，7 代表完全符合。

（三）信度、效度检验

1. 信度检验

本文采用克朗巴哈系数（Cronbach'α）和组合信度系数（CR）来估计量表的信度。从表 1 可以看出，各变量的克朗巴哈系数均大于 0.7，而各变量的组合信度系数则均大于 0.8。无论是克朗巴哈系数还是组合信度系数均达到了 0.6 的标准，表明本文所使用的量表具有很好内部一致性，具有很好的信度。

表 1　变量的信度与效度评价

潜变量	题项	因子载荷	克朗巴哈系数 α	组合信度系数 CR	平均方差提取 AVE
专项投资	S1	0.6924	0.7012	0.8019	0.5044
	S2	0.6932			
	S3	0.6502			
	S4	0.7969			
情感性承诺	AC1	0.6762	0.7174	0.8334	0.5011
	AC2	0.7004			
	AC3	0.6536			
	AC4	0.7852			
	AC5	0.7168			
算计性承诺	CC1	0.5881	0.7129	0.8221	0.5398
	CC2	0.7673			
	CC3	0.8365			
	CC4	0.7246			
积极的机会主义行为	AO1	0.7956	0.7751	0.8792	0.7089
	AO2	0.8078			
	AO3	0.9172			

续表

潜变量	题项	因子载荷	克朗巴哈系数 α	组合信度系数 CR	平均方差提取 AVE
消极的机会主义行为	PO1	0.8590	0.8351	0.9013	0.7528
	PO2	0.8539			
	PO3	0.8895			

2. 效度检验

由于本文中变量所使用测项均来自成熟量表，因此具有良好的内容效度。具体来看，本文验证性因子分析（CFA）结果如表 1 所示，各变量测项的因子载荷均高于 0.6，CFA 模型的拟合指标均满足检测要求，表明变量测量具有良好的收敛效度。

区别效度的检验是通过 AVE 值来反映的。本文相关变量的 AVE 值均大于 0.5（见表 1），且所有变量的 AVE 的平方根均大于其所在行与列变量相关系数的绝对值（见表 2）。因此，测量模型的判别效度良好。

表 2　潜变量 AVE 平方根及潜变量间相关系数矩阵

变量	专项投资	情感性承诺	算计性承诺	积极的机会主义	消极的机会主义
专项投资	**0.7102**				
情感性承诺	0.188	**0.7079**			
算计性承诺	0.364	0.178	**0.7347**		
积极的机会主义	0.101	−0.236	0.269	**0.8420**	
消极的机会主义	0.183	−0.174	0.382	0.595	**0.8676**

（四）共同方法偏差检验

本文运用主成分分析方法将变量的所有测项进行探索性因子分析。结果显示，第一个因子的方差解释率为 22.588%，未超过建议值 50%，表明不存在严重的共同方法偏差，不会对本文数据的效果造成影响。

四、假设检验结果及分析

本文在对所有数据进行标准化的基础上，参照 Baron 和 Kenny 的因果步骤法进行中介效应检验。通过 SmartPLS 2.0 软件进行 Bootstrap 检验（$N_{原始}$=244，$N_{抽样}$=600），分析专项投资、关系承诺和机会主义行为之间的影响系数和统计上的显著水平（见图 2 和图 3）。

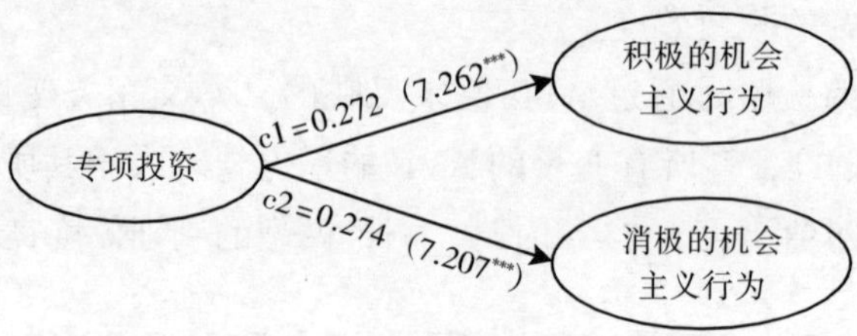

图 2　主效应回归系数

注：*** 代表 p<0.01；** 代表 p<0.05；* 代表 p<0.1。

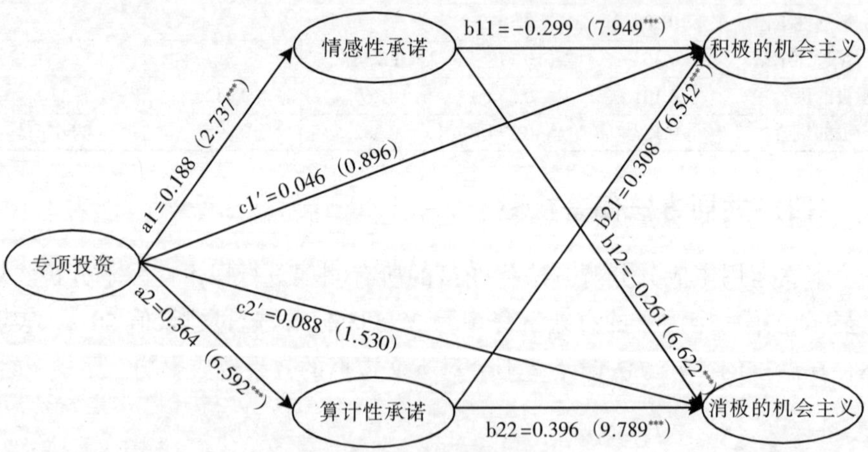

图 3　中介效应检验

注：*** 代表 p<0.01；** 代表 p<0.05；* 代表 p<0.1。

（一）算计性承诺的中介作用

算计性承诺在专项投资与积极的机会主义行为间的中介效应检验结果显示：专项投资对积极的机会主义行为的回归系数显著（$c1 = 0.272$，$t = 7.262$，$p < 0.01$），即总效应显著。专项投资对算计性承诺的回归系数显著（$a2 = 0.364$，$t = 6.592$，$p < 0.01$）、算计性承诺对积极的机会主义行为的回归系数显著（$b21 = 0.308$，$t = 6.542$，$p < 0.01$），说明存在中介效应。即在不考虑其他影响因素的前提下，企业的专项投资会促进渠道合作伙伴算计性承诺进而诱发积极的机会主义行为。此外，由 PLS 模型检验结果显示，直接效应 $c1' = 0.046$（$t = 0.896$，$p > 0.1$）不显著，说明算计性承诺在专项投资和积极的机会主义行为之间起到完全中介的作用。因此，假设 H1a 得到支持。

同理，专项投资对消极的机会主义行为有显著正向作用（$c2 = 0.274$，$t = 7.207$，$p < 0.01$），即总效应显著。专项投资对算计性承诺具有显著正向作用（$a2 = 0.364$，$t = 6.592$，$p < 0.01$）、算计性承诺对消极的机会主义行为正向作用显著（$b22 = 0.396$，$t = 9.789$，$p < 0.01$），说明存在中介效应。即在不考虑其他影响因素的前提下，企业的专项投资会促进渠道合作伙伴的算计性承诺进而诱发其消极的机会主义行为。而直接效应 $c2' = 0.088$（$t = 1.530$，$p > 0.1$）$< c2 = 0.274$（$t = 7.207$，$p < 0.01$），且不显著，所以算计性承诺完全中介了专项投资与消极的机会主义行为之间的关系。因此，假设 H1b 得到支持。

（二）情感性承诺的中介作用

专项投资对积极的机会主义行为的回归系数显著（$c1 = 0.272$，$t = 7.262$，$p < 0.01$），即总效应显著。将专项投资与情感性承诺作为自变量，积极的机会主义行为作为因变量进行回归分析，结果显示：专项投资对情感性承诺的回归系数显著（$a1 = 0.188$，$t = 2.737$，$p < 0.01$）、情感性承诺对积极的机会主义行为的回归系数显著（$b11 = -0.299$，$t = 7.949$，$p < 0.01$），说明存在中介效应。然而，直接效应 $c1' = 0.046$（$t = 0.896$，$p > 0.1$）不显著，说明情感性承诺在专项投资和积极的机会主义行为之间起到完全中介的作用。因此，假设 H2a 得到支持。

在专项投资与消极的机会主义行为间的中介效应检验结果显示：专项投资对消极的机会主义行为的回归系数显著（c2=0.274，t=7.207，$p<0.01$），即总效应显著。专项投资对情感性承诺的回归系数显著（a1=0.188，t=2.737，$p<0.01$）、情感性承诺对消极的机会主义行为的回归系数显著（b12= −0.261，t=6.622，$p<0.01$），而直接效应 c2′=0.088（t=1.530，$p>0.1$）不显著，说明存在中介效应，且为完全中介。即在不考虑其他影响因素的前提下，企业通过专项投资促进渠道合作伙伴的情感性承诺进而抑制其消极的机会主义行为。因此，假设 H2b 得到支持。

五、结果讨论与管理启示

（一）研究结论

本文将关系承诺分为情感性承诺和算计性承诺，将机会主义行为分为积极机会主义和消极机会主义，利用中国企业分销商的问卷调查数据，以交易成本理论、承诺理论和关系交换理论为基础，研究关系承诺在专项投资对机会主义行为影响中的中介作用。研究结果显示，企业投入专项投资诱发亦或是抑制渠道合作伙伴的机会主义行为，需要考察关系承诺在二者中间所起到的作用，即专项投资可能通过提高情感性承诺来抑制机会主义行为，专项投资也可能通过增加算计性承诺而促进机会主义行为。

首先，企业专项投资通过影响渠道合作伙伴的情感性承诺进而影响其积极和消极的机会主义行为。换言之，渠道合作伙伴对企业专项投资的感知越高，其情感性承诺水平越高，进而越容易抑制机会主义行为。随着企业专项投资的增加，渠道合作伙伴越容易认为是企业表达了长期合作的意愿和信号。作为回报，渠道伙伴更容易做出情感性承诺，进而会抑制机会主义行为的发生，特别是积极的机会主义行为。其次，企业专项投资会促进渠道合作伙伴的算计性承诺，进而影响其机会主义行为。随着企业专项投资的提高，越容易被锁定，而渠道合作伙伴则越容易做出算计性承诺，进而越容易诱发机会主义行为，尤其是消极的机会主义行为。

综上可以看出，企业专项投资是否会引起合作伙伴的机会主义行为，则要看合作伙伴对企业的专项投资意图的感知，以及企业的专项投资通过哪条路径来影响机会主义行为。企业的专项投资并不一定会引起合作伙伴的机会主义行为，要想抑制合作伙伴的机会主义行为，企业应想办法引导合作伙伴做出情感性承诺而非算计性承诺，进而达到抑制机会主义行为的效果。

（二）理论贡献

本文为厘清专项投资与机会主义行为之间的关系提供了新思路。以往研究指出一方的专项投资有可能诱发也可能抑制另一方的机会主义行为（高维和等，2006；任星耀等，2012；Lui et al.，2009）。对此学术界多通过考察某些变量在二者之间的调节效应，进而揭示专项投资与机会主义行为的关系。[1] 然而，本文却从专项投资对机会主义行为的影响机制进行探讨，研究发现专项投资与机会主义行为间关系之所以存在矛盾，是因为路径不同所致，即：专项投资通过正向影响情感性承诺进而抑制机会主义行为，而专项投资也会通过正向影响算计性承诺进而促进机会主义行为。

（三）管理启示及对策建议

本文的研究结果对企业有效管理与治理渠道成员机会主义行为具有一定的管理启示。本文通过研究情感性承诺和算计性承诺的中介作用，揭示出企业专项投资对渠道成员机会主义行为的影响机理。作为企业管理者，需要深刻理解渠道成员的关系承诺对双方合作关系维持与发展有着重要影响。

（1）渠道成员的机会主义行为应该引起企业关注。渠道成员的机会主义行为作为一种影响渠道合作绩效的破坏性行为，应该引起企业的普遍关注。企业要全面认识机会主义行为的起因、类型及表现形式，并进一步采取防范措施预防机会主义行为的发生，甚至在机会主义行为发生时，能够及时采取有效治理措施抑制机会主义行为危害的进一步扩大。

（2）企业的专项投资并不总能引起对方的机会主义行为，承诺是维持渠道双方合作关系的关键。企业的专项投资是否会引起渠道合作伙伴的机会主义行为，关键要看渠道合作伙伴对企业专项投资的感知以及做出的承诺类型。

对于那些实施了专项投资的企业来说，如果不能有效提高渠道合作伙伴的情感性承诺，就无法降低渠道合作伙伴机会主义行为发生的可能。即：对于有专项投资投入的企业来讲，要想抑制渠道合作伙伴的机会主义行为，应努力提高渠道合作伙伴的情感性承诺，并设法降低其算计性承诺。因此，本文研究结果为企业获得渠道成员的承诺和建立良好的渠道关系提供了有益借鉴。

（四）局限与展望

本文通过实证检验分析得到了一些具有理论意义和实践意义的结论，但仍具有一定的研究局限。首先，本文聚焦白酒行业，其他行业（如医药行业等）不一定适用该模型，未来应该扩大行业调研范围。其次，本文以中国分销商问卷调查为研究对象，并未从供应商与分销商配对中来收集数据，未来应该通过配对供应商与分销商，并从两方同时获取数据，使数据的说服力更强。最后，本文探讨了情感性承诺和算计性承诺的中介作用，但可能忽视了其他因素对专项投资与机会主义行为之间的作用，在以后的研究中，可以进一步考虑其他因素，更加细致地研究企业专项投资与渠道机会主义行为的影响机制。

参考文献：

[1] 刘婷，刘益. 交易专项投资对伙伴机会主义行为影响的实证研究[J]. 管理科学，2012 (1).

[2] Rokkan A. I., Heide J. B., and Wathne K. H.. Specific Investments in Marketing Relationships: Expropriation and Bonding Effects [J]. Journal of Marketing Research, 2003, 40 (2): 210-224.

[3] Jap S. D., Ganesan S.. Control Mechanisms and the Relationship Life Cycle: Implications for Safeguarding Specific Investments and Developing Commitment [J]. Journal of Marketing Research, 2000, 37 (2): 227-245.

[4] 高维和，黄沛，刘志刚. 转轨时期中国企业渠道投机行为极其治理策略研究

[J]. 管理评论，2007 (12).

[5] 薛佳奇，刘益，张磊楠. 竞争关系下制造商专项投资对分销商机会主义行为的影响 [J]. 管理评论，2011 (9).

[6] Wathne K. H., Heide J. B.. Opportunism in Interfirm Relationships: Forms, Outcomes, and Solutions [J]. Journal of Marketing, 2000, 64 (4): 36-51.

[7] 蒋晓荣，李随成. 制造商—供应商关系承诺形成及对合作行为影响 [J]. 经济管理，2012 (5).

[8] 王立磊. "关系" 取向对渠道成员机会主义行为的影响研究 [D]. 成都：西南财经大学博士学位论文，2014.

[9] Gilliland D. I., D. C. Bello. Two Sides to Attitudinal Commitment: The Effect of Calculative and Loyalty Commitment on Conforcement Machanisms in Distribution Channels [J]. Journal of Academy of Marketing Science, 2002, 30 (1): 24-43.

[10] Geyskens I., Steenkamp J. B. E. M., Scheer L. K., et al.. The Effects of Trust and Interdependence on Relationship Commitment: A Trans-Atlantic Study [J]. International Journal of Research in Marketing, 1996, 13 (4): 303-317.

[11] 叶飞，薛运普. 关系承诺对信息共享与运营绩效的影响研究 [J]. 管理科学，2012 (5).

[12] 周俊，薛求知. 交易专用性投资效应及治理机制研究评介 [J]. 外国经济与管理，2009 (9).

[13] 严兴全，周庭锐，李雁晨. 信任、承诺、关系行为与关系绩效：买方的视角 [J]. 管理评论，2011 (3).

[14] Seggie S. H., Griffith D. A., and Jap S. D.. Passive and Active Opportunism in Interorganizational Exchange [J]. Journal of Marketing, 2013, 77 (6): 73-90.

[15] Gruen T. W., Summers J. O., Acito F.. Relationship Marketing Activities, Commitment, and Membership Behaviors in Professional Associations [J]. Journal of marketing, 2000, 64 (3): 34-49.

Impact of Transaction-Specific Investments on Opportunism

—The Mediation Effect of Relationship Commitment

Wang Lilei, Xu Xing'an, Zhang Jianyu

Abstract: This study discusses the influence mechanism of transaction-specific investment to opportunism based on the transaction costs theory, relational exchange theory, as well as commitment theory. With 244 samples of valid data collected from empirical test, the conclusions of this paper are as follows: transaction-specific investment has negative influence on opportunism through affective commitment; transaction-specific investment has positive influence on opportunism through calculative commitment. Therefor, enterprises should attach great importance to the opportunistic behavior of channel partners, and make channel partners perceive that the special investment enterprise is an expression of long-term willingness to cooperate. Enterprises should encourage channel partners to make emotional commitment for reducing opportunistic behavior.

Key words: Transaction-specific Investment; Affective Commitment; Calculative Commitment; Active Opportunism; Passive Opportunism

后 记

本书是在笔者博士论文的基础上修改而成，是整个博士研究生阶段学习的总结。值此书稿付梓之际，此刻的心情除了些许欣喜，更多的是感动与感恩！真心希望能够通过致谢的方式，向所有曾经给予笔者关心、支持和帮忙的人们致以最诚挚的谢意！

衷心感谢我的导师张剑渝教授。能够师从张老师门下是我今生最大的荣幸与财富。张老师敏锐的学术洞察力、孜孜不倦和严谨的治学态度、诲人不倦和精益求精的学术风范值得我一生去学习。感谢张老师不辞辛劳，在百忙之中抽出时间和我沟通研究工作，张老师从不嫌弃我基础差，总是耐心地引领我慢慢融入市场营销领域的学术殿堂，对于我取得的每一点点进步，都会给予肯定与认可。师恩似海，难以尽述，唯有以不断的努力和不断的进步来回报恩师的培育之恩。

感谢香港城市大学商学院的周南教授、苏晨汀教授及李娟教授给我提供在香港城市大学学习和深造的机会。各位老师渊博的知识让我折服，严谨的学术作风值得我一生去学习。

感谢山东青年政治学院经济管理学院领导和其他同事，是你们让我感受到经管学院这个大家庭的温暖和相互之间的关心和鼓励。

感谢经济管理出版社的梁植睿老师不辞辛苦地帮我一一纠正文中模糊与不正之处。

最后，要特别感谢我的家人。无论遇到什么困难，你们永远都是我最坚实的后盾。感谢父母、感谢公婆，你们的理解和支持是我永恒的动力；感谢我的爱人，是你给予我无微不至的关怀和照顾，是你一直给予我无穷的信心和勇气。家人的支持和鼓励一直是我能够不断前进的最大动力，我一定不辜负你们的期望，继续努力。

寥寥数语，难以穷尽感激之情。真诚地祝愿所有关心我、支持我和帮助我的人们幸福安康！

谨以此书献给所有爱我和我爱的人！

王立磊

2016 年 10 月 1 日于山东省博士后公寓